Träume, Traumanalysen und alternative Realitäten

Ein Forschungstagebuch über Bewusstseinserweiterung durch außerkörperliche Erfahrungen, Klarträume und veränderte Bewusstseinszustände

von

Jonathan Dilas

Weitere Bücher von Jonathan Dilas:

Telepathie, Hellhören und Channeling - Verstehen, Erlernen, Anwenden, ISBN 978-3-89094-419-7

Gesamtherstellung: Bohmeier Verlag, Printed in Germany

ISBN 978-3-89094-564-4

Träume, Traumanalysen und alternative Realitäten

Ein Forschungstagebuch über Bewusstseinserweiterung durch außerkörperliche Erfahrungen, Klarträume und veränderte Bewusstseinszustände

von
Jonathan Dilas

Inhaltsverzeichnis

Intro

Das Lesen eines Tagebuchs, vor allem, wenn es einem nicht gehört, besitzt eine verbotene, aber geheimnisvolle Atmosphäre. Doch im Zeitalter der Weblogs und Tagebücher, die immer mehr Anklang im Internet finden, ist das Lesen eines Tagebuchs mittlerweile wesentlich vertrauter geworden. An der geheimnisvollen Atmosphäre der Tagebücher, die wirklich intime Inhalte besitzen und von Träumen oder verrückten Taten berichten, ist jedoch nichts verloren gegangen.

Nun wird man schon am Horizont erkennen dürfen, was ich dem Leser gern mitteilen möchte, denn er hält nun ein Weblog in Form eines Buches in seinen Händen, ein Traumtagebuch mit ausführlichen Berichten vom Rande der vertrauten Realität und aus den Tiefen einer unbekannten und grenzwissenschaftlichen Realität, der sich der Mensch nur langsamen Schrittes nähert.

Seit Mitte 2004 bin ich selbst Besitzer eines Weblogs. Zu dieser Zeit besaß ich jedoch Zweifel, ein Weblog zu eröffnen, denn meiner Ansicht nach gab es zu dieser Zeit bereits genügend Berichte über die persönlichen Erlebnisse von Personen oder zusammengetragene, neue Meldungen aus aller Welt, individualisiert verpackt und adaptiert. Aus diesem Grunde dachte ich über die Veröffentlichung von Teilen meines Forschungstagebuches nach.

Seit 1993 habe ich immer wieder Träume, außerkörperliche Erfahrungen und Erlebnisse aus veränderten Bewusstseinszuständen notiert und festgehalten. Mittlerweile sind einige tausend Seiten zusammengekommen und wieso sollte ich diese nicht mit jenen teilen, die es interessiert, denen es helfen und sie persönlich weiterbringen kann? In diesem Sinne begab ich mich auf meine Webseite und fügte ein Tagebuch ein. Natürlich gibt es Erfahrungen, die man der Öffentlichkeit nicht zugänglich machen möchte oder sie aufgrund ihres Umfangs kürzt. Denn Statistiken zeigen, dass Webseiten mit ihren Einträgen möglichst knapp gehalten werden sollten, da langes Lesen am Bildschirm meist ungern praktiziert wird. Lieber hält man in diesen Fällen ein schönes Buch in den Händen und erfreut sich daran, die feinen Papierseiten und den Umschlag mit den Fingerspitzen fühlen zu können sowie an dem neuen Buch zu riechen, das man gerade zum ersten Mal geöffnet hat.

Beginnen werde ich mit einigen Erlebnissen aus den 90ern. Diese weisen hinsichtlich der zeitlichen Reihenfolge einige größere Lücken auf. Danach fahre ich in der zeitlichen Aktualität mit geringeren Lücken im Zeitraum von 1996 bis Ende 1998 fort. Wer darüber hinaus noch an einer Grundsatzdiskussion interessiert ist, die sich zwischen der Naturwissenschaft, der Phänomenologie und der Anwendung der Dissoziation abspielt, wird im Anhang fündig. Außerdem finden sich dort auch viele Übungen und Darstellung der möglichen Effekte während der Dissoziation.

Im Weiteren werde ich der Form halber stets in der Vergangenheit schreiben, auch wenn meine Tagebucheinträge – mit den Erlebnissen unmittelbar vor oder nach der jeweiligen Erfahrung – ursprünglich in der Gegenwartsform verfasst worden sind. Ebenso habe ich manchmal zwei kleinere Erfahrungen zusammengelegt, damit ich nicht immer wieder einen neuen Tag mit sehr ähnlichen Unterhaltungen oder Ergebnissen aufzuführen habe. Dies erwies sich als wesentlich praktischer und macht auch mehr Spaß beim Lesen. Da die Erfahrungen erst im Jahre 1993 beginnen, fehlen natürlich all die Jahre davor. Doch weil es über diese Zeit bereits ein von mir verfasstes und fertiggestelltes Manuskript gibt, habe ich diese Zeit übersprungen, auch wenn in der Zeit vor 1993 ebenso viele wichtige Erkenntnisse und interessante Geschehnisse aufgetaucht sind.

Manche meiner Erlebnisse werden einigen meiner treuen Leser sicherlich bekannt sein, aber andere werden sie kaum glauben können und man wird vielleicht irritiert sein, sodass man immer wieder erneut vor die Frage gestellt werden wird, ob sich dies jetzt wirklich so zugetragen oder ob der Autor schlicht improvisiert hat, aber ich garantiere und versichere mit aller Aufrichtigkeit, dass jede einzelne Erfahrung in dem vorliegenden Buch genau so von mir wiedergegeben wird, wie ich sie auch erlebt habe. Dies ist ein weiterer Grund, wieso ich einige Erfahrungen ausgelassen habe, weil sie mir vermutlich erst recht nicht geglaubt werden würden. Somit hoffe ich, dass ich mit diesem Buch ein gutes Einführungswerk für die Bewusstseinserweiterung geschaffen habe, um meine Position zur Bewusstseinserweiterung deutlich darzustellen und aufzuzeigen, wie sie aussehen sollte, fern aller bloßen Theorie und Spekulationen oder Erzählung simpler Geschichten, die man irgendwo gelesen oder aufgefangen hat und unentwegt vervielfältigt.

So wünsche ich meinem Leser eine abenteuerliche Reise durch das Unbewusste.

Prolog

Ich möchte ausdrücklich darauf hinweisen, dass das Lesen der folgenden Tagebucheintragungen dazu führen kann, das eigene Weltbild oder die Vorstellungen über das eigene Selbst bzw. das eigene Ich zu verändern oder zu gar erschüttern. Nicht selten kann es dabei zu veränderten Wahrnehmungsmomenten kommen, die zuvor niemals in Erscheinung getreten sind, oder zu anderen unerwarteten Vorkommnissen.

Aufgrund eigener Erfahrungen in alternativen Realitäten ist mir deutlich geworden, dass ein bestimmtes Wissen virale Eigenschaften aufweisen kann. Durch meine Besuche und Tätigkeiten in diesen anderen Realitäten habe ich einiges verändert und diese Änderungen hatten zur Folge, dass mehrere Realitäten und die sich darin befindlichen Persönlichkeiten sich verwandelten. Nicht zuletzt sei hier der *Dreamwalker* erwähnt, der in der Lage ist, die Träume anderer Menschen aufzusuchen und diese zu manipulieren.

Die Fähigkeit, bewusst und im Besitze der luziden Aufmerksamkeit einen Traum zu betreten, kann andere Persönlichkeiten, die sich darin aufhalten, illuminieren und verändern. Ebenso die Kraft anderer Persönlichkeiten, die aufgrund ihrer Komplexität und ihres Wissens unserem Alltagsich um ein Vielfaches überlegen sind.

Wer den Mut besitzt, weiterzulesen, wird die Konsequenzen selbst verantworten müssen. Man soll mir zu guter Letzt nicht vorwerfen, ich hätte es nicht erwähnt…

Gedanken zum Beginn

Die Fragen, die uns bestürmen und erschüttern mögen, die einhergehen mit der am Horizont aufziehenden Notwendigkeit, das Auflösen der neuen Erinnerungen aus dem Beschreiten verzaubernder Traumpfade zu vereiteln, uns erneut Hoffnung tragen lassen, der Wahrheit einmal zu begegnen und ihr ins Antlitz zu blicken. Wir sind aus einer Welt, in der man zu sterben fürchtet. Und in den Augen der Augen erkenne man den Leib im Leib, rücklings in kleinen Schritten, damit sich das Ungeheuer in verwegenen Schattenspielen entferne, das uns zu blenden liebt, damit sich der Himmel neu besterne, wie wir es nicht gewohnt.

Seien sie nun bewusst oder unterbewusst, unsere nächtlichen Wanderungen in Vergangenheiten, parallele Realitäten oder gar ferne Welten, abstrus und kompliziert zu erfassen, so möchte sich der mutige Reisende für die nächtlichen Schlachten wappnen, die er zu durchstehen, wenn er die Frage nach den Wahrheiten stellt, die in unserer Psyche schlummern. Die schlimmsten Ungeheuer, vor Finsternis zuckend, rasen in unvorstellbarer Geschwindigkeit herbei und verjagen den beherzten Träumer, doch im Moment der Selbsterkenntnis und gewonnener Luzidität befreit er sich von den Schatten seiner verlogenen Vergangenheit und tänzelt auf den Seilen der Welt, wissend, woher er wirklich gekommen ist und wer er tatsächlich ist.

Denn wer sich einmal gefragt hat, ob die Träume der Nacht nur ein Spuk unseres Gehirns oder doch unfassbare, wenn auch oftmals gewöhnliche Berichte aus alternativen Realitäten darstellen, der werde sich beim Lesen der vorliegenden Tagebucheintragungen endgültig entscheiden müssen.

Ich kenne nur zu gut dies seltsame Gefühl, wenn man sich mit der vertrauten Realität dermaßen identifizierte, dass man nur noch von einem Tage zum anderen eifert, in der Hoffnung, endlich das beenden zu können, was einst begonnen. Sei es hierbei die niemals enden wollende Arbeit, Liebe oder Hoffnung, doch wenn die drängenden Gedanken einem das intuitive Wissen aus dem Kopfe zieht und sich der Orbit ausschließlich von Grübeleien ernährt, so ist die Identifikation abgeschlossen und derjenige weiß nicht mehr, wer er nun wirklich ist. Zur Erinnerung mag er seinen Ausweis hervorkramen und einen Blick wagen, doch er wird belogen werden!
Ist sein Blick ganz zerzaust und zermürbt oder stemmt er sich von einem Ast zum anderen, zwischen dem Jetzt und einer ungewissen Zukunft, deren Ankerpunkt nur aus einem mit privaten Gegenständen gefüllten Zimmer und einer Kiste mit Fotos aus seiner vermissten Vergangenheit besteht, mag man sich einmal den Mut fassen, zu fragen, ob dies alles ist, was in unserer Realität Platz finden konnte. Was mag nur jenseits der Worte und der vertrauten Alltagswelt so unbekannt dahinschweben, so zart und eben, dass es dem eifrigen Ego entgeht? Wo nur beginnt der Pfad, den der zum Reisen gewillte Mensch so fieberhaft aufzudecken versucht? Welcher beherzte Pionier mag uns den Wink geben, der uns beflügelt?
Wie stark entrückt es doch unsere Iris, wenn wir unseren Pfad endlich erkennen, sei es unter Furcht, die in ihrer Stärke Seelen verbiegen kann oder in einem Wagemut ohnegleichen. Nichtsdestotrotz liegt es stets an jedem Menschen selbst, den entdeckten Pfad zu beschreiten und sei es bis zu seinem Tode. Doch jenseits der Traumpfade und den multi-dimensionalen Alltagsrealitäten entdecken wir in Verzückung den wundervollen Pfad, der uns das Tor in die absolute Unabhängigkeit offenbart, den Pfad der absoluten Freiheit oder nenne man es auch die Ganzheit des Selbst.

Auszüge aus meinem Tagebuch

"Durch ihre Unglaubhaftigkeit entzieht sich die Wahrheit dem Erkanntwerden."

(Heraklit von Ephesos um 500 v. Chr.)

Dienstag, 29. Juni 1993

Heute Nacht bin ich sehr spät ins Bett gekommen. Ich war noch bei Vivian, einer Freundin, mit der ich schon viele verrückte und erstaunliche Dinge erlebt habe. Ich hatte sie vor zwei Jahren über eine Bekannte kennengelernt, mit der sie zusammen in einer Wohngemeinschaft lebte. Aufgrund einiger Unterhaltungen fanden wir sehr schnell heraus, dass wir einige ähnliche Erfahrungen gemacht hatten und aus dem Grund verstanden wir uns vermutlich auf Anhieb. Mittlerweile trafen wir uns ungefähr zweimal die Woche, tauschten Neuigkeiten aus und unternahmen manchmal auch etwas. Doch unsere größte Leidenschaft war nicht gemeinsam Essen oder ins Kino zu gehen, herumzuhängen, eventuell nach der großen Liebe zu suchen oder Vorbereitungen zu treffen, um die Karriereleiter nach oben zu krabbeln, sondern Informationen auszutauschen, zu analysieren und alles zu erforschen, was mit dem menschlichen Bewusstsein und seinen verborgenen Fähigkeiten zusammenhängt.
Nachdem ich mich hingelegt hatte, schlief ich ziemlich schnell unter einigen Suggestionen ein, um mich am anderen Tag wieder einmal deutlich an meine Träume erinnern zu können. Kaum war ich eingeschlafen, betrat ich einen Traum:
Ich fand mich dann in meinem Stuhl am Tisch wieder. Meine Wohnung war, wie auch im Wachzustand, ein 28 m^2 großes Apartment, das aus einer Küchenzeile, einem kleinen Bad, großem Zimmer und einem Südbalkon bestand. Doch einige Dinge waren anders als sonst. Ich schien nicht mehr im zweiten Stock zu wohnen, sondern vielmehr im Erdgeschoss. Auch die Fensterfront war wesentlich größer und ich hatte einen ausgiebigen Ausblick zum Himmel. Während ich mich weiter umschaute, hörte ich plötzlich lautes Motorengeräusch. Es klang wie ein Rasenmäher oder ein Flugzeug, das zur Landung ansetzte. Ich konnte es nicht richtig einordnen. Mein Blick fiel wieder aus dem Fenster und mir blieb der Atem stehen, denn ich sah ein gigantisches Flugzeug am Himmel. Es flog direkt auf das Haus zu, in dem ich wohnte und zog hinter sich eine schwarze Rauchwolke her! Ich konnte mich kaum bewegen und überlegte fieberhaft, ob die Flucht über die Terrasse günstiger wäre als jene durch die Wohnungstür, aber mein Gefühl sagte mir, dass ich die Show einfach genießen sollte. Also blieb ich brav sitzen und staunte über dieses irreale Bild, das sich am Himmel abgezeichnet hatte. Während der erste Ruß die Dächer bedeckte, sah ich, dass das Flugzeug noch einmal ein klein wenig an Höhe gewann und ziemlich knapp über das Haus flog. Damit war aber die Gefahr nicht gebannt, denn im nächsten Moment jagte ein Sturm durch die offene Terrassentür in mein Zimmer und wirbelte alles durcheinander. Sämtliche Gegenstände wurden vom Tisch gefegt und mich selbst holte es aus

dem Stuhl heraus, der nach hinten kippte. Dann hörte ich eine Explosion, dass die Wände wackelten und die Fenster erzitterten. Nicht weit entfernt hörte ich klirrende Fensterscheiben, Schreie, Hupen und andere laute Geräusche. Ich wurde durchgeschüttelt und gerüttelt, bis ich langsam diesen Traum verließ.
Als ich erwachte, schaute ich mich um. In meinen Gedanken verhallte noch das letzte, knallende Geräusch der Explosion. Ein Flugzeugabsturz. Wie konnte ich das denn nur wieder verstehen? Eine Weile dachte ich noch darüber nach und kam zu dem Schluss, dass auf der symbolischen Ebene ein Hinweis darauf enthalten war, dass sich etwas von mir verabschieden werde, das sich für mich erst einmal unerreichbar am Himmel befunden hatte. Vielleicht war es etwas, das mich in meiner Entwicklung störte oder aber es sollte etwas auf mich zukommen, das eine Gefahr darstellte. Ich grübelte, aber kam zu keinem Ergebnis. Somit blieb mir nur, abzuwarten und aufmerksam zu sein.

Sonntag, 4. Juli 1993

In der Nacht spürte ich plötzlich starke Vibrationen, die durch meinen Körper gingen. Wenige Augenblicke später befand ich mich außerhalb meines Körpers und stand in meinem Apartment. Ich suchte mein Zimmer nach Gegenständen ab, die sich im Alltag normalerweise nicht darin befinden, um sicherzustellen, ob ich mich in meiner gewohnten Realität befand oder in einer Nachbarrealität, bzw. innerhalb einer alternativen Realitätsdimension. Nun entdeckte ich, dass ich plötzlich Besitzer mehrerer Pflanzen war. Auch schien das ganze Zimmer *gespiegelt* zu sein. Das Bett stand nicht mehr links im Raum, sondern rechts und das Fenster mit der Balkontür war nun links, während sich die Badezimmertür jetzt sogar auf der anderen Seite des Raumes befand. Diese Wahrnehmung irritierte mich extrem, da ich noch eine klare Erinnerung daran besaß, wie mein Apartment normalerweise aufgeteilt war. Plötzlich spürte ich eine ziehende Kraft in Höhe meines Solarplexus und erwachte kurz danach in meinem physischen Körper.
Es schien mir so, als wenn mich jemand zurückgerufen hatte. Ich schaute mich um, damit ich vielleicht etwas entdecken konnte, aber da war nichts. Doch dann sah ich plötzlich eine Schliere im Zimmer. Sie bewegte sich in der Dunkelheit vom Schrank in Richtung Balkon. Mit einem Mal schoss mir Vivian ins Bewusstsein und ich hatte sie nun schwer in Verdacht, hier herumzuspuken. Sofort schloss ich wieder meine Augen und konzentrierte mich darauf, wieder die Vibrationen einzuleiten, damit ich mich erneut von meinem physischen Körper lösen konnte.
Einige Minuten später nickte ich wieder ein und mit einem Mal spürte ich, wie jemand an meinem Körper zog! Es war ein richtiges Ziehen und Stoßen, ungeduldig und nahezu nervig. Meine erste Reaktion war, dass ich mich dagegen wehrte, aber einige Sekunden später wurde mir erst einmal klar, dass sich jemand die Mühe gemacht hatte, mich zu besuchen und die ganze Zeit versuchte, meinen zweiten Körper (*siehe Glossar*) anzusprechen. Daraufhin fiel mir auch ein, dass ich doch gerade noch Vivian verdächtigt hatte, in meiner Wohnung herumzugeistern und Kontakt zu mir aufzubauen.
Nun wurde ich an den Füßen meines zweiten Körpers gepackt und quer durch meinen physischen Körper nach unten gezogen. Mein „Kopf" befand sich nun in Höhe der

Brust und bereits an dieser Stelle erfuhr ich eine starke Bewusstseinstrübung. Wie unpassend, dass das Gehirn gerade in diesem Moment meinte, man könne außerhalb des Kopfes doch gar nichts wahrnehmen. Solche Suggestionen und Glaubensannahmen in einem außerkörperlichen Zustand sind geradezu behindernd und können eine solche Erfahrung vorzeitig beenden. Tatsächlich, wenige Sekunden später öffneten sich meine physischen Augen, denn wer etwas optisch wahrnehmen will der kann dies natürlich nur mit seinem gewohnten Augenpaar. Ich musste über meine eigene Dummheit lachen, zu glauben, man könne nicht außerhalb seines Körpers wahrnehmen, vor allem nicht, wenn sich der Kopf gerade auf den Weg zu den Füßen befindet.
„Das nächste Mal bitte zur Seite ziehen, nicht quer durch den Körper", rief ich in den dunklen Raum hinein. Erneut erblickte ich die Schliere, wie sie durch mein Zimmer wanderte. Erst befand sie sich vor meinem Tisch, dann schwebte sie wieder in Richtung Schrank, nicht unweit von meinem Fußende entfernt.
Als ich wieder eingeschlafen war, hörte ich irgendwann ein seltsames Brummen und Räuspern. Sehr langsam erwachte ich und registrierte eine Stimme, die sich mit jemandem zu unterhalten schien. Ich hörte, wie dauernd jemand „Hm" und „Okay" von sich gab, so, als ob jemand etwas erklärt bekäme. Nur einen Sekundenbruchteil später fiel mir auf, dass mir diese Stimme ziemlich bekannt vorkam. Es handelte sich hierbei um meine Stimme! Anstatt in meinem physischen Körper aufzuwachen, erwachte ich jedoch in meinem zweiten Körper. Ich spürte sofort wieder die Schwingungen und wie jemand schon wieder an mir herumzog. Ich wurde richtig durchgerüttelt und ich spürte ein leichtes Ziehen im Bauchbereich, als die Hälfte meines zweiten Körpers schon außerhalb meines physischen Körpers war. Dann schnellte ich wieder zurück in den physischen Körper und verlor für einen Moment meine Wahrnehmung und erfuhr eine kleine Bewusstseinsunterbrechung.
Plötzlich saß ich mit Vivian auf den Stühlen, die an meinem Tisch standen. Ich erzählte ihr gerade, wie ich beinahe zugeschlagen hätte, weil sie so aufdringlich an mir herumgezerrt und mich gestoßen hatte. Dies erzählte ich mit viel Selbstironie und machte mich darüber lustig, weil ich in dem Moment so naiv reagiert hatte. Wir lachten laut.
Im nächsten Augenblick befand ich mich wieder im zweiten Körper in meinem Bett. Die Vibrationen waren sehr stark. Ich versuchte, meine Augen zu öffnen und als ich etwas sehen konnte, merkte ich, dass ich schielte und alles sehr verschwommen wirkte. Danach unternahm ich weitere Anstrengungen, mich zu lösen. Als ich gerade wieder zur Hälfte aus meinem Körper war, sprang ich aus der ganzen Szenerie heraus und befand mich ganz unvermittelt über dem Haus, in dem ich wohnte. Mir kam es so vor, als sei ich riesengroß und wüchse immer weiter in den Himmel hinein. Es war ein phänomenales Gefühl! Danach erlebte ich erneut eine Wahrnehmungsunterbrechung und flog durch eine mir fremde Realität. In einigen Kilometern Entfernung sah ich in einem nebligen Dunst gigantische Hochhäuser, wie es sie in unserer Realität nicht geben konnte. Sie waren so glatt und perfekt errichtet worden, dass ich nicht widerstehen konnte, darauf zuzufliegen. Ich wunderte mich, wieso diese Hochhäuser, die sich so ähnlich sahen, keine Fenster besaßen. Doch ihre fast identische, perfekte Bauweise ließ mich nicht weiter darüber nachdenken. Und ich wuchs weiter und

weiter. Irgendwann kamen mir auch diese gigantischen Hochhäuser klein vor und ich fragte mich, welche Realität als nächstes erscheinen würde, wenn ich diese hier verließ.
Als die nächste Realität in meinen Fokus kam, war ich sehr erstaunt, denn diese gigantischen Hochhäuser entpuppten sich plötzlich als die Beine eines Regals! Auch war mit einem Mal die Atmosphäre verschwunden, die ich eben noch wahrgenommen hatte und einer kahlen, weißen Raufasertapete gewichen. Die Übergänge waren so fein und unbemerkbar, dass mir erst jetzt auffiel, dass ich mich vermutlich zu Anfang vergrößert und nach dem Wahrnehmungsbruch auf einen winzigen Punkt verkleinert haben musste. Ich kam mir vor wie eine winzige Wahrnehmungseinheit, die durch die physische Realität trieb, in dem Versuch, sie zu verstehen. Nun erkannte ich deutlich, dass ich mich bei Vivian zu Hause befand. In ihrem Zimmer standen zwei Sessel und ein Tisch, auf die ich gerade in einer Höhe von vielleicht einem Meter zuflog. Dabei schien ich nicht größer als eine Mikrobe oder bestenfalls eine Fruchtfliege zu sein.
Klick! Ein erneuter Wahrnehmungsbruch, der mich unvermittelt und urplötzlich von einer Erlebnisszene in die nächste beförderte.
Ich befand mich wieder in meinem Bett. Mein Körper fühlte sich an, als triebe er im Wasser. Wenn ich meine Beine bewegte, schienen sie Flüssigkeit zu den Seiten zu strampeln. Es war ein seltsames Gefühl. Irgendwie war es ein wenig fester und widerstandsfähiger als Wasser, eher eine Art Plasma. Mit einigen Schwierigkeiten konnte ich meine Augen öffnen. Ich schielte! Das war für mich das Zeichen, dass ich gar nicht in meinem physischen Körper erwacht war, sondern mich wieder einmal in meinem zweiten Körper befand. Weil es so viel Spaß machte, bewegte ich meine Beine weiter und dann ging dies in das Gefühl über, als würde ich gehen. Erst schwankende, dann aber große, zielstrebige Schritte.
Klick.
Ich lief eine lange Straße entlang. Sie wirkte so endlos lang. Also beugte ich mich vor, nahm meine Arme auf den Rücken und begann wie ein Schlittschuhläufer über die Straße zu gleiten. Nun bewegte ich mich mit einer großen Geschwindigkeit immer schneller und schneller. Der Wind ließ sich deutlich spüren und irgendwann nahm ich die Arme nach vorn und hob vom Boden ab. Jetzt flog ich immer höher und höher. Um mich herum erblickte ich eine Prärie mit vereinzelten Kakteen, offenbar war ich hier in Mexiko oder Amerika. Erstaunt darüber, dass ich mich innerhalb des Bruchteils einer Sekunde aus meinem Bett nach Mexiko gebeamt hatte, empfand ich es als sehr befreiend und erlösend. Ich fühlte mich mit allem verbunden und glücklich darüber, meine alltäglichen Begrenzungen abgelegt zu haben. So flog ich über die Prärie und genoss die Aussicht auf schöne Tafelberge.
Klick.
Vor mir erblickte ich ein Fenster, durch das ich Vivian und eine fremde Frau mit sehr kurzen Haaren erkennen konnte. Sie saßen auf dem Bett und unterhielten sich. Ich beschloss, hineinzugehen und die beiden zu begrüßen. Auch war ich neugierig, wer diese attraktive Frau sein konnte. Nach der Begrüßung, die ein wenig knapp ausfiel, setzte ich mich zu ihnen auf das Bett und wir machten ein wenig Smalltalk. Dann stand Vivian auf und verließ den Raum. Kaum hatte sie die Tür hinter sich zugezo-

gen, drehte sich die unbekannte Frau zu mir und berührte mein Bein. Sie wurde immer direkter und ihre Hand glitt weiter und höher. Kurzerhand öffnete sie meine Hose und spielte an mir herum, während wir kurz danach küssend auf dem Bett herum rollten.

Klick.

Wieder erfuhr ich eine Wahrnehmungsunterbrechung. Ich machte mir Gedanken, wieso meine Erfahrungen dem Charakter von normalen Träumen glichen. Gut, diese Erfahrungen waren viel intensiver und so deutlich und klar wie jede Szene aus dem gewöhnlichen Alltag, aber dennoch wurde ich das Gefühl nicht los, dass es einen Unterschied gab. Nachdem erneut die Vibrationen einsetzten, nahm ich mir für die nächste Erfahrung vor, Vivian aufzusuchen.

Kurze Zeit später flog ich hoch über einer Stadt. Ich war ein Vogel! Deutlich spürte ich meine Flügel, wie ich sie manchmal auf- und ab bewegte, dann wieder ließ ich mich durch den Wind tragen. Neben mir befand sich ein weiterer Vogel, mit dem ich in telepathischem Kontakt stand. Er meinte zu mir, dass wir nun Vivian suchen würden. Stimmt, dachte ich, das hatte ich mir gerade noch vorgenommen. Minuten später entdeckte der andere Vogel Vivian und wir setzten zur Landung an. In der Landung verwandelte ich mich wieder in mein gewohntes Aussehen und schon standen wir in einigen Metern Entfernung zu ihr. Sie wirkte auf mich nicht sonderlich vertraut. In ihren Händen hielt sie eine Gitarre und spielte und sang ein Christenlied dazu. Sie besaß lockiges Haar, trug eine Brille und eine blaue Latzhose. Das wunderte mich, denn Vivian war vielmehr der lockere Freak in Jeans und Schlabberpulli, dem es ohne Kaffee und Zigaretten einfach nicht gut ging. Der befreundete Vogel, der sich nun in eine Frau verwandelt hatte und dessen Gesicht ich nicht erkennen konnte, erklärte mir, dass Vivian sich zwischenzeitlich sehr verändert hätte. Ich konnte es nicht glauben. Keine zehn Pferde hätten sie zu einer solchen Persönlichkeitsveränderung bewegen können. Daraufhin sagte ich zu der unbekannten Frau, dass ich mir nicht vorstellen könnte, dass das die richtige Vivian sei, besaß jedoch den Wunsch, mit ihr zu sprechen, um herauszufinden, was sie so sehr hatte verändern können. Die Frau antwortete, dass es besser wäre, wenn wir jetzt nicht mit ihr sprechen würden.

Klick.

Ich lag wieder in meinem Bett. Draußen ging langsam die Sonne auf. Vielleicht mag man nun denken, dass man sich am anderen Morgen doch müde und abgespannt fühlen müsse, wenn man die ganze Nacht Eindrücke und Erfahrungen sammelt, wie man es am Tage auch macht, aber ich fühlte mich sehr energiegeladen und stark. Ich fühlte mich nicht nur ausgeschlafen, sondern so fit, dass ich drei Tage lang hätte durchmachen können. Da ich mich aber immer noch in meinem zweiten Körper befand, nahm ich mir erneut vor, Vivian aufzufinden, um ihr und mir selbst zu demonstrieren, dass es möglich ist, eine solche Erfahrung miteinander zu teilen, so wie man auch eine Alltagserfahrung miteinander erleben kann.

Kurze Zeit später flog ich über ein großes Hochhaus. Meiner Intuition zufolge befand sich Vivian in diesem Haus. Also tauchte ich hinab und landete vor dem Eingang. Als ich in dem Gebäude war, wollte ich kurz meinen Zustand und meine Fähigkeiten überprüfen. Dabei testete ich es, einfach durch eine Wand zu gehen. Es fiel mir dieses

Mal irgendwie schwer und nur zähflüssig gelang es mir, die Wand zu durchdringen. Dann ging ich hinüber zu einem Fenster, da mir eine Scheibe weniger solide vorkam als eine Wand. Doch auch hier besaß ich den starken Eindruck, dass es mir schwerer als üblich fiel, etwas zu durchdringen. Noch immer verwundert über diese Feststellung, lief ich in den nächsten Gang. Dort waren zwei weitere Gänge und eine Art Büro. Ich nahm den linken Gang und gelangte daraufhin zu einer Art Wartehalle. Jetzt erst wurde mir bewusst, dass ich mich in einem Krankenhaus befand! Mehrere Stühle und Tische waren dort zu entdecken und auch die unbekannte Frau, die mich in der vorherigen Erfahrung als Vogel begleitet hatte.

„Wie kommst du wieder hierher?“, fragte ich neugierig.

„Das wirst du gleich sehen. Lass uns einfach hier warten, eine Person kommt gleich durch diese Tür. Das wird dir dann gewiss mehr sagen“, sagte sie mit einer auffälligen Gewissheit.

„Wieso? Was ist denn mit ihr?“, wollte ich nun wissen.

„Das wirst du schon sehen“, entgegnete sie und blickte wieder auf eine Tür links von uns.

Ich war gespannt und so standen wir dort herum und warteten. Kurz darauf öffnete sich eine der typischen Krankenhaus-Schwingtüren und ein junges Mädchen kam heraus. Sie trug kurzes, rotes Haar und humpelte. Sie hatte deutlich Probleme mit ihrem Bein. Ich war irritiert, denn das konnte doch nicht Vivian sein. Fieberhaft dachte ich nach, was mir das nun mitteilen sollte. War Vivian etwa zu einer Christin geworden, weil sie sich verantwortlich für dieses junge Mädchen fühlte? Oder war dieses junge Mädchen Vivian auf einer anderen Realitätsebene? Fragen über Fragen bestürmten mich.

Das letzte, was ich wahrnahm, war die unbekannte Frau, die mich mit einem verständnisvollen Blick ansah, als ich langsam in meinem physischen Körper erwachte. Es lag sehr viel Mitgefühl und Verständnis in ihrem Blick für meine Versuche, mit Vivian Kontakt zu bekommen. Doch trotz aller Bemühungen konnte ich Vivian in ihrer Wohnung, so wie sie mir vertraut war, nicht finden. Es schien, als wurde ich immer wieder in andere Realitäten geführt, in denen sie ebenfalls lebte oder mir andere Facetten ihrer Persönlichkeit gezeigt wurden.

Nachdem ich meine Erfahrungen notiert hatte, wagte ich einen frühmorgendlichen Anruf bei Vivian. In der Regel sind Mütter eines Kleinkindes recht früh auf. Nach kurzem Kindergebrüll und zerrissenen, slapstickhaften Zeichentrickdialogen, die ich im Hintergrund vernahm, bekam ich sie dann ans Telefon. Sie lachte mit mir, als ich ihr das von der Christin mit der Gitarre erzählte, aber sie wurde doch hellhörig, als ich ihr von dem Kind mit dem humpelnden Bein berichtete.

„Ich habe gerade eine wahnsinnige Gänsehaut bekommen, die mir von den Zehen bis hoch zum Scheitel gegangen ist. So stark, dass mir die Augen tränen! Ich habe nämlich schon des Öfteren in meinem Leben davon geträumt, dass ich mich in einem Krankenhaus verlaufen habe. Immer wieder bin ich dort durch die Gänge gerannt und konnte den Ausgang nicht finden.“

Nachdem ich wieder aufgelegt hatte, schien es mir ganz so, dass mir die unbekannte Frau etwas über Vivian hatte mitteilen wollte. Etwas, das ihr Leben stark beeinflusste.

Darüber hinaus schienen die unterschiedlichen Realitäten ein Hinweis auf alternative Dimensionen zu sein, sozusagen parallele Existenzen, in denen wir nochmals leben und ganz andere Rollen im Alltag spielen. Dies wollte ich mit Vivian bestimmt noch einmal genauer erforschen.

Mittwoch, 14. Juli 1993

Ich lag im Bett und nach einiger Konzentration auf eine Loslösung vom Körper schlief ich dann doch ein. Irgendwann in der Nacht fühlte ich, wie jemand an mir herumzerrte. Schnell verstand ich, dass mich jemand außerkörperlich aufgesucht hatte und an meinem zweiten Körper herumzog, damit ich mich von meinem physischen Körper löste und mich auf die Ebene des Besuchers begab. Doch das Zerren war so intensiv und aufdringlich, dass ich physisch langsam erwachte.

Ich öffnete sofort meine Augen und schaute instinktiv nach rechts und sah dort eine Freundin stehen, die genau wie ich, des Öfteren außerkörperlich reiste. Ich konnte sie definitiv mit meinen physischen Augen wahrnehmen, während sie langsam verblasste. Deutlich sah ich noch ihre Kleidung. Ich prägte mir jede Einzelheit ein und beschloss, sie am anderen Morgen sofort anzurufen.

Am anderen Morgen rief ich sie sofort an und fragte ganz scheinheilig, was sie denn heute Nacht gemacht habe. Sie antwortete, dass sie sich den ganzen Abend darauf konzentriert hatte, mich in ihrem zweiten Körper zu besuchen! Es war ihr also definitiv gelungen, doch konnte sie sich nicht an Einzelheiten erinnern, sondern nur, wie sie zu mir flog, irgendwann abgelenkt wurde und das Bewusstsein verlor. Dann erzählte ich von meinem Erlebnis und sie war sehr überrascht und bat mich, ihre Kleidung zu beschreiben. Es war genau die Kleidung, die sie am Vortag getragen hatte!

Dieser Hinweis war für mich Beweis genug, dass eine außerkörperliche Erfahrung stets ein Umgang mit einer unabhängigen und tatsächlich existenten Realität beinhaltet. Sie bietet die Möglichkeit eine zweite Ebene zu benutzen, nicht zuletzt, um sich dort mit Freunden oder Unbekannten zu treffen.

Dienstag, 27. Juli 1993

Als ich mich ins Bett legte, nahm ich mir dieses Mal nichts Besonderes vor und sagte immer wieder zu mir selbst, dass ich heute Nacht gern eine außerkörperliche Erfahrung haben würde und mich überraschen lassen wollte, was sich mir dann präsentieren würde. Irgendwann schlief ich über meinem Vorhaben ein, erwachte aber kurze Zeit später in meinem zweiten Körper. Ich spürte die Schwingungen und eine berstende Kraft, die tief in mir verborgen schien. Es war, als wollten diese Vibrationen diese Kraft nach oben schwemmen und mich einfach aus dem Körper herauskatapultieren.

Klick.

Ich lag auf dem Rücken auf einer Wiese. Es war dunkel und ich sah einige Sterne am Himmel, eine Baumspitze und in der Ferne hörte ich Geräusche eines Jahrmarktes. Langsam richtete ich mich auf und ging in die Richtung, aus der der Trubel kam. Vielleicht war es ein Open-Air-Festival oder einfach nur eine große Gartenparty. Ich

konnte es nicht mit Sicherheit sagen. Dann stellte sich mir eine Frau in den Weg. Sie stellte sich als Sonja vor. Sie trug kinnlanges Haar, hennarot, und hatte grüne Augen.
„Ich warte hier schon längere Zeit auf dich! Du musst mir unbedingt folgen“, meinte sie, „weil ich dir unbedingt etwas zeigen will, das sehr wichtig ist für dich.“
Das klang sehr interessant, also war ich durchaus bereit, ihr zu folgen.
„Worum geht es denn?“, fragte ich sicherheitshalber noch einmal nach.
„Es geht um bläuliche Straßen, aber du wirst schon sehen, was ich meine.“
Irgendwie hatte ich schon vermutet, dass von ihr eine kryptische Antwort auf meine Frage folgen würde, aber da mir eigentlich nicht viel passieren konnte, begleitete ich sie.
„Gut, dann folge mir, aber du solltest schnell sein…“
Im nächsten Moment rannte sie auch schon los und ich hinterher. Wir liefen durch Sträucher und Büsche, kletterten über Mauern hinweg und überquerten dunkle Höfe. So schnell ich auch rannte, sie war immer schneller als ich. Und wenn ich für einen kurzen Moment innehalten wollte, nur um darüber nachzudenken, wie ich es besser machen könnte, drohte ich, sie zu verlieren. Einmal ließ ich es darauf ankommen und ich verlor tatsächlich den Kontakt zu ihr und dazu stieg die Befürchtung auf, ich könne jeden Moment aufwachen. Einige Augenblicke später erwachte in dann tatsächlich meinem Bett.
Jetzt fand ich es doch sehr schade, weil ich gern gesehen hätte, was mir diese Sonja so unbedingt hatte zeigen wollen. Was konnte es wohl gewesen sein? Mich nervte nun, dass ich so fahrlässig gewesen war, und ich glaubte, eine Chance verpasst zu haben. Also wollte ich versuchen, wieder an dem gleichen Punkt einzusteigen. Ich konzentrierte mich und reaktivierte die Vibrationen des zweiten Körpers wieder. Sie wurden immer spürbarer und spürbarer, bis sie so stark waren, dass plötzlich ein Wahrnehmungsbruch erfolgte.
Klick.
Ich lag wieder auf der Wiese! Über mir die Sterne, weiter rechts die Baumkrone und der Trubel in der Ferne. Im gleichen Moment beugten sich zwei Personen über mich, darunter war auch Sonja.
„Wo warst du? Jetzt komm endlich!“, sagte sie und beide baten mich, endlich aufzustehen, damit wir weiter konnten.
Das ganze Spiel ging von vorn los. Ich rannte wie wild hinter Sonja und ihrem neuen Begleiter her und bemühte mich, nicht den Anschluss zu verlieren. Doch kurze Zeit später verlor ich sie erneut. Danach wieder aufgewacht, habe mich konzentriert und bin abermals auf der Wiese gelandet. Das ging noch zwei weitere Male so, bis ich genügend Übung besaß, ihr zu folgen, ohne sie zu verlieren.
In der nächsten Sequenz fand ich mich auf einem Platz wieder. Sonja stand neben mir und grinste breit. In der Nähe befand sich eine Kirche und am Horizont sah ich, dass sich die ersten Sonnenstrahlen zeigten.
„Na, willst du gern dort in der Kirche übernachten oder willst du mir lieber folgen?“, hänselte sie mich.

Ich empfand dies als eine freche Unterstellung, aber es schien mir gleichzeitig auch so, als machte sie eine religiöse Anspielung auf einen Persönlichkeitsanteil in mir, der mir jedoch gar nicht bewusst war.
„Und? Jagen wir jetzt wieder durch Büsche, Haus und Hof?“, fragte ich neckisch zurück.
Daraufhin traf mich ein Blick, der sich tief in mich hineinbohrte. Es kam mir vor, als sprach sie gar nicht mit mir, sondern vielmehr mit einem anderen Persönlichkeitsanteil in mir, der mir gar nicht richtig bewusst war. Ihr Blick und ihre Anspielungen verstärkten diesen Teil und im nächsten Moment weinte ich. Die Tränen liefen mir über die Wangen und ich spürte einen sehr starken Konflikt in mir, als wüsste etwas in mir, was mir Sonja zeigen wollte. Dieser Teil sträubte sich und ich musste mit aller Kraft auf mich einreden, dass ich in der größten Gefahr doch einfach zurück in meinen Körper springen könnte.
"Stell dich nicht so memmenhaft an!", meinte Sonja plötzlich und ich riss mich zusammen. Danach liefen wir wieder los.
Dieses Mal war der Weg nicht so lang und während ich immer noch mit mir selbst rang, kamen wir auf einem staubigen Platz an. Die Sonne war soeben aufgegangen und tauchte die Straßen in eine magentarote Farbe. Die Wege hier waren keineswegs asphaltiert, sondern bestanden vielmehr aus rötlichem Staub. Irgendwie überkam mich die Vorstellung, dass ich dieses Mal in der Zeit der Römer gelandet sein musste. Nun erblickte ich auch einige kleine Lehmhäuser in der Nähe, kleine, weiße Mauern und ein paar Menschen in Kaftans oder vergleichbarer Kleidung.
Sonja wies mit einem Kopfnicken zu einer Mauer, auf der eine Art kleiner Zaun montiert war. Ich ging langsam dort hin und erblickte dahinter einen ausgehobenen Graben und dann ein seltsames, braunes Leuchten. Ich ging ganz dicht an den Zaun heran und konnte nun hinüberschauen. Dort stand eine große Gruppe von Menschen kreisförmig um etwas herum. Offensichtlich gab es dort etwas Interessantes zu sehen! In der Mitte der Menge schien etwas sehr hell zu leuchten. Danach kletterten wir über den Zaun und gingen näher an die Menschen heran. Jetzt war ich vielleicht noch zehn Meter von diesem Pulk entfernt. Einige der Männer machten Musik und schienen vor Freude zu tanzen und ein weiterer von ihnen, so wie ich nun deutlicher erkennen konnte, hielt eine gläserne Kugel in der Hand, die von innen heraus mit einer unheimlichen Kraft ab und zu grell aufleuchtete.
Der Mann, der sie in den Händen hielt, ließ die Anwesenden abwechselnd die Kugel anfassen und meinte, dass sie jeden heilen würde, der sie auch nur einmal berührte. Nachdem sie die Kugel berührt hatten, begannen sie zu tanzen und waren überglücklich. Dieser Mann! Er erinnerte mich an jemanden… Ich dachte nach und die Gedanken kreisten wild in meinem Kopf herum. War das etwa… Jesus? Einige Sekunden danach hörte ich sogar jemanden diesen Namen rufen.
Mir wurde plötzlich ganz schlecht und ich erhielt den starken Impuls, nun einfach fortzulaufen, weg von diesem Ort! Ich bekam Angst, dass die Kugel vielleicht radioaktiv sein könnte, weil sie so hell strahlte, und wollte einfach nur noch fort. Ich schaffte es, einige Schritte vorwärts zu kommen, torkelte und fiel dann auf den Rücken. Eine fremde Energie ging durch mich hindurch und mit einem Mal fühlte ich mich

richtig energiegeladen und wohl. Doch meine Füße und Zehen konnte ich nicht mehr fühlen und sie wirkten wie abgestorben. Sonja bückte sich und ergriff meine Füße und massierte sie, als wollte sie diese wiederbeleben.
Diese ganze Situation besaß eine unheimlich starke religiöse Atmosphäre, die mir nicht unbedingt behagte, und ich erinnerte mich in diesem Moment, dass dies ganz offensichtlich der Tag war, an dem ich Jesus begegnet war. Zuvor war ich, ähnlich wie der Apostel *Saulus*, ein Zweifler gewesen, der an seiner Macht gezweifelt und Jesus für einen Scharlatan gehalten hatte, aber dies hatte sich für mich an dem Tag schlagartig geändert, als ich ihm persönlich begegnet war. Nun verstand ich auch Sonjas spöttische Bemerkung darüber, ob ich vielleicht lieber in der Kirche hätte übernachten wollen, als ihr weiter zu folgen! Sie hatte sich mit ihrem Vorwissen von dieser Situation hier über den religiösen Teil meiner selbst lustig gemacht. Ich war ihr deswegen nicht böse, weil ich auch deutlich erkennen konnte, dass religiöse Erfahrungen auf der einen Seite befreien, aber auf der anderen Seite ebenso stark begrenzen können.
Während ich so unendlich entspannt auf dem Rücken lag, sah ich am Himmel seltsame Formationen und Strahlen… Es waren bläuliche Strahlen.
Langsam erwachte ich in meinem physischen Körper. An diesem Punkt musste ich mich ausgeklinkt haben. Ich überlegte, wer denn diese Sonja wohl gewesen sein könnte und schlief über diesen Gedanken wieder ein.
Im Traum saß ich neben Vivian. Sie erzählte mir gerade einen Traum über eine Frau, deren Namen sie vergessen hatte, die ihr etwas von bläulichen Strahlen erzählt habe. Sie könne sich aber an nichts weiter erinnern.
„Hieß sie vielleicht Sonja?“
„Ja genau! Das war der Name!“, rief sie laut aus.
Mittlerweile konnte ich gar nicht mehr wirklich sicherstellen, ob Vivian mir dies am Telefon innerhalb der physischen Realität erzählt hatte oder in einem Traum. Aus dem Grund dachte ich mir, dass ich mich noch einmal auf Sonja konzentrieren sollte, um zu schauen, was sich weiter ergeben würde und was aus „Saulus“ geworden war, diesem religiösen Selbst, das so gern in Kirchen übernachtete.
Klick.
Ich lag plötzlich mit Vivian in einem Bett. Sie richtete sich jedoch gerade auf und meinte, dass sie eben ins Bad gehen würde. Sofort war mir klar, dass ich mich in einem Traum befand und grinste sie breit an.
„Du musst nicht ins Bad!“, meinte ich.
„Wieso denn nicht?“
„Na, merkst du es nicht? Du träumst! Das alles hier ist ein Traum. Darum brauchst du auch nicht mehr ins Bad! Hebe dir das für später auf.“
Sie schaute mich ungläubig an und tippte mit dem Finger gegen meine Stirn: „Du spinnst!“
Sie schien es mir nicht zu glauben, stand auf und ging dann ins Bad. Gut, dachte ich mir, wenn sie nicht will, dann werde ich wieder gehen.
Klick.

Ich stand wieder neben Sonja. Neben uns stand Vivian und eine Freundin von uns mit dem Namen Aki. Sie war recht klein, hatte hellblondes Haar, war vollschlank und eine sehr aufgeweckte Person voller Tatendrang und Optimismus. Persönlich kannte ich sie schon viele Jahre, auch wenn wir uns selten sahen. Die drei waren gerade im Begriff zu gehen. Ich hatte das Gefühl, sie wollten mich nicht dabei haben.
„Wo wollt ihr hin? Darf ich denn nicht mit?“, fragte ich neugierig.
„Das geht nicht“, antwortete Sonja.
„Wie, das geht nicht? Wieso nicht?“
„Du wirst hierbleiben müssen oder beschäftige dich mit etwas anderem.“
Ich beharrte jedoch darauf, zu erfahren, wohin sie wollten. Mir kam es vor, als wollten sie etwas vor mir verbergen. Das empfand ich als ein wenig ungerecht und bohrte weiter. Dann drehte sich Sonja wieder zu mir und meinte:
„Es ist nicht so, dass wir nicht wollen, dass du mitkommst. Du selbst warst es, der uns gesagt hat, dass du damit nichts zu tun haben willst!“
In dem Moment erkannte ich, dass Vorwürfe oder Vorurteile meist nur auf mangelnden Informationen beruhen. Wenn ich ihnen wirklich mitgeteilt hatte, dass ich nichts damit zu tun haben wollte, wohin sie nun gehen wollten, dann schien es mit einem Bereich in mir selbst zu tun zu haben, den ich nicht unbedingt kennenlernen wollte. Für einen Augenblick überlegte ich, ob ich mir mit ansehen wollte, was Sonja ihnen zu zeigen hatte und entschied mich doch dafür mitzukommen.
„Und, wo geht es hin?“, stellte ich meine Standardfrage.
„Das wirst du dann schon sehen.“
Ich hatte nichts anderes erwartet.
Sie schaute einmal breit grinsend und fügte hinzu: „Wir gehen zu Micha.“
Nun lief Sonja wieder vor und wir rannten hinterher. Irgendwann landeten wir in einem Garten und standen vor einer Terrassentür, die uns Einblick in das Innere der Wohnung verschaffte. Dort lagen auf dem Boden auf einer Matratze zwei Männer, die sich küssten und berührten. Sie waren eindeutig homosexuell. Kurz darauf klärte mich meine Intuition darüber auf, dass sich dort am Boden ein anderes Selbst von Vivian befand, das aus einem anderen Leben stammte. Sonja erklärte uns hier eindeutig die Zusammenhänge der Reinkarnation und sorgte sogar dafür, dass wir vor Ort diese anderen Selbste der anderen Zeitlinie besuchen konnten. Außerdem verriet mir meine Intuition, dass dies beides Soldaten aus Frankreich waren, vermutlich aus der Zeit des ersten Weltkrieges.
Sonja schmunzelte einmal breit und wies auf den anderen Soldaten, der gerade kein Interesse daran besaß, auch nur einen Zipfel seiner französischen Soldatenuniform zu tragen und blickte dann auf mich. In dem Moment erkannte ich, wieso ich ursprünglich überhaupt nicht mitkommen wollte.
Klick. Aufgewacht.
Als ich mit Vivian am Telefon sprach, erzählte ich ihr von Sonja und dem religiösen Erlebnis. Sie rief wieder laut aus, eine starke Gänsehaut zu spüren, die durch ihren Körper lief, als ich den Namen Sonja erwähnte. Außerdem, so berichtete sie mir, habe sie heute Nacht eine außerkörperliche Erfahrung erlebt.

„Als ich im Bett lag und die Vibrationen spürte, da hatte ich zuerst Ablöseprobleme, aber dann schrie jemand laut ‚Katholik' und in diesem Moment schoss ich aus meinem Körper hinaus ohne Probleme! Das war so plötzlich und abstrakt, dass es mich völlig irritierte."
Vivian und ich waren einfach keine Christen, in keinster Weise, aber das bewahrte uns offensichtlich nicht davor, in unserer mannigfaltigen Psyche ein Selbst, bzw. einen Persönlichkeitsanteil zu besitzen, der dahingehend autonom seine Erfahrungen gemacht hatte. Wir fanden es amüsant, dass so viel Vielfältigkeit in einem Menschen stecken konnte, dass es Teile seiner Selbst gab, die ihm gar nicht bewusst waren und dennoch einen gewissen Einfluss ausübten, bei dem einen mehr, bei dem anderen Menschen eben weniger.

Dienstag, 3. August 1993

Heute Nacht wollte ich mich einfach nur entspannen und mich auf gar nichts konzentrieren. Außerdem war ich viel zu müde und dachte nicht einen Moment daran, irgendwie zu meditieren, also legte ich mich ins Bett und drehte mich gleich auf die Seite.
Später in der Nacht wurde ich durch ein Flüstern geweckt. Ich machte die Augen auf, aber konnte niemanden entdecken. Keine Schlieren weit und breit, folglich war auch kein Besucher anwesend. Während ich dann wieder langsam in den Schlaf glitt, fand ich mich plötzlich in meinem zweiten Körper wieder.
Die Vibrationen schüttelten mich ein wenig durch, bis ich plötzlich neben meinem Bett stand. Ich ging zum Balkonfenster und durchschritt mühelos das Fensterglas, derart problemlos, dass ich mich schon wunderte, wie leicht es dieses Mal ging. In anderen Nächten war das nicht so selbstverständlich. Dann stellte ich mich auf die Balkonbrüstung und sprang kopfüber nach unten. Im Sturzflug wartete ich, bis ich kurz vor dem Boden war, riss mich selbst wieder nach oben und schoss in den Nachthimmel. Dort flog ich eine Weile über der Stadt und im nächsten Moment hatte ich Lust nachzuschauen, ob noch jemand anderes um diese Uhrzeit wach war. Meiner Vermutung nach war es gerade vier oder fünf Uhr morgens. Kurze Zeit später entdeckte ich ein Fenster, in dem noch Licht brannte und das sogar offenstand. Das betrachtete ich als Einladung und flog durch das Fenster. Ich war neugierig, wer dort wohnte.
Ich befand mich nun in einem Wohnzimmer. Dann ging ich weiter in die Küche, aber dort war auch niemand zu entdecken. Es schien, als war niemand daheim. Plötzlich öffnete sich die Haustür. Eine Frau kam herein. Sie warf etwas auf den Tisch, das ich nicht erkennen konnte, dann setzte sie sich auf einen Stuhl. Im Nachhinein würde ich vermuten, dass sie sich Zigaretten von einem Automaten besorgt hatte. Ich beobachtete sie eine Weile und versuchte, ihre Aufmerksamkeit zu erregen, aber sie reagierte nicht. Irgendwann wurde es mir zu langweilig und ich flog wieder aus dem Fenster nach draußen.
Nach einer Weile genussvollen Herumfliegens erwachte ich wieder in meinem Bett oder, besser formuliert, wechselte ich wieder zu meinem physischen Körper.

Donnerstag, 5. August 1993

Doch nicht nur meine Wenigkeit erlaubt sich mal den Spaß, andere Menschen aufzusuchen und sie zu beobachten, sondern es verhält sich auch so, dass andere ebenso außerkörperlich reisen können. Diese Erkenntnis begleitete mich schon länger auf einer theoretischen Ebene, aber in dieser Nacht durfte ich es, glücklicherweise, auf eine positive Art und Weise einmal selbst erfahren.

Ich wachte langsam, sehr langsam auf und fühlte dabei, dass eine Frau auf mir saß und sie und ich überaus sexuell erregt waren. Sie bewegte ihre Hüften kunstvoll und die Gefühle waren äußerst intensiv. Ich wehrte mich nicht dagegen, weil ich es einfach nur schön fand, doch plötzlich dachte ich ein wenig über die gegenwärtige Situation nach... Ich fragte mich, wer diese Frau denn sein könnte, denn ich hatte mich nachts definitiv allein ins Bett gelegt und keinerlei weiblichen Besuch zur Übernachtung eingeladen! Das Wundern wurde immer stärker und ich versuchte meine Augen zu öffnen, was mir nur sehr schwer gelang.

Plötzlich war ich in meinem physischen Körper und riss sofort die Augen auf. Ich sah mit meinen physischen Augen ganz deutlich die Silhouette einer Frau auf mir sitzen! Irgendwie fühlte sie, dass ich sie plötzlich sehen konnte und stieg in Windeseile von mir runter, rutschte zum Fußende des Bettes und blieb dort in der Hocke sitzen. Ich fühlte genau, was sie dachte. Sie wollte kurz warten, weil sie glaubte, ich könnte sie in meinem normalen Körper nicht mehr länger wahrnehmen, aber dem war nicht so. Ich sagte laut, sie solle sich nicht so sicher fühlen, denn ich könne sie genau sehen. Noch immer nahm ich sie als dunklen Schatten wahr. In dem Moment sprang sie auf und drückte sich in eine dunkle Nische an die Wand. Ich bat sie, doch noch zu bleiben, weil ich gern wissen wollte, wie sie hieße und wer sie sei. Doch dann verlor ich langsam die Fähigkeit, sie zu sehen und sie verschwand.

Als ich erwachte, fragte ich mich, wer das nur gewesen war, aber leider hatte ich nur einen dunklen Schatten erkannt. Die Ausstrahlung der Frau, bzw. ihre emotionale Identitätssignatur (EIS) gab mir nur Aufschluss über das Geschlecht der unbekannten Person. Als EIS bezeichne ich stets das Gefühl, das man aus der Ausstrahlung eines Menschen herauslesen kann. Je besser man einen Menschen kennt, desto besser kann man seine EIS fühlen. In diesem Fall konnte ich jedoch nur aus der EIS herauslesen, dass es sich um eine Frau gehandelt hatte.

Für einen Moment dachte ich auch über die Legende von *Incubus* und *Succubus* nach. Diese sollen Dämonen sein, die einen in der Nacht besuchen und zum Geschlechtsverkehr überreden. Am anderen Morgen wacht man dann mit der dunklen Erinnerung auf, man habe mit irgendwem Sex gehabt. Nun klärte sich für mich diese Legende auf, denn es handelt sich keineswegs um Dämonen, sondern um Menschen, die ihre Fähigkeit, außerkörperlich reisen zu können, auch einmal für sexuelle Abenteuer ausnutzten. Wenn jemand sehr gut darin ist, seinen Körper beliebig zu verlassen, dürfte es auch kein Hindernis sein, Menschen, die sie sexuell begehren, in der Nacht aufzusuchen.

Am anderen Tag erzählte ich Vivian von meinem sexuellen Abenteuer, zu dem ich geschickt überredet worden war. Sie schaute mich mit großen Augen an und erzählte mir dann von einer außerkörperlichen Erfahrung, die sie einmal erlebt hatte.

„Ich wurde einmal aus meinem Körper herausgezogen und plötzlich sah ich vor mir eine Person stehen. Zuerst war es ein fremder Mann, aber plötzlich verwandelte er sich in einen Ex-Freund von mir. Dann berührte er mich und drängte mich zu Boden, um mit mir Sex zu haben. Ich wehrte mich aber gegen ihn, weil mich die ganze Szene misstrauisch machte, immerhin hatte ich zuvor seine Verwandlung mitbekommen. Ich ging also davon aus, dass er sich des Öfteren in die Partner der Frauen verwandelte, mit denen er gern schlafen wollte. Der Sex im außerkörperlichen Zustand kann ja sehr intensiv und schön sein."
Das konnte ich an diesem Punkt nur bestätigen. Dann fuhr sie fort:
„Ich habe ihn dann von mir gestoßen und sagte ihm, dass er sich zeigen solle. Dann verwandelte er sich in einen fremden, jungen Mann. Es kam noch ein anderer Mann herein, der sein Vater zu sein schien. Ich hatte daraufhin den starken Eindruck, dass hier Vater und Sohn unter einer Decke steckten oder dass der Vater seinen Sohn gerade ausbildete. Danach bat ich sie, das Haus zu verlassen. Sie waren dann schnell wieder weg. Damit hatten sie wohl nicht gerechnet, dass ich mich nicht so leicht auf den Arm nehmen lasse."
Als ich unsere beiden Erfahrungen verglich, begriff ich, dass meine nächtliche Besucherin eine Frau gewesen sein musste, die mich vielleicht attraktiv gefunden hatte. Entweder war sie zufällig auf mich gestoßen oder ich kannte sie flüchtig aus meinem Alltag. Bei Vivian musste es sich um einen ähnlichen Fall gehandelt haben. Vielleicht hatte sie ein Mann entdeckt und für attraktiv genug empfunden, einen Verführungsversuch zu starten.
In einigen Schriften heißt es, dass man seinen zweiten Körper erst dann nutzen kann, wenn man voller Licht und Liebe und geistig weit genug entwickelt ist. Persönlich glaube ich davon kein Wort. Wer sich mit genügend Motivation und Geduld daran macht, außerkörperliche Erfahrungen zu erleben, der kann sie auch erreichen, unabhängig davon, wie diese Person charakterlich oder spirituell einzustufen ist.

Sonntag, 8. August 1993

Ich entspannte mich wieder ausgiebig in meinem Bett, während ich auf dem Rücken lag. Dabei achtete ich auf die Vorgänge vor meinen Augen und sah ziemlich schnell wieder Millionen quirlige Pünktchen, die eifrig hin und her jagten. Während das Licht auf der Netzhaut abklang und einer gewissen Schwärze wich, konzentrierte ich mich stark darauf, noch tiefer in die Schwärze hineinzuschauen. Irgendwann verwandelte sich diese schwarze Fläche in einen dreidimensionalen Raum. Wenn ich so weit fortgeschritten war, konnte ich sicher sein, dass es gleich anfing vor den Augen zu blitzen, als würde man einem entfernten Wetterleuchten zusehen. Es blitzte einige Male. Die Eindrücke in diesen Blitzen waren viel zu kurz, um daran festmachen zu können, was eben geschehen war. Plötzlich blitzte es wieder und Klick.
Ich befand mich auf einem Marktplatz. Einen Dom konnte ich in der Nähe erkennen, aber ich wusste nicht, in welcher Stadt ich mich gerade befand. Schilder konnte ich keine entdecken. Eine Weile ging ich umher und schaute mir alles ganz genau an, bis ich plötzlich einen Mann sah, der nur mir aufzufallen schien. Er saß auf einer Bank und machte dort irgendwas mit den vorbeigehenden Menschen. Langsam ging ich zu

ihm. Als ich neben ihm stand, lud er mich dazu ein, mich neben ihn zu setzen. Dabei schaute er mich nicht einmal an. Während wir nun auf der Bank saßen, sagte er, ich solle ganz genau aufpassen. Dann kam eine Frau vorbei. Mit einem Mal tauchte ein seltsames Rauschen in meinem Kopf auf und die Frau besaß plötzlich eine deutlich sichtbare Aura. Diese Frau trug eine lilafarbene Aura um sich und wieder meinte der Mann, ich solle jetzt genau aufpassen. Im nächsten Moment verwandelte sich ihre Aura in ein pastellfarbenes Grün.

„Siehst du, gerade eben war sie noch optimistisch, aber jetzt wird sie die unehrlichste Person sein, die dir jemals begegnet ist. Du kannst ihr jetzt noch nicht einmal mehr vertrauen, dass sie dir die richtige Uhrzeit sagt, wenn du sie fragst."

Ich schaute ein wenig verwirrt, aber dann schien es mir so, als behauptete der Mann, er könne die Aura und somit den Gemütszustand anderer Menschen ändern.

Dann kam ein Mann vorbei, seine Aura wirkte blassgelb und er ging leicht gebeugt. Nun bemerkte ich, wie der Mann neben mir sich wieder konzentrierte. Daraufhin verwandelte sich das blasse Gelb in ein intensives Blau.

„So, der fühlt sich jetzt stark und mächtig", meinte er und grinste breit.

Mir erschien es so, als ob ihn weder Moral noch Nächstenliebe antrieb, sondern er veränderte einfach die Auren der vorbeigehenden Menschen, weil er es konnte. Dabei ließ er sie ohne Probleme in eine andere Farbe wechseln und beobachtete, was geschah.

„Der nächste", so meinte er nun, „wird sich gleich deutlich an ein anderes Leben erinnern. Schau nur zu!"

Es kam ein Mann vorbei, der eine Aktentasche trug und einen grauen Anzug. Kaum war er auf unserer Höhe, veränderte sich seine Aura von Türkis zu einem Rotorange. Der Mann blieb stehen und riss die Augen weit auf. Es schien, als wäre ihm etwas Wichtiges eingefallen.

„Siehst du", meinte der geheimnisvolle Mann neben mir auf der Bank, „sie haben keine Ahnung!"

„Wieso machst du das hier? Hat das einen tieferen Sinn?", fragte ich ihn.

„Ist dir denn gar nichts aufgefallen?", entgegnete er.

„Doch, du hast die Auren der vorbeigehenden Leute beeinflusst."

„Nein, das meine ich nicht! Ich habe dir etwas Bestimmtes demonstrieren wollen. Ist es dir aufgefallen oder nicht?"

Ich ging in mich und rekapitulierte die Ereignisse, die eben vorgefallen waren, aber mir fiel nichts anderes mehr auf, als ich bereits erwähnt hatte.

Er nahm sich noch einige aus der Menge vor und änderte nach Gutdünken deren Gefühle. Eine schüchterne Frau mit hochgestecktem Haar und Hornbrille öffnete plötzlich ihr Haar, schüttelte es aus und warf ihre Brille fort, öffnete die obersten Knöpfe ihrer Bluse und ich war überrascht ob ihrer plötzlichen Verwandlung.

Plötzlich verstand ich! Dieser geheimnisvolle Mann machte das nicht aus Boshaftigkeit, sondern er war eine Art Lehrer. Er demonstrierte mir, wie unsinnig es ist, ein bestimmtes Selbstbild über sich selbst zwanghaft aufrechtzuerhalten und wollte offensichtlich dies als Erkenntnis an diese Menschen und auch an mich weitergeben. Er hoffte, diese von ihm veränderten Menschen würden genau diese Erkenntnis

erhalten, wenn z.B. die schüchterne Frau plötzlich erkennt, dass sie auch mal ein Vamp sein oder dass sich ein steifer Geschäftsmann plötzlich an ein anderes Leben erinnern konnte.
Als ich das erkannte, schaute mich der Mann an und nickte: „Andere hätten nun geglaubt, ich stecke mit dem Teufel im Bunde oder sei ein Dämon, der es auf unschuldige Menschen abgesehen hat, aber das ist nicht der Fall. Du hast die Botschaft, die ich für dich hatte, verstanden. Vielleicht lernst du daraus."
Dann schaute er mich ganz eindringlich an und veränderte etwas in mir.
Plötzlich lag ich wieder in meinem Bett. Völlig wach und ausgeruht. Vermutlich hatte er einfach meine Aura verändert und mich somit zurückgeschickt.

Samstag, 14. August 1993

Ich flog in meinem zweiten Körper über Felder, Wälder und Wiesen. Ich genoss das Gefühl des Fliegens und sah bei meiner extremen Geschwindigkeit die Wolken an mir vorbeirasen. Ich konzentrierte mich auf einen meiner Lieblingssongs und wartete, bis er erklang. Irgendwann verebbte die Musik in meinen Ohren und es wurde langsam hell um mich herum. Ich war vielleicht einige tausend Kilometer geflogen. Dabei hatte ich das Gefühl, dass ich dem Sonnenaufgang entgegengeflogen war. Plötzlich entdeckte ich unten auf einem Feld einige Arbeiter. Sie trugen dunkelgraue Kostüme und große, strohfarbene, runde Hüte. Ich war sicher, einige Chinesen oder Vietnamesen bei der Feldarbeit aufgefunden zu haben. Ein witziger Gedanke kam in mir auf. Ich tauchte hinab und jagte ungefähr zwei Meter über dem Feld in Richtung der Arbeiter. Ich erkannte, dass es drei Frauen waren. Ich wollte sie jetzt einmal kräftig erschrecken. Immer wieder flog ich um sie herum und machte "Huuuuh!", als sei ich ein Gespenst oder gar ein böser Dämon.

Die drei Frauen schauten sich erschrocken um. Dann drängten sie sich aneinander und schienen mich manchmal sogar kurz wahrnehmen zu können. Ihre Gesichter sahen wirklich sehr erschrocken aus. Plötzlich lief eine von ihnen fort und kam nach einer Minute mit einer anderen Frau wieder. Die vierte Frau trug einen Sack in ihren Händen, mit dem sie direkt auf mich zulief, als nähme sie mich ununterbrochen wahr. Ich jagte auf sie zu, um auch sie zu erschrecken, doch dann griff sie in den Sack und holte einen abgetrennten Schweinekopf heraus und hielt ihn mir genau in dem Moment vor mein Gesicht, als ich knapp vor ihr war! Ich war es diesmal, der fürchterlich erschrak und erwachte dadurch mit einem leichten Schreck in meinem physischen Körper.

Als ich mich wieder in meinem Schlafzimmer aufrichtete, musste ich sehr lachen. Anscheinend hatten sie wirklich an einen Dämon geglaubt und schnell jemanden geholt, der den bösen Geist vertreiben konnte. Dies war ihnen auf jeden Fall gelungen. Doch jenseits meines Schabernacks dämmerte mir schon die Lösung auf die Frage, wie die Menschen seit Jahrhunderten daran glauben konnten, es gäbe Dämonen, die Menschen erschrecken. Wie viele dieser „Dämonen" waren vielleicht nur Reisende gewesen, die erlernt hatten, ihren Körper bewusst zu verlassen?

Sonntag, 29. August 1993

In dieser Nacht träumte ich, wie ich mit einer Freundin plante, in einen Themenpark zu fahren. Sie wollte unbedingt dorthin und sich die Delfine anschauen. Wie es nun mal in einem Traum ist, kamen wir auch innerhalb von Sekunden dort an. So liefen wir durch künstlich angelegte Höhlen und andere seltsame Attraktionen auf der Suche nach dem Delfinarium, das wir jedoch noch nicht entdeckten. In den Höhlen selbst fühlten wir uns sehr wohl. Auch gab es dort einige Geschäfte, in denen viele verschiedene Artikel angeboten wurden. Wir begaben uns in einen dieser Shops und kauften etwas zu essen. Mit Nahrung bestückt setzten wir uns dann auf eine Bank und genossen unser Mahl. Als wir fertig waren, sprachen wir noch über die Delfine und während sie redete, schaute ich in ihr Gesicht. An diesem Punkt bekam der ganze Traum eine andere Atmosphäre. Eigentlich war dies gar nicht die Freundin, von der ich angenommen hatte, dass wir uns schon länger kannten. Ich schaute weiter in ihr Gesicht und versuchte mir jeden Gesichtszug einzuprägen, aber sie war mir plötzlich völlig fremd! Immer mehr verwandelte sie sich nun in eine faszinierende, wunderschöne Frau, überirdisch schön und ohne jeden Vergleich. Ich war dermaßen überrascht und berührt von dieser Schönheit, dass ich meine Bewunderung überhaupt nicht mit Worten ausdrücken konnte. Ich suchte krampfhaft nach einem Vergleich, der nur im Entferntesten beschreiben konnte, wie sie in diesem Moment aussah, aber es gelang mir nicht. Sie besaß blondes, hellleuchtendes Haar mit unzähligen Schillerlocken, das von einem nicht spürbaren Wind angehoben wurde. Ihr ganzes Gesicht, ihr Kopf, war so schön, weil er von innen heraus strahlte und eine feine Aura um ihr Gesicht legte.

Plötzlich bemerkte ich, wie sich uns ein Mann näherte. Er kam immer näher, bis er nur noch ein oder zwei Meter von uns entfernt stand. Ich drehte meinen Kopf zu ihm und erkannte, dass es ein Zwerg war! Er war nicht größer als 1,10 Meter, wenn überhaupt, und schaute uns beide freundlich an. Ich meinte dann zu ihm: „Sieht sie nicht wie ein… Engel aus?“

Ja, das war vielleicht der treffende Begriff, dachte ich. Ein Engel oder eine wunderschöne Elfe. Noch immer fehlten mir die Worte und ich wollte, dass mir vielleicht der Zwerg dabei half, die rechten Worte zu finden.

„Nein“, antwortete der Zwerg, „sie ist kein Engel, sondern die wirkliche Gegenwart!“

Ich war irritiert. Immerhin war ich langsam dabei, zu glauben, dass ich mir die Schönheit ihres Gesichtes nur immer intensiver einbildete. Nun kam ein Zwerg vorbei, der aus einem Fantasy-Film hätte entsprungen sein können und behauptete, dass diese Freundin, gar nicht meine Freundin war, sondern die wirkliche Gegenwart.

„Wenn sie die wirkliche Gegenwart ist“, begann ich meine Frage zu formulieren, „was bin ich dann? Bin ich die ebenfalls wirkliche Gegenwart?“

„Nein, du bist nicht die wirkliche Gegenwart. Genau so wenig, wie ich es bin! Ich bin nur eine Einbildung.“

Das fand ich höchst seltsam, denn eine Einbildung, die von sich selbst behauptete, sie sei eine Einbildung, befremdete mich sehr.

„Wenn wir beide Einbildung sind, und davon gehe ich jetzt mal aus, dann müssten wir beide doch ein Traum sein…“

„Ja, das bist du immer, wenn du nicht in deiner wirklichen Gegenwart bist. Unabhängig davon, wer oder wo du bist“, entgegnete der Zwerg.
Mir wurde unbehaglich. Befand ich mich etwa in einem Traum? Und wieso konnte eine Einbildung mit mir reden, als wüsste sie mehr als ich selbst? Immerhin schien der Zwerg Dinge zu wissen, die mir nicht unmittelbar bewusst waren.
Klick.
In dem Augenblick erwachte ich. Verschwunden waren der Zwerg und die fremde Schönheit. Diese Frau hätte ich stundenlang beobachten können, ohne müde zu werden, während der Zwerg es doch tatsächlich geschafft hatte, mich ins Grübeln zu bringen. Er hatte mir eine interessante Philosophie unterbreitet, nämlich dass sich vermutlich die meisten Menschen überhaupt nicht in der wirklichen Gegenwart leben, sondern in einem Traum. Natürlich war mir jetzt im Nachhinein offensichtlich, dass ich mich ebenso in einem Traum befunden hatte, als der Zwerg mir gegenüber stand. Doch dass man sich nur in einem Traum befindet, wenn man träumt, ist eigentlich jedem Menschen klar. Aber wie sieht es mit der physischen Realität aus? Ist die physische Realität ebenfalls ein Traum?
Am anderen Tag berichtete ich Vivian von diesem Traum. Sofort fielen ihr auch ein, zwei Träume ein, in denen sie einem Zwerg begegnet war. Wir diskutierten über meinen Traum im Themenpark, über die wirkliche Gegenwart und die Einbildung. Dann planten wir, uns bald zu überlegen, wie wir dem Geheimnis der Träume noch besser auf die Spur kommen könnten.

Sonntag, 16. Oktober 1994

Ich war bei Vivian zu Besuch. Wir hatten es uns in ihren zwei Sesseln gemütlich gemacht, die in ihrem Wohnzimmer standen und unterhielten uns. Der Abend war sehr interessant und wir beschlossen, ein wenig zu meditieren und uns zu konzentrieren.
Nach einer halben Stunde intensiver Konzentration sah ich plötzlich mein Apartment vor Augen. Es war so deutlich und klar, dass ich völlig erstaunt war. In diesem Augenblick teilte ich mich in zwei Hälften und befand mich an zwei Orten gleichzeitig. Ich saß hier bei Vivian auf ihrem Sessel, aber gleichzeitig saß ich auf meinem Stuhl in meinem Apartment. Dort schaute ich gerade auf meinen Fernseher, der lief. Ich sah einige Telefonnummern mit erotischem Inhalt, die in der Werbung eingeblendet wurden. Es war daher schon sehr spät und um diese Uhrzeit liefen sehr gern solche Werbungen, weil es den Betreibern solcher Erotiknummern preiswerter kam, zu diesem Zeitpunkt zu werben.
Doch ich war nicht allein! Ein Mann saß rechts hinter mir. Er besaß eine emotionale Identitätssignatur, die man mit der eines Vaters vergleichen konnte, aber er war nicht mein Vater. Nun strömten plötzlich die Informationen auf mich ein, die mein Bewusstsein füllten und mir den Atem raubten! Dieser Mann hatte mich gerade eben in diese Realität gebracht, die man für gewöhnlich als Alltagsrealität bezeichnete. Er hatte mich hier förmlich abgesetzt und für diesen großen Moment extra begleitet, denn dieser Augenblick war meine Geburt in die Welt des Alltags hinein. Dieser Moment entpuppte sich für mich als ein Teil meiner wahren Erinnerungen innerhalb meiner

Psyche, die dort irgendwo im Unterbewusstsein gespeichert und nun durch die Mediation nach oben gelangt war.
In dieser Erinnerung brachte mich der Mann in die Alltagsrealität und leitete meine Geburt ein. Die Geburt als erwachsener Mensch. Laut dieser Erfahrung war ich niemals ein Baby gewesen, sondern erst seit einigen Jahren hier! Es war unfassbar und schockierend zugleich. Was hatte ich mittlerweile alles vergessen? Wo sind meine Erinnerungen an die Zeit vor dieser „Geburt" verblieben? Wie kann ich sie wieder aktivieren?
Doch all diese Fragen halfen nicht, mehr Aufschluss über derartige Informationen zu erhalten! Ich war als Erwachsener in diese Welt getreten und die neuen Erinnerungen überlagerten nun die alten.
Nachdem diese Erfahrung verblasste, verschwand das Gefühl der Gespaltenheit und ich öffnete meine Augen. Vivian hatte ihre Augen bereits geöffnet und fragte mich, was ich denn erlebt hatte. Ich berichtete ihr von meiner seltsamen Erfahrung, eine ganz klare Erinnerung erfahren zu haben, die ich jedoch als normale Erinnerungsinformation niemals einordnen würde.
„Weißt du, es ist völlig verrückt. Wenn man sich z. B. an seine Schulzeit erinnert, dann sind es ein paar Bilder oder Szenen, die man problemlos zurückrufen kann. Doch diese Erinnerung, in der mich „Vater" in meinem Apartment abgesetzt hatte und noch eine Weile bei mir blieb, damit ich mich an den Alltag gewöhnen konnte, war viel mehr als eine aus der Schulzeit. Bei dieser Erinnerung hier besaß ich das ganz starke Gefühl, dass es wirklich eine ist. Das ist bei einer Erinnerung an die Schulzeit oder an ein anderes Ereignis überhaupt nicht der Fall! Diese seltsame Erinnerung kam mir vor, wie… wie eine einstige Erfahrung, die mit der Atmosphäre des Erinnerns angereichert war. Ich kann es so schwer beschreiben. Jedenfalls war sie hundert Mal intensiver als eine Erinnerung an einen beliebigen Zeitpunkt meiner Alltagsvergangenheit!"
„Da könnte man wirklich anfangen zu glauben, dass unsere Erinnerungen im Alltag gar keine richtigen sind, sondern eher nur Informationen."
„Ganz genau!", antwortete ich. „Es ist so, als ob es Erinnerungen gäbe, die eine ganz andere Qualität besitzen und wenn man sich an eine solche erinnert, erlebt man sie so, als würde sie gegenwärtig geschehen."
„Es gibt also Erinnerungen und *Erinnerungen*," stellte Vivian richtig fest.
Ich nickte. Sie hatte es auf den Punkt getroffen. Wie viele von diesen Ur-Erinnerungen hatten wir vermutlich vergessen? Wieso überlagern die meist emotionslosen Erinnerungen aus unserer Vergangenheit die anderen Erinnerungen? Wieso konnte ich eine Erinnerung aus der Vergangenheit leichter zurückzurufen als eine solche Ur-Erinnerung?
Wir sprachen noch lange darüber, aber wir konnten einfach keine weiteren Antworten finden. Auf jeden Fall war ich glücklich darüber, eine dieser Ur-Erinnerungen aufgefunden zu haben.

Traumanalysen und alternative Realitäten

In der Schlafforschung wird gesagt, dass wir jede Nacht träumen und Erfahrungen machen, nur meistens am Morgen alles wieder vergessen haben. Vivian und ich überlegten uns in diesem Zusammenhang, dass es vielleicht eine gute Idee wäre, wenn wir die Beschaffenheit der Träume näher analysieren und uns ganz gezielt darauf vorbereiten würden, Hintergrundinformationen über das Träumen zu sammeln. So hatten wir den Plan gefasst, dass wir uns abwechselnd schlafen legen wollten. Einer wollte wach bleiben und den anderen intuitiv wecken. Dann sollte er ihn bitten, sofort die erlebte Traumerfahrung zu schildern.

Wir beschlossen, dass Vivian beginnen sollte. Sie legte sich ins Bett und ich platzierte mich in der Nähe. Anfangs fiel es uns nicht leicht zu schlafen, wenn der andere daneben saß und wachte, aber nach einigen Versuchen funktionierte es ganz gut. Nachdem Vivian eingeschlafen war, wartete ich einige Minuten und weckte sie. Sie war mürrisch und wollte weiterschlafen, aber ich blieb hartnäckig. Als sie wieder einigermaßen erwacht war, erklärte sie, dass sie mir am liebsten eine gehauen hätte, als ich sie weckte. Doch jetzt, nachdem sie sich wieder einigermaßen an unser Vorhaben erinnerte, wollte sie weitermachen. Aus den ganzen Aufzeichnungen während dieses Experiments, möchte ich nur die wirklich relevanten Auszüge bringen, die für unsere letztendliche Erkenntnis verantwortlich waren.

„Aufwachen, Vivian! Was hast du geträumt?“, rief ich und schüttelte sie ein wenig an der Schulter.

„Och, nein, nicht schon wieder.“

„Was ist denn?“

„Das gibt es einfach nicht! Ich war so sicher…“, antwortete sie kryptisch.

„Ich bin so flüssig in den Traum gerutscht, dass ich es schon wieder nicht bemerkt habe, eingeschlafen zu sein. Das gibt es einfach nicht! Ich komme mir vor wie eine alte Oma, die sich nicht erinnern kann, was sie grad eben noch gedacht und sich vorgenommen hatte. Das darf doch wohl nicht wahr sein! Ich war völlig sicher, noch wach zu sein. Es war so, als hätte ich nahtlos gewechselt.“

Es folgten noch einige Versuche mit den gleichen Ergebnissen. Vivian meinte, dass sie an einem bestimmten Punkt den Traum vom Alltag nicht mehr unterscheiden konnte. Es schien ihr, dass unsere Erziehung vielleicht dazu beigetragen hat, die Realitäten so fein voneinander zu trennen, sodass wir uns in den Alltag viel stärker eingebettet hatten und unsere Träume ignorieren.

In ihrem Fall wurde deutlich, dass kein Mensch in jeder Nacht bemerkt, dass er in den Traumzustand gleitet, was die Vermutung aufkommen lässt, dass man eigentlich nicht einschläft, sondern einfach nur in einen anderen Zustand gerät, den man im Nachhinein erst als das klassische Träumen bezeichnet. Man verliert sich sodann in aufkommenden Traumsequenzen, die man nicht hinterfragen kann, da der Wechsel vom Wachen zum Träumen einfach nicht auffällt. Genau wie man seine Erinnerungen an die eigene Alltagsrealität mit in den Traum nehmen kann, so funktioniert es auch umgekehrt.

Ihre Wahrnehmungen mögen als Träume oder erfundene Wahrnehmungssequenzen erscheinen, sind aber nur deshalb so definiert, weil die Wahrnehmung dieser Wahrscheinlichkeiten für gewöhnlich unklar und unzusammenhängend ist. Wären diese Wahrnehmungen ebenso klar und kontinuierlich im Ablauf wie das Alltagsgeschehen, so würde man nicht mehr von Träumen, sondern von alternativen Realitäten oder wahrscheinlichen bzw. alternativen Ereignissen sprechen.
Vivian führte ein Traumtagebuch, in das sie ihre interessanten Erlebnisse hineinschrieb. Ihre eigenen Notizen in Bezug auf die Traumwache betrafen auch ihre Rolle als Mutter eines sechsjährigen Kindes:
„Wir machten Traum-Wache (so nannten wir unser Vorgehen, bei dem einer träumte und einer wachte) bei mir zu Hause. Ich schlief ein, bekam aber nichts mit, weil ich im Übergang sofort in eine Handlung verstrickt wurde. Ich hörte ein Geräusch aus dem Kinderzimmer und ging hin, um nachzusehen. Mein Sohn wälzte sich im Schlaf im Bett und rief immer wieder so, wie dieser Speedy Gonzales aus dem Kinderfilm. Ich empfand es erst als sehr lustig und wollte auch schon Jonathan rufen, damit er sich das ansieht. Dann überlegte ich mir, ihn hochzunehmen und auf die Toilette zu bringen. Er wurde aber auch auf meinem Arm nicht wach, strampelte hin und her und rief dabei weiter. Jetzt begann ich mir Sorgen zu machen. Ich versuchte ihn immer wieder zu wecken, ohne Erfolg, und so langsam wurde mir das alles sehr unangenehm. Im Bad setzte ich ihn auf die Toilette und sah, dass er nun Schaum vor den Mund bekam. Meine Sorgen verstärkten sich sehr und ich wurde gleichzeitig wütend und schimpfte ihn aus. Dann mischte sich auch noch ein schlechtes Gewissen hinzu, und all die Gefühle verstärkten sich.
„Was ist los?“, hörte ich Jonathan fragen, als er mich weckte.
Kurze Zeit später kam mein Sohn im Halbschlaf zu mir ins Zimmer. Er war gar nicht richtig wach, war quengelig und unzufrieden, bzw. ich hatte das Gefühl, dass er sauer auf mich war. Ich brachte ihn ins Bett zurück, dabei strampelte er auf meinem Arm wie in diesem Traum.“
Es ist selten, dass man etwas träumt, das sich im Alltag plötzlich wirklich ereignen kann, aber es kommt vor. In den Traum-Wachen hatten sie und ich aber nicht den Schwerpunkt darauf gelegt, unsere Zukunft zu erfahren. Uns lag eher etwas daran, die Vorgänge zu begreifen, die mit dem Träumen allgemein in Verbindung stehen. Warum Träume für den Menschen notwendig sind und inwiefern sie wirklich eine Verbindung zum Alltag besitzen, ohne gleich ausschließlich der Verarbeitung irgendwelcher Erfahrungen zu dienen.
Im Weiteren gibt es auch nicht nur das eigene Selbst, das, aus einer höheren Perspektive betrachtet, ebenfalls nur in einer alternativen Realität existiert, sondern auch Freunde, die in diesen anderen koexistierenden Realitäten völlig anders sein können, in denen ich u. a. auch immer wieder Vivian antraf, nur dass sie woanders wohnte oder eben einen anderen Job ausübte usw. Dabei denke ich gerade an den Kindergarten, in dem sie arbeitete oder die Wohnung, die ganz anders aussah. Solche alternativen Realitäten tauchen also immer wieder in den Träumen auf. Ein Beispiel ist auch die folgende Traumerfahrung, die ich in der Zeit erlebte, als wir versuchten, die Träume bis zu ihrer Quelle zurückzuverfolgen und ihnen ihr Geheimnis zu entlocken:

Ich saß mit einigen Freunden in einem Zimmer und wir unterhielten uns, während ein Musiksender Videoclips zeigte. Es war mein Geburtstag und ich hatte allesamt zu einem Gläschen Wein eingeladen. Ich befand mich in einem Sessel auf dessen rechter Lehne eine Frau saß, die ich aufgrund ihrer Ausstrahlung und ihres Aussehens stets sehr anziehend fand. Sie hielt in der rechten Hand die Weinflasche und in ihrer linken ein Glas. Plötzlich rutschte sie von der Sessellehne auf meinen Schoß. Ich half ihr wieder auf die Sessellehne. Sie kicherte, hatte mittlerweile das Glas abgestellt und trank nun einen Schluck direkt aus der Flasche. Ich wunderte mich sehr, denn ich konnte gar nicht glauben, dass sie so viel Alkohol trank, es war irgendwie gar nicht ihre Art. In meiner gewohnten Realität trank diese Frau überhaupt keinen Alkohol und machte stets einen zurückhaltenden, einen fast schüchternen Eindruck. In dieser alternativen Realität jedoch war sie wie ausgewechselt.
Vivian war ebenfalls mit dieser Frau bekannt und hatte einen ähnlichen Traum von ihr, anscheinend aus der gleichen, alternativen Realität, in der sie nicht das brave, wohl erzogene Mädchen mimte:
„Ich kam mit dem Bus am Bahnhof an und wollte in die Halle. Davor saß plötzlich eine Freundin mit einigen Leuten auf dem Boden und sie rauchten einen Joint. Ich konnte es gar nicht glauben, dass sie so was machte. Ich sprach sie drauf an, aber sie lachte nur und meinte, das mache sie doch immer."

Solche Träume kommen in der Erinnerung bei vielen Menschen vor, wie ich immer wieder durch die Berichte anderer Menschen hören durfte. Sie stellten Hinweise auf einen alternativen Lebensverlauf mit anderen Interessen, Charakteren und Freunden einer Person dar. Dies verhielt sich in unserem Fall ebenso. Im Rückblick auf diese Fragestellung, die mir zum Zeitpunkt der Experimente mit der Traum-Wache noch nicht so deutlich war, kann ich nunmehr sagen, dass die unterschiedlichen Charakteristika einer einzelnen Persönlichkeit in einer einzelnen Traumrealität existieren, ebenso wie in unserer Realität nur eine Persönlichkeit mit ihren dazugehörigen Charakteristika existieren kann.
Auch in unseren Notizen, in denen wir unsere Nachtträume festhielten, konnten wir immer fremde, aber wiederkehrende Orte und Wohnungen finden. Das bedeutete für uns nichts anderes, als dass es mehrere Selbste gibt, die in ihrer eigenen Realität ihre eigenen Erfahrungen machten, von denen man in den Träumen normalerweise nur einzelne Sequenzen wahrnehmen kann. Die Traum-Wache war also für uns eine Art Tor zu diesen Realitäten, die dem Alltag ähnelten. Hält man solche Wahrnehmungen für Halluzinationen oder einen Gehirnspuk und legt jegliche Forschung daran zu den Akten, dann macht man es sich in der Tat sehr einfach. So war uns beiden allein durch die Menge und Ergebnisse vieler solcher Erfahrungen immer deutlicher geworden, dass sich dahinter viel Größeres verbarg.
Stutzig wurden wir, als wir Traumerfahrungen sammelten, die allem Anschein nach unser Gedächtnis beeinflussten:
„Vivian! Aufwachen!"
„Was? Was soll das?", stammelte sie zuerst.
„Was hast du geträumt?", fragte ich sofort nach.

„Ach so! Ja, Moment… ich bin ja schon wieder eingenickt. Ich war felsenfest der Überzeugung, ich sei gerade aufgestanden. Ich saß hier auf der Bettkante und habe mir meine Schuhe angezogen. Danach wollte ich gehen. Du hast dann gefragt, was ich denn nun vorhätte und ich antwortete, dass ich jetzt nach Hause muss. Ich wunderte mich dann, weil ich meinen Rucksack neben deinem Schrank stehen sah, denn ich erinnerte mich daran, dass ich gar keinen mitgenommen hatte! Doch eine Sekunde später fiel mir plötzlich ein, dass ich ihn ja doch mitgenommen hatte…“
Sie richtete sich ein wenig auf und schaute zum Schrank hinüber.
„Ja, meine ich doch! Ich habe keinen mitgenommen“, fuhr sie fort. „In dem Traum jedenfalls war ich dann aber sicher, einen mitgenommen zu haben und ich habe die ganze Szenerie nicht mehr hinterfragt.“
Danach wollte sie es noch einmal versuchen und drehte sich wieder auf die Seite. Nach einigen Minuten weckte ich sie erneut.
„Und, was hast du geträumt?“
„Nicht schon wieder! Alles war so wie hier! Ich lag in dem Bett, da war der Schrank und dort der Tisch… Ich befand mich sogar in der gleichen Schlafposition, als ich aufwachte, und wieder dasselbe Spiel. Der Rucksack stand dort und ich wunderte mich, weil ich ja gar keinen mitgenommen hatte. Im selben Augenblick schoss mir die Erinnerung ins Bewusstsein, dass ich doch einen mitgenommen hatte. Ich hatte richtig Bilder im Kopf, in denen ich mich zu Hause in der Küche stehen sah und den Rucksack ergriff und mitnahm. Nach dieser Erinnerung war natürlich alles klar. Ich hatte einen Rucksack mit. Und wetten, ich habe gar keinen mitgenommen?“
„Ja, richtig. Du hast keinen mitgebracht heute“, antwortete ich.
„Es kommt mir echt spanisch vor, denn wenn ich mir die kurzen Traumsequenzen noch einmal durch den Kopf gehen lasse, dann gewinnt man doch den Eindruck, dass die Existenz des Rucksacks gerechtfertigt wurde.“
Zweimal die gleiche Erfahrung mit dem gleichen Effekt: Die Verwunderung wurde durch eine rationale Erklärung, sprich Rechtfertigung, und eine vorangegangene Erinnerung aufgelöst. Die Verwunderung jedoch ist notwendig, um sich seines Zustandes bewusst werden zu können. Wer sich nicht wundert, hinterfragt auch nicht, und wer nicht hinterfragt, erkennt auch nicht.
Solcherlei Erfahrungen tauchten immer wieder bei unseren Traumerinnerungen auf und dabei wurde deutlich, dass nach Betreten einer alternativen Realität der persönliche Gedächtnisspeicher beeinflusst wurde. Diese Manipulation hatte stets die gegenwärtige Erfahrung als legitim und real dargestellt. Das ist natürlich richtig, denn jede alternative Realität ist eine eigenständige Realität, mit eigener Kontinuität, unabhängig davon, ob man sich an sie erinnert oder nicht, aber wenn der Gedächtnisspeicher, bzw. das Kurzzeitgedächtnis, beeinflusst wird, macht es das sehr schwierig, sich daran zu erinnern, gerade eben noch in einer anderen Realität gewesen zu sein.
Wieso wird der Gedächtnisspeicher, womöglich mit Hilfe des Verstandes, sprich der Rationalität, dermaßen beeinflusst, dass man sich nur schwer des Zustandes, in dem man sich befindet, bewusst werden kann? Diese Frage beschäftigte uns maßlos, denn wie konnte es dazu kommen, dass dieser Mechanismus in den Köpfen aller Menschen entstanden ist und wirkt? Es gibt nur wenige Ausnahmefälle, in denen Menschen

immer wissen, dass sie träumen, doch in fast allen anderen Fällen trifft dies einfach nicht zu. Die Beeinflussung der Erinnerungen ist also eine Maßnahme, um Unstimmigkeiten in der gegenwärtig erfahrenen Realität zu rechtfertigen und hinwegzuerklären. Auch stellten wir fest, dass sich während unserer Forschungen die Atmosphäre der Träume veränderte und etwas gruselig und unheimlich erschien, aber wir wussten, dass dies noch lange nicht bedeutete, dass sie wirklich gefährlich waren. Außerdem kann davon ausgegangen werden, dass es irgendein bestimmter Mechanismus ist, solche Gefühle zu empfinden, den wir aber zu dieser Zeit noch nicht genau definieren konnten. Vielleicht war es Instinkt oder eine unterbewusste Warnung, aber solange wir dafür keine Bestätigung besaßen, machten wir, trotz der immer wieder mal auftauchenden Ängste weiter.
In meinem Fall war es ähnlich. Auch hier erfuhr ich in meinen Träumen eine Beeinflussung des Gedächtnisses. Ich benannte diesen Vorgang als Erinnerungs-Update, d. h. wenn man von einer Realität in die nächste wechselt, wird das Gedächtnis, bzw. die Erinnerung aktualisiert *(engl.: update)* und die Unstimmigkeiten verschwinden.
Nun legte ich mich ins Bett und Vivian wollte mich intuitiv wecken. Ich konzentrierte mich nicht, sondern beobachtete nur, was in mir geschah. Der Atem, die Gliedmaßen, die Schwärze mit den vielen Pünktchen vor den Augen…
„Jonathan! Aufwachen!"
Ich schreckte auf. Ich musste tatsächlich eingenickt sein und das schneller als erwartet.
„Was hast du geträumt?", bohrte sie gleich weiter.
„Uh, ich war in der Vergangenheit oder so… hier in meinem Apartment. Ich hatte mir grad die Jacke angezogen und bin aus der Tür raus. Meine Toilette musste ja repariert werden und es wurden neue Rohre verlegt. Der Vermieter hatte mir mitgeteilt, ich solle die nächste Woche zusehen, wo ich Duschen gehen könne. Ich hatte jedoch unter mir eine sehr kommunikative Wohngemeinschaft wohnen, die ständig ihre Tür offen hatte. Sie hatten mir angeboten, dass ich ihre Dusche benutzen konnte. Ich ging also dann die Treppen hinunter, um dort zu duschen. Als ich eintrat, sah ich rechts ihr Wohnzimmer, in dem zwei Frauen saßen und diskutierten. Ich grüßte kurz und ging ins Bad. Dann hast du mich geweckt."
Auf den ersten Blick ein gewöhnlicher Traum, wie wir feststellen konnten, aber bei näherer Betrachtung besteht die Traumsequenz an sich nur aus dem Gang vom Treppenhaus bis ins Bad dieser Wohngemeinschaft. Alles andere waren Informationen, die mir in Form eines schnellen Erinnerungs-Updates eingefallen waren und meine Taten innerhalb dieses Traumes rechtfertigten. Noch deutlicher wird es in der nächsten Sequenz:
Nachdem Vivian mich geweckt hatte, schilderte ich ihr meinen nächsten Traum. Wieder befand ich mich im Treppenhaus und wollte gerade hinunter ins Badezimmer der Wohngemeinschaft, als mir einfiel, dass dies doch jetzt überhaupt nicht mehr nötig sei, denn mein eigenes Bad war doch mittlerweile repariert worden! Also kehrte ich um und ging in mein Badezimmer. Es war nun weit und breit nichts von der Reparatur eines Badezimmers zu sehen. Doch bevor ich weiter darüber nachdenken konnte, hörte ich, wie die Wohngemeinschaft unter mir Musik auflegte. Es war eine

Band, deren Musik ich sehr mochte, aber der Song an sich war mir völlig unbekannt und ich wunderte mich, wieso ich ihn noch nie gehört hatte, als mir plötzlich Informationen ins Bewusstsein drangen, die mir dieses Lied wieder bekannt vorkommen ließen, mehr noch, mir fiel sogar eine bekannte TV-Show ein, in der die Musikgruppe mit diesem Lied aufgetreten war! Nun war ich wieder beruhigt und konnte meinen (dortigen) Alltag wieder aufnehmen und die Verwunderung verschwand augenblicklich. Die Erinnerungsfähigkeit entpuppte sich auch hier plötzlich als automatisches Update meiner Erinnerung, eine Art Aktualisierungsvorgang zur Untermauerung der wahrgenommenen Realität. Dies ließ mir keine Ruhe und ich konzentrierte mich weiterhin auf die Erforschung dieses Update-Verfahrens.
Vivian und ich hatten also erkannt, dass in der sich wiederholenden Traumsequenz, z. B. mit dem Rucksack, eine weitere, zweite Realität existierte, in der Vivian einen Rucksack mitgenommen hatte, den sie in unserer Realität nicht mit sich trug. Das erklärte nämlich auch die sich plötzlich einstellende Rechtfertigung, sie habe ihn mitgenommen, obwohl dem ja gar nicht so gewesen war. Wäre dieses Erinnerungs-Update nicht erfolgt, hätte sie geschlussfolgert, dass sie sich in einem Traum befindet! Die Klarheit, oder wenn man so will Luzidität, hätte sich eingestellt und ihr Aufschluss über den gegenwärtigen Zustand gegeben. Aus welchem Grund also mag es wichtig sein, dieses Update immer und immer wieder automatisch durchführen zu lassen? Es kann nur einen Grund geben, nämlich die alternativen Realitäten fein säuberlich voneinander getrennt zu halten.
Traum-Wachen dieser Art deuteten schon stärker darauf hin, dass diese anderen Selbste in ihren alternativen Realitäten keine Fiktion waren, sondern Selbste, die in ihrer eigenen Welt mit eigenen Freunden und individuellem Heim lebten und Erfahrungen sammelten. Manchmal lebten wir in einer anderen Wohnung oder standen in einer ganz anderen Beziehung zueinander, waren manchmal Freunde, ein Liebespaar oder auch Feinde.
Nach all diesen Beispielen und Kommentaren fragt man sich nun bestimmt, was denn eigentlich der Sinn der Träume ist. Bis zu diesem Zeitpunkt haben wir auf jeden Fall herausfinden können, dass das Traumland mit alternativen Realitäten angefüllt ist und wenn man in den Genuss vieler luzider Träume gekommen ist, in denen die wahrgenommene Traumrealität ebenso deutlich und klar ist wie der Alltag, kommt einem die Erkenntnis, die mir der Zwerg in dem geträumten Themenpark vermitteln wollte: Jeder Traum und auch die Alltagsrealität sind nicht die wirkliche Gegenwart, sondern Träume!
Dies würde bedeuten, dass unsere Alltagsrealität im Vergleich zu den Traumrealitäten (alternative Realitäten) eine Art Zuhause darstellt oder einen Hafen, in den man immer wieder zurückkehren kann. So gewannen wir den gleichen Eindruck, dass unsere Alltagsrealität nur ein gedehnter, vielleicht sogar verlangsamter Traum ist. Die frucht- und zugleich furchtbare Erkenntnis, die uns jedoch wie ein Faustschlag traf, war die einzig logische Konsequenz im Hinblick auf das Erinnerungs-Update: Wenn unsere Alltagsrealität ebenso eine alternative Realität unter vielen ist, sprich ein Traum ist, dann haben wir diese Realität irgendwann einmal betreten und ebenso ein Erinnerungs-Update erfahren!

Weitere Auszüge aus meinem Tagebuch

Samstag, 22. Juni 1996

In dieser Nacht war es wieder einmal extrem. Andauernd erfuhr ich außerkörperliche Erfahrungen, fast so, als sollte ich etwas Bestimmtes üben. Immer wieder löste ich mich von meinem Körper, flog durch eine totale Schwärze und erwachte dann wieder in einer anderen Realität. Ich richtete mich dann dort auf, schaute mich um und prägte mir die Umgebung ein. Kurz darauf schlief ich wieder ein und erwachte in einem weiteren, mir fremden Bett. Einmal war es ein Kindergarten, in dem ich erwachte. Vivian arbeitete dort und wir hatten einmal Lust empfunden, eine Nacht dort zu schlafen. Es war ziemlich dunkel dort, vermutlich lag der Kindergarten etwas weiter von der Stadt entfernt auf dem Land. Während wir nun so nebeneinander in der Dunkelheit lagen, fühlte ich schon wieder die Vibrationen in mir aufsteigen.
„Es geht wieder los", meinte ich dann zu ihr.
„Was denn?"
„Ich löse mich wieder von meinem Körper und werde dann in einem anderen Bett aufwachen."
„Springst du durch die Welten oder was machst du da?", fragte sie nach.
„Richtig. Ich weiß nicht mehr so recht, wo ich denn nun hingehöre. Ich fühle mich hier wohl bei dir, aber in anderen Realitäten habe ich auch ein interessantes Leben, das mich anzieht."
Dann löste ich mich von meinem Körper und schwebte nach oben in Richtung Decke. Dort verblieb ich eine Weile, bis es wieder eine kurze Wahrnehmungsunterbrechung gab und ich erneut an einem anderen Ort aufwachte.
Nun lag ich auf einem Hochbett. Ich richtete mich auf und schaute mich um. Hier schien ich diesmal allein zu sein. Keine Spur von Vivian oder einer anderen bekannten Person. Nur wenige Sekunden später setzten wieder die Vibrationen ein, die mir mittlerweile schon so vertraut waren. Ich löste mich abermals von meinem Körper und schwebte im Raum umher. Plötzlich kam ein Wind auf. Er erfasste mich und trug mich ein wenig. Der Wind sauste in meinen Ohren. Es fühlte sich so an, als steckte man seinen Kopf aus einem schnell fahrenden Auto und drehte ihn ein wenig hin und her, um den Wind in den Ohren einzufangen.
Jetzt stand ich neben dem Hochbett. Vivian befand sich neben mir.
„Und, hast du dich jetzt wieder im Griff?", fragte sie.
„Ja, ich glaube, jetzt bin ich etwas stabiler. Dieser Ort hier eignet sich am besten, wenn man sich von seinem Körper lösen möchte. Hier fällt es mir am leichtesten."
Vivian schaute zum Bett hoch. Persönlich wusste ich nicht, wessen Bett das nun war. Ich konnte nur vermuten, dass es sich um Vivians Bett in dieser Realität handelte. Wir alberten dann noch ein wenig herum, bis ich dann wieder in meinem eigenen Bett erwachte.
Irgendwie kann es schon vorkommen, dass man nicht mehr weiß, welche Realität denn nun die eigene ist, aber wenn man wieder in seinem eigenen, vertrauten Bett erwacht, erkennt man, dass die gewohnte Alltagsrealität tiefer montiert ist. Sie ist

stabiler und besitzt eine bestimmte Kennung. Das macht sie nicht unbedingt realer als die anderen Realitäten, nur eben vertrauter und stabiler. Ich schaute auf die Uhr. Offensichtlich hatten all diese Erfahrungen sich über drei Stunden hingezogen.

Samstag, 27. Juli 1996

Nach einem langen Spaziergang nachts um 1 Uhr ging ich ins Bett und meditierte. Während ich langsam die physische Realität verließ, machte es „Klick" und ich befand mich plötzlich in einer ganz anderen Realität. Offensichtlich war ich in einer Zaubererschule, in der mit Magie und parapsychologischen Kräften umgegangen wurde. Ich stand gerade mit einigen Leuten in einem großen Raum und wir unterhielten uns. Plötzlich kam einer unseres Jahrgangs herein und rief, dass uns gleich die „Neuen" angreifen wollten. Die Neuen waren halt die Erstklässler, wenn man so wollte, und wurden ebenfalls gerade ausgebildet. Wir freuten uns diebisch über diese Information und machten uns bereit. Immerhin hatten sie keine Chance gegen uns, denn wir waren praktisch bereits fertig mit unserer Ausbildung. Plötzlich flog die Tür auf und die Neuen stürmten in unseren Raum.
Zuerst erblickten wir eine Frau und per Psychokinese, d. h. mit Kraft der Gedanken, beförderten wir sie in einen Nebenraum. Kaum war sie in dem Raum, sperrten wir ihn dermaßen ab, dass sie nicht mehr aus ihm entkommen konnte. Kurz darauf konzentrierten wir uns noch einmal auf diesen Raum und schüttelten in gehörig durch, als sei es nur ein riesiger Schuhkarton. Wir hörten sie schreien und fluchen.
Schon kamen die nächsten durch die Tür gesprungen und ein irrwitziger Kampf mit unglaublichen Kräften brach los. Ich riss meinen Arm nach oben und jagte daraufhin durch die Decke in den Himmel. Von dort oben konnte ich die ganze Situation und das taktische Vorgehen der Neuen optimal beobachten. Sie wollten von zwei Seiten angreifen. Während die Vorhut durch die Tür kam, wollten die anderen sich durch einen Nebengang von hinten anschleichen. Mit einem Mal erfasste mich ein starker Wind. Offensichtlich hatte mich jemand entdeckt! Ich knallte gegen ein Gerüst, das wir liebevoll das Hexengerüst nannten. Es waren eigentlich zwei große, ineinander verarbeitete Gerüste, die gleichzeitig auch Skulpturen darstellten. Der oberste Teil dieser Konstruktion wurde das Abiturientengerüst genannt und wer dort landete, musste zur Strafe im nächsten Jahr eine Rede für die Abiturienten halten. Darauf hatte niemand viel Lust und vor allem meine Wenigkeit nicht. Doch an der einen Skulptur konnte man sich energetisch aufladen und nun versuchte ich dorthin zu kommen, aber dieser Wind drückte mich immer weiter in Richtung Abiturientengerüst, bis plötzlich der Hausmeister aus dem Haupteingang kam und mit dem Finger auf mich zeigte. Da wusste ich, dass ich es im nächsten Jahr sein würde, der den Abiturienten eine Rede vorzulesen hatte.

Donnerstag, 15. August 1996

Als ich mich eine halbe Stunde konzentriert hatte, fühlte ich wieder die Vibrationen in mir aufsteigen. Plötzlich befand ich mich nicht mehr in meinem Bett. Meine Intuition verriet mir, dass ich in einem anderen Bett lag. Deutlich spürte ich auch eine Präsenz

neben mir. Es war eine Frau, die ich nicht kannte, zumindest nicht in meiner vertrauten Realität, aus der ich gekommen war. Wenn ich sie anzuschauen versuchte, entglitt mir der Blick auf sonderbare Weise, sodass ich sie nicht fixieren und erkennen konnte. Es kam erst gar nicht zu einer Unterhaltung, denn ich fühlte schnell erneut die Vibrationen aufsteigen und wechselte direkt in die nächste Realität. Dort angekommen befand ich mich wieder in einem Bett, das allem Anschein nach mir oder der Frau zu gehören schien, die wieder neben mir lag. Es war dieselbe Frau aus der anderen Realität, jedoch war ich sicher, dass es sich nicht um Vivian handelte.
Dies passierte noch einige Male nach exakt dem gleichen Muster, nur dass es sich immer um eine neue, alternative Realität gehandelt hatte. Wenn ich mich darin versuche, die Frau zu identifizieren, musste ich leider passen. Mehr als ihre Konturen konnte ich nicht festmachen. Vielleicht war es eine gute Freundin oder gar meine Partnerin in einer anderen Realität. Ich wusste es nicht.

Montag, 19. August 1996

Kaum hatte ich mich sehr gut entspannt, ohne dieses Mal auf die Vibrationen zu warten, sondern nur, um einfach einzuschlafen, vernahm ich ein hohes Fiepen neben meinem Ohr! Eine Mücke! Als ich mich fragte, was das nun wieder sollte, dass mich jetzt eine Mücke ärgerte, erinnerte ich mich an das Buch „Sophies Welt“, in dem es hieß, dass Mücken in die Flanken stechen, um jemanden wachzuhalten. Vielleicht war dies eine Aufforderung zur Aufmerksamkeit. Ich verscheuchte immer wieder die Mücke, um mich zu entspannen, denn vielleicht war es wichtig, dass ich in dieser Nacht aufmerksam blieb. Irgendwann nickte ich trotzdem ein und wechselte der Mücke wegen nur in einen sehr kurzen Schlaf. Ich saß an meinem Tisch und war ergriffen von einer nahezu kleeblattförmigen Wolke am Himmel. Sie war gigantisch, aber dem nicht genug, denn im Kern erkannte ich ziemlich deutlich einen riesigen Meteoriten, der geradewegs auf unsere Planetenoberfläche zuraste. Es war mitten am Tag und aufgrund dieses beängstigenden aber dennoch spektakulären Bildes sah ich mich nicht in der Lage, mich von meinem Stuhl zu erheben und zu flüchten. Irgendwie war mir auch klar, dass wenn solch ein gigantischer Meteorit auf die Erde trifft, man sich keine Mühe mehr machen muss, seine letzten Minuten über Flucht nachzudenken. Diesen Aufprall würde der Planet kaum überleben und falls doch, dann würde er jedes Leben auf ihm auslöschen. Mir kam diese Situation plötzlich bekannt vor, aber ich konnte es nicht greifen, trotz meiner Versuche, mich an eine vergleichbare Situation zu erinnern. Daraufhin entfachte sich ein Sturm und ich wurde von meinem Stuhl gerissen. Ich schrie! Und während ich schrie, hatte ich mit einem Mal das deutliche Gefühl, etwas in mir wäre „eingefroren“. Alles kam in mir zum Stillstand! Mein Denken, mein Fühlen, mein Ich, der Bezug zu einer jeden Realität, die jemals meine Aufmerksamkeit gekreuzt hatte, einfach alles. Dies wurde von dem unangenehmsten Gefühl begleitet, das ich jemals erlebt hatte. Es glich einem kompletten Auflösungsprozess, in dem nicht nur mein Körper für immer verschwand, sondern auch alles, was die eigene Persönlichkeit betraf. Was wird nur übrig bleiben, wenn ich mich nun ins Nichts auflöse, fragte ich mich, während mein Schrei noch immer in meinen Ohren lag. Es war, als wäre ein Computer abgestürzt und der letzte

Ton einer Sounddatei blieb aufrechterhalten. So war es also kein Absturz, sondern ein Einfrieren, in dem der allerletzte Prozess bis in alle Ewigkeit andauerte. Mit diesem Schrei in den Ohren wartete ich nun auf meinen Tod... Kurze Zeit später wachte ich in meinem Bett auf und war eigentlich gar nicht erschrocken, sondern einfach nur fasziniert. Ich fragte mich schon während des Aufwachens, als ich merkte, dass es nur ein Traum gewesen war, ob ich jetzt nur einfach die Realität gewechselt hatte und sonst nichts weiter. Vielleicht war das der Tod... Man stirbt und wird in einer anderen Realität wach. Sofort erinnerte ich mich an Vivians und meine Ergebnisse der Traum-Wache, in der wir herausgefunden hatten, dass, wenn man eine alternative Realität betritt, die Erinnerungen dieser Welt sofort eingespeist werden. Was wäre, wenn wir nach dem Tod einfach nur die Realität wechseln, neue Erinnerungen erhalten und dann ein anderes Leben weiterleben? Es wäre streng genommen auch eine Form der Reinkarnation. Eine neue Welt mit neuer, eingetrichterter Vergangenheit und eingetrichterten Erinnerungen. Das wäre in der Tat eine schockierende Erkenntnis... Wo bin ich also hergekommen, als ich diese, bzw. meine vertraute Alltagsrealität betrat? Hatte es etwa schon eine Welt gegeben, aus der ich gekommen war und hatte ich nur die Erinnerungen übernommen, die für mich hier vorgesehen waren?
Erinnerungen sind manchmal dennoch nützlich, selbst wenn man nicht weiß, ob es wirklich die eigenen sind. Denn ich erinnerte mich plötzlich an einen ähnlichen Traum, in dem ich ein Flugzeug am Himmel erkennen konnte, das gerade auf mein Haus stürzte. Es war die gleiche Umgebung, der gleiche Moment, mit nur einem Unterschied: Dieses Mal ging ich durch den Tod hindurch und konnte erkennen, was danach folgte. Oder war es einfach nur eine Lektion von einer Kraft oder einem Wesen, das um ein Vielfaches größer als ich selbst war? Ein Wesen, dem es daran lag, mir zu zeigen, was geschieht, wenn man stirbt? Vielleicht ging es auch darum, mich darin zu unterrichten, wie man innerhalb weniger Sekunden von einer Realität zur anderen wechselt, wenn man in der Annahme ist, der Tod sei gekommen. Gab es eventuell eine Möglichkeit, mir das ganze Meditieren zu ersparen, immer wieder zu versuchen eine außerkörperliche Erfahrung oder einen luziden Traum heraufzubeschwören? Eine Möglichkeit, innerhalb von Sekunden die Realität zu wechseln? Wie würde ein Mensch darauf reagieren, wenn seine gewohnte Realität mit all seinen Erinnerungen, seinen Errungenschaften, Heim und Freunden mit einem Mal verschwände und durch eine andere Realität ersetzt würde? Bequem im Bett zu liegen und von der Sicherheit auszugehen, dass man sich jetzt andere Realitäten anschaut und wohlbehalten spätestens dann wieder in die gewohnte zurückkehren wird, sobald man am anderen Morgen erwacht, war hier nicht mehr möglich.
An diesem Punkt war für mich das Switching geboren. Eine Fähigkeit, neben den klassischen Vorgehensweisen in der Mediation, die (alternative) Realität binnen Sekunden zu wechseln. Es war jetzt nicht so, dass ich bereits Kontrolle über diese Fähigkeit besaß, aber sie sollte manchmal in stärkerer oder wieder in abgeschwächter Form vorkommen. Das Switching erlaubt mir eine Vorgehensweise, um einen luziden Traum oder eine außerkörperliche Erfahrung direkt zu betreten, z.B. den Akt der körperlichen Schwingungen zu überspringen und sich direkt in die Erfahrung zu begeben.

Dienstag, 27. August 1996

Heute Abend ging ich mit Vivian spazieren. Wir unterhielten uns über unsere nächtlichen Erlebnisse der letzten Tage und konnten einfach nicht fassen, was wir herausgefunden hatten. Offensichtlich gab es einen automatischen Mechanismus, der unser Gedächtnis gezielt mit Erinnerungen füllte. Auf der einen Seite war dies eine gute Funktion, denn wenn man eine andere Realität betritt, weiß man weder, wer man dort ist, welche Rolle man dort spielt oder wie die eigene Vorgeschichte aussieht, und auf diese Weise kann man diese Informationen erhalten und seine Rolle vor den dort ansässigen Personen spielen, auf dass es ihnen nicht auffällt. Die Nachteile sind jedoch ebenso offensichtlich, denn die neuen Erinnerungen überlagern die alten und somit vergisst man, dass man in eine andere Realität gewechselt ist. Der Realitätensprung, der Switching-Prozess, ob in Sekunden oder mittels einer langen Meditation hervorgerufen, wird zu einem dunklen Traum, den man erst als solchen identifiziert, wenn man morgens erwacht. Hier hatten wir also den Angelpunkt des Problems entdeckt. Die Erinnerungen. Sie machen uns zu dem, was wir sind oder was wir meinen zu sein.

Nachdem wir uns verabschiedet hatten, kehrte ich nach Hause zurück. Ich stellte mich auf meinen Balkon und schaute in den Sternenhimmel. All diese Sterne wirkten wie ferne Tore in andere Welten. Plötzlich spürte ich, wie meine Wahrnehmung für einen Moment aussetzte. Es war nur der Bruchteil unserer Sekunde. Sofort schaute ich mich um. Alles war so wie vorher. Ich befand mich noch immer in meiner gewohnten Realität. Ein leichter Schreck war zurückgeblieben, weil mein Ich solche Wahrnehmungssprünge doch als eine Bedrohung empfand, da sie irgendwie mit dem Tod oder dem Einfrieren der gegenwärtig wahrgenommenen Realität zu tun haben. Plötzlich stieg eine seltsame, aber optimistische und starke Gewissheit in mir auf! Ich fühlte, dass ich nur eine Haaresbreite von meinem Zugang entfernt war, mich an den zu erinnern, der ich war, bevor ich wieder in meine vertraute Alltagsrealität eintreten würde. Es öffnete sich eine Art Wissensschleuse, die tief in meine Persönlichkeit reichte und etwas sickerte hindurch, das mir deutlich machte, dass die Erinnerungen an mein wahres Selbst, an den, der ich war, bevor ich meine Alltagsrealität betreten hatte, irgendwo noch existierten und auf ihre Entdeckung warteten.

Dienstag, 17. September 1996

Nachdem ich mich wieder entsprechend vorbereitet und entspannt hatte, machte es „Klick“ und ich befand mich in einem luziden Traum. Es war mir gelungen, direkt in einen Traum zu springen, vollbewusst und ziemlich plötzlich, so plötzlich, dass ich wirklich aufpassen musste, nicht mein Bewusstsein zu verlieren und nach sechs oder gar acht Stunden, ohne eine Erinnerung an irgendetwas zu besitzen, wieder aufzuwachen.

Ich befand mich in einer Traumszene, in der ich mit dem Fahrrad eine Straße entlang fuhr. Ich plante, mich direkt in den zweiten Körper zu bringen. Ich stieg von meinem Rad ab und ließ mich dann einfach nach hinten auf den Asphalt fallen. Noch bevor ich auf den Boden schlug, war ich in meinen zweiten Körper gewechselt. Das war

einer meiner Tricks, einen luziden Traum auf diese Weise zu nutzen. Nun schwebte ich über meinem Körper und meine Wahrnehmung war unglaublich klar. Ich sah meinen Körper unten im Bett liegen, als ich mich drehte. Rechts war mein Balkonfenster und ich spielte mit dem Gedanken, dort wieder hinauszufliegen. Also drehte ich mich wieder so, dass ich in der Luft auf dem Rücken lag und versuchte mich dann aufzurichten, aber plötzlich setzte ich vermutlich einen Rückkehrimpuls ein und mein zweiter Körper wollte sich wieder mit meinem physischen vereinen. Kurz bevor er sich ankoppeln wollte, gab ich ihm den Befehl, sich fallen zu lassen. Ich fiel durch meinen physischen Körper, durch die Matratze und den Boden hindurch. Danach beschleunigte ich den Fall und raste nun mit einer sehr hohen Geschwindigkeit immer tiefer und tiefer. Ich spürte einen starken Wind, der mir ständig durch das Gesicht fuhr. Es war ein befreiendes Gefühl, sich einfach fallen zu lassen.
Nach einigen Minuten des freien Falls erwachte ich einfach wieder in meinem physischen Körper. Vermutlich war es wieder nicht meine gewohnte Realität gewesen, sondern eine alternative. Die Wiedervereinigung ging mir einfach zu leicht und zu schnell.

Sonntag, 29. September 1996

Nachdem ich es mir in meinem Bett gemütlich gemacht hatte, entspannte ich mich und schaute auf meine geschlossenen Augenlider. Die vertrauten Pünktchen, die ich ‚Lichtfunken' getauft hatte, rasten wieder einmal scheinbar sinnlos umher. Es tauchten Formen auf, amorphe Strukturen und ab und zu explodierte einer der Lichtfunken und erstrahlte in einem neonfarbenen Lila oder Türkis. Plötzlich fiel mir auf, dass ein anderer Teil meiner selbst Bilder aus Ägypten und Nubien wahrnahm. Ich verlagerte meine Konzentration auf dieses Selbst in mir und konnte daraufhin ebenfalls diese Bilder deutlich sehen. Wüste, Dünen, Sonnenuntergang, Sandstürme, Pyramiden und Pharaonen, die nebeneinander auf riesigen Stühlen sitzen. Dann hatte ich das spontane Bild, dass ich mir von der Seite diese Monumente anschaute, aus denen bereits Steine herausgebrochen waren. Dabei inspizierte ich genau die Bruchstellen, die mit ihren Vertiefungen und Erhebungen zwar völlig willkürlich herausgebrochen schienen, aber von einer höheren Perspektive aus betrachtet ein völlig einleuchtendes und einsehbares Muster ergeben würden. Ich erinnerte mich dann an einen anderen Traum, in dem mir jemand gezeigt hatte, dass man ein Bild aus verschiedenen Perspektiven betrachten kann und dass in einem Bild stets mehrere Bilder enthalten sind. Man muss dazu nur einmal seine Wahrnehmung verschieben. Die Wahrnehmung hatte ich bereits verschoben, als es darum ging, den Teil meiner selbst zu fokussieren, der diese schönen Bilder aus Ägypten wahrnahm.
Dann erwachte ich. Ich stand auf und stellte mich auf den Balkon. Der Himmel war teilweise bedeckt, aber ich sah ab und zu einige Sterne hindurch blinzeln. Ich dachte über Ägypten nach und welchen Sinn die Pyramiden wohl besessen hatten, wenn sie doch nicht als Grabkammern genutzt worden waren. Bei Gelegenheit wollte ich mich einmal darauf konzentrieren und nachsehen, welche Bilder hierzu in mir aufsteigen würden.

Kurz darauf legte ich mich wieder ins Bett und dachte weiter über die Pyramiden nach.
Klick.
Ich war in meinen zweiten Körper gewechselt. Ich schaukelte hin und her, als säße ich auf einer Schaukel oder läge auf dem Boden eines Gummibootes. Ich versuchte mich aufzurichten, aber es war nicht einfach. Das Schaukeln beeinflusste meine Navigation. Nun versuchte ich das Schaukeln auszunutzen, sodass ich immer mehr schaukelte, solange, bis ich meinen zweiten Körper in eine senkrechtere Haltung bringen könnte. Als es mir einigermaßen gelungen war, erblickte ich einen riesigen Komplex aus Metallwänden. Im nächsten Moment jedoch war ich sicher, dass es gar kein riesiger Metallkomplex war, sondern nur ein kleines Mobile, welches aus ausgeschnittenen Aluminiumplättchen bestand und unter einer Zimmerdecke hing. Wenige Sekunden später war es wieder der Metallkomplex, der sich nun auf einer großen, grünen Wiese befand. Er entpuppte sich als ein Gebäude. Ich nahm mir vor, es zu betreten. Doch ich schaffte es nicht, mich in die Nähe des Gebäudes zu bringen. Ich kam mir vor, als würde ich fernsehen und es blieb mir verwehrt, die Mattscheibe zu durchdringen. Irgendwann erwachte ich.

Montag, 14. Oktober 1996

Heute Nacht fühlte ich mich fit und ausgeruht und nahm mir mal wieder vor, eine außerkörperliche Erfahrung zu machen. Ich konzentrierte mich eine halbe Stunde, bis irgendwann mein Körper ganz warm wurde und ich ihn nicht mehr fühlte. Ich hatte die Schlafstarre erreicht. Der Körper war nun unter mir eingeschlafen und ich konnte ihn verlassen. Nun tauchten die Vibrationen wieder auf und strahlten bis hoch zu meinen Ohren. Es brauste in meinen Ohren und ein Druck schien auf ihnen zu liegen. Plötzlich schwebte ich in meinem zweiten Körper aufwärts. Das Interessante, was mir an diesem Punkt auffiel, war, dass ich das Gefühl besaß, als würde ich mich mit einer großen Geschwindigkeit nach oben bewegen. Es erweckte den Eindruck, als hätte ich schon Kilometer hinter mich gebracht, aber in Wirklichkeit war ich nur einen halben Meter nach oben geschwebt. Dieses Phänomen empfand ich als sehr interessant. Außerdem nahm ich noch ein elektrisches Feld wahr, das von meinem Körper angestrahlt wurde. Es verteilte sich wie ein Trichter nach oben hin und mein zweiter Körper befand sich noch immer in diesem Feld. Das Feld hatte sicherlich einen Durchmesser von 1,50 Meter an seinem Ende. Für mich wirkte es so, als würde dieses trichterförmige Feld mit seiner Spitze im Solar Plexus meines physischen Körpers stecken. Innerhalb dieses Feldes schien mir jede Art der Navigation schwerfällig bis unmöglich. Selbst meine Versuche, meinen zweiten Körper per Gedankenkraft aus diesem Feld zu bewegen, misslangen. Es untergrub definitiv meine Kontrolle über den zweiten Körper. Mit aller Kraft drehte ich mich mit einem Ruck zur Seite und fiel aus dem Bett. Zum Glück war es nur mein zweiter Körper, der auf dem Boden lag und ich richtete mich problemlos auf. Schnell bewegte ich mich zu meinem Balkon und wollte so weit wie möglich von dem Feld fort. Plötzlich zog wieder etwas an meinem Nacken und ich wurde doch wieder zurückgezogen. Kurz darauf befand ich mich wieder innerhalb des Feldes und lag auf dem Rücken. Ich konnte es jedoch verhindern, mich wieder mit meinem physischen Körper zu verbinden. Da sämtliche Anstrengungen, diesem Feld zu entkommen, misslungen waren, wollte ich mich nun in einen erweiterten Bewusstseinszustand bringen, in dem ich manchmal Visionen erhielt.

Innerhalb des zweiten Körpers setzen sich solche Vorhaben in wenigen Sekunden um. Ich wunderte mich, wieso ich dann aber Probleme mit der Navigation erfahren hatte. Im nächsten Augenblick zeigte mir jemand ein Fotoalbum. Ich saß links von der unbekannten Person und schaute auf die Fotos, die mir gezeigt wurden. Ich sah verschiedene Leute in unterschiedlichen Situationen. Auf Stühlen, im Garten und auch ein Gruppenfoto. Ich fragte mich, wer diese Leute waren und wieso sie mir gezeigt wurden. Also versuchte ich mir die Gesichter näher anzusehen, aber unabhängig davon, wie ich meinen Blick veränderte oder den Kopf drehte, es gelang mir nicht, ein Gesicht vernünftig zu erkennen! Entweder war es verzerrt, durch irgendetwas verdeckt oder einfach nur verschleiert.

Als ich diesen seltsamen Umstand hinterfragte, wurde mir sehr unbehaglich. Es gruselte mich, darüber nachzudenken, wer diese Leute sein mochten, die auf diesen Fotos zu sehen waren, und wieso ich sie einfach nicht erkennen konnte. Mich schauderte es regelrecht und ich wollte einfach nur noch aus dieser Erfahrung heraus. Diese Fotos wirkten auch nicht wie normale Fotos auf mich, sondern vielmehr wie eingefrorene Momente. Während ein Teil in mir schlichtweg aufwachen und fliehen wollte, war ein anderer weiterhin neugierig. Plötzlich konnte ich ein Foto deutlicher erkennen. Es war eine Frau, die aussah wie aus einer Modezeitschrift. Sehr schön und elegant. Sie trug eine Wollmütze mit passenden Wollhandschuhen dazu. Ihr Gesicht war dennoch verschleiert. Es schien, als läge ein Tuch über ihrem Gesicht.

Als ich wieder in meinem physischen Körper war, dachte ich darüber nach, wer diese Frau und die anderen Leute gewesen sein könnten. Hatten sie etwa mit meinen wahren Erinnerungen zu tun, die ich schon besessen hatte, bevor ich hier ein Update erfuhr? Oder waren sie meine Freunde in einer alternativen Realität? Oder aus einem anderem Leben? Wieso konnte ich diese Leute nicht erkennen? War es ein Selbstschutz? Ich fand keine Antworten.

Donnerstag, 17. Oktober 1996

Manchmal benutze ich Hilfsmittel, um meine Meditation zu vereinfachen. Dabei handelte es sich um Musik-CDs, die die Eigenschaft besitzen, die Hemisphären des Gehirns auszubalancieren. Es heißt ja, dass der Mensch aufgrund seiner starken Betonung des rationalen Verstandes die linke Gehirnhälfte wesentlich stärker nutzt als die rechte. Das Ausbalancieren der Gehirnhälften wird Hemisphärensynchronisation genannt und kann sehr hilfreich sein, um meditative Zustände zu begünstigen, schneller zu gesunden oder leichter Traumerfahrungen auszulösen. Das Gehirn schwingt in bestimmten Zuständen in einer gewissen Hertzzahl. Wenn man nun mit einem Kopfhörer zwei unterschiedlichen Tönen lauscht, die über das linke und rechte Ohr eingespeist werden, sagen wir einem Ton mit 100 Hz und einem mit 110 Hz, so wird das Gehirn dazu veranlasst, aus den beiden konstanten Tönen eine Differenz zu erschaffen, die daraufhin ein schwingender 10-Hz-Ton ist. Das Gehirn würde dann folglich

mit 10 Hertz schwingen und entspräche somit der Frequenz, die man in einem entspannten Zustand nahe dem Schlafen besitzt. Ich hatte mir eine CD zusammengestellt, die 70 Minuten lang war und alle 10 Minuten 2 Hertz nach unten schaltete. So konnte ich mein Gehirn und meine Meditation dahingehend unterstützen, tiefere Zustände leichter zu erreichen.
Ich traf mich heute Abend mit Vivian, bestückt mit einem Audio-Doppelstecker, der es zuließ, mit zwei Kopfhörern einer CD zuzuhören. Nachdem die Schallplatten den CDs gewichen waren, konnte man zumindest die digitale Seite dessen nutzen, um sich zu inspirieren. Als wir wieder einmal unsere neuesten Erfahrungen ausgetauscht hatten, legten wir uns nebeneinander aufs Bett und lauschten der CD. Nach einiger Zeit rutschte ich immer tiefer in den Schlafzustand und bemühte mich, meinen Körper ohne mein Bewusstsein mit einschlafen zu lassen.
Klick.
Ich flog bestimmt hundert Meter über dem Boden, hoch über den Dächern der Stadt. Ich schaute mir die Häuser und Straßen an, die Lichter und die wenigen Autos, die noch unterwegs waren. Die Stadt strahlte eine angenehme Ruhe aus und nur selten brannte noch ein Licht in den Fenstern. Ich streckte meine Arme zu den Seiten, als sei ich ein Segelflugzeug und genoss den Flug. Während ich mir alles anschaute und mich über meine glasklare Wahrnehmung freute, fiel mir auf, dass ich an Höhe verlor. Jetzt waren es vielleicht nur noch 50 Meter über der Stadt. Nun erinnerte ich mich, dass ich schon des Öfteren in Träumen oder außerkörperlichen Erfahrungen an Höhe verloren hatte und letzten Endes auf meinem Hinterteil gelandet war. Nun waren es schon 20 Meter… 10… und kurz darauf berührten meine Füße bereits den Boden. Ich stieß mich mit den Füßen kräftig ab und flog wieder ein Stück höher, aber die Freude war nicht von langer Dauer. Ich dachte fieberhaft nach, denn gleich würde ich meinen Schwung verlieren und auf dem Asphalt stehen. Mein Verstand sagte mir, dass das Fliegen doch möglich sein musste, ebenso musste es möglich sein, hoch und schnell zu fliegen, so, wie ich es am liebsten mag. Dann fiel mir *Superman* ein, der ja auch so schnell und hoch fliegen konnte, also streckte ich meine Arme nach vorn, so dass meine Hände nebeneinanderlagen. Es funktionierte! Mit einem Mal gewann ich an Geschwindigkeit und konnte augenblicklich spielend an Höhe gewinnen. Vor mir tauchte ein Hochhaus auf und ich raste im Steilflug nach oben an der Hausfassade entlang, bis hoch in den Himmel hinein.
Dies war ein netter Flugunterricht, den ich mir selbst erteilt hatte. Oft war ich verzweifelt, weil ich mir nicht erklären konnte, wieso ich plötzlich an Höhe verlor. Nun war es klar. Der Comiczeichner, der *Superman* erfunden hatte, musste über eine gute Intuition verfügt haben, denn er wusste, wie man fliegt.

Montag, 21. Oktober 1996

Nachdem ich mich fast eine Stunde lang darauf konzentriert hatte, einen außerkörperlichen Zustand zu erreichen, bin ich dann doch darüber eingeschlafen. Dann träumte ich einen sehr langen Traum.
Ich stand mit einem Freund an einem Feld. Hinter uns befand sich ein größerer Wald. Als ich ihn ansah, erkannte ich deutlich, dass er die gleiche Traurigkeit wie ich emp-

fand, jetzt, nachdem wir uns von der Frau verabschiedet hatten, die uns so viel bedeutete. Er lief ständig auf und ab und schien auf etwas zu warten. Dann aber lehnte er sich an einen Baum und schaute zu Boden und scharrte mit dem Fuß in der Erde herum. Ich blickte aus dem Wald heraus auf ein Feld und einen Weg.
Plötzlich begann mein Freund ein Lied zu summen. Es war ein klassisches Lied und er summte es so tadellos traurig, dass mich ein Gefühl der Einsamkeit durchflutete, das ich noch nie zuvor empfunden hatte.
Er summte weiter und ich war erstaunt über die Vielfalt seiner Töne, die er hervorbrachte. Sie hallten durch den ganzen Wald, weit über das Feld hinweg. Das Gefühl der Einsamkeit schien sich nun ins Unermessliche zu steigern.
Plötzlich überströmte ein gleißendes Licht den Wald. Es strahlte die Bäume an, drehte sich langsam nach rechts fort, erleuchtete das Feld, drehte sich weiter und dann verschwand es. Ich war überzeugt, dass es ein Auto gewesen war. Ein Auto, das *sie* entführt hatte und nie mehr zurückkommen würde, aber mein Freund lächelte nur. Er schaute wieder zu Boden und summte weiter. Mir kam es mittlerweile so vor, als befände sich ein ganzes Orchester versteckt in den Büschen, um mir einen Streich zu spielen, denn ich hörte deutlich die Geigen, aber ich wusste, dass es sie eigentlich nicht wirklich gab.
„Du weißt, dass sie gegangen ist und sie wird nicht zurückkehren!"
„Doch, sie wird! Sie wird zurückkommen und mich mitnehmen."
„Nein, das wird sie nicht!"
Ich wusste, dass er Recht hatte. Sie würde nicht zurückkommen. Sie konnte gar nicht mehr zurückkommen. Sie hatte sich entschieden für immer zu gehen.
„Werde ich sie wieder sehen?"
„Nur, wenn du zu ihr gehst."
„Das kann ich tun? Wie?"
„Dazu musst du die beiden Wesen besiegen, von denen ich dir erzählt habe."
Ich erinnerte mich. Er hatte mir einmal von zwei äußerst gefährlichen Wesen berichtet, die in den Wäldern lebten und sich, fast unsichtbar für das menschliche Auge, gern in der Nähe von alten Gebäuden aufhielten.
„Nicht weit von hier ist eine Burg", antwortete er auf meine Gedanken hin. Ich zögerte. Sollte ich gegen diese unbesiegbaren Wesen in den Kampf ziehen, von deren Existenz nur noch Kinder wussten, die sich in der Nacht vor deren Besuch fürchteten? Ja, ich wollte es tun! Ich würde alles für einen einzigen weiteren Moment mit ihr tun, das wusste ich nur zu gut. Ich nickte ihm zu.
Wir standen auf einem kleinen Turm dieser Burg und konnten hinunter in einen Vorgarten schauen. Mit einem fast nicht wahrnehmbaren Kopfnicken deutete er darauf hin, dass ich konzentriert den Vorgarten beobachten sollte.
Ich sah nur ein paar Schatten, die das Mondlicht und die Bäume erzeugten, aber plötzlich sah ich einen dunklen Schatten, der nicht hin- und her wogte, sondern sich geradlinig bewegte. Ich kniff meine Augen zusammen, um jeden Irrtum auszuschließen, aber ich konnte dennoch diesen Schatten ausfindig machen, der sich mittlerweile an mehreren Bäumen vorbei geschlichen hatte.
„Schau genau hin!"

Ich sah förmlich, wie er immer mehr an Konturen gewann und sich in ein richtiges, dreidimensionales Wesen verwandelte, und als es auf die freie Fläche des Gartens trat, da bekam ich einen Schreck. Es hatte sich nun zu einem alten, zwei Meter großen und sehr hageren Mann transformiert. Ein Teil der rechten Gesichtshälfte, die rechte Schulterpartie und der Arm schienen von einer Art messingfarbenen Rüstung bedeckt zu sein. Er trug noch einen weißen Bart, der seine knöcherne andere Gesichtshälfte umso mehr zur Geltung brachte.

„Das ist das erste Wesen, das du besiegen musst. Es ist nicht sehr stark, aber dennoch gefährlich. Das müsstest du bereits schaffen können. Aber das zweite Wesen übertrifft das erste bei weitem. Es wird gleich kommen, pass genau auf!“, meinte mein Freund und deutete wieder mit seinem Kinn zum Vorgarten.

Ich vernahm ein Surren in der Luft, es erinnerte mich an einen Bienenschwarm, dann schoss plötzlich aus dem Unterholz ein rotierender Trichter oder Strudel heraus. Als ich genauer hinsah, sah ich deutlich, dass es erdbraun war, sich ständig um sich selbst drehend, und mich urplötzlich an eins dieser Sandkastenförmchen erinnerte, wenn man sie auf den Kopf stülpte. Es hatte wohl einen Durchmesser von zwei Metern und war mindestens 1,50 m hoch. Mir wurde leicht schwindelig, weil dieses Surren immer aufdringlicher wurde, dann plötzlich gab es ein lautes Plopp, und es war verschwunden.

„Dieses Wesen hat es in sich! Du musst auf der Hut sein, denn es ist sehr gefährlich. Wenn du es besiegen willst, dann brauchst du unbedingt Hilfe. Ich werde dir noch einen Mann und eine Frau mitgeben. Ihn zeichnet das logische Denken aus und sie die Intuition und das schnelle Handeln. Sie werden dir helfen! Wenn du beide Wesen besiegt hast, dann hast du genügend Energie, um dich auf die Suche nach ihr zu machen.“

Ich verstand jedes Wort, das er sagte. Nichts war mir klarer in diesem Leben, als die Situation, die er mir hier beschrieb. Ich wandte mich ab und ging.

Ich traf diese Frau und den Mann. Wir begrüßten uns noch nicht einmal, denn auch sie waren über den weiteren Verlauf unserer Taten bestens informiert und es gab dem auch nichts mehr hinzuzufügen. Ab und zu lächelten wir uns auf dem Weg zur Burg zu, aber ansonsten wechselten wir kein Wort.

Kurze Zeit später ragte der Eingang zur Burg vor uns auf. Wir gingen hinein.

Innen standen wir in einer großen Vorhalle. Rechts von mir befand sich eine sehr stabile Holztür mit auffälligen Eisenbeschlägen. Ich legte mein Ohr an die Tür und lauschte. Als ich nichts vernahm, nickte ich den beiden kurz zu, um anzudeuten, dass ich eben hineingehen und nachschauen würde, ob sich darin etwas Interessantes befindet. Ich drückte die Tür auf und trat schnell ein. Hinter mir schloss ich sie schnell und lautlos.

Oben rechts gab es ein kleines Fenster, durch das etwas Mondlicht drang, es reichte eben aus, um die Konturen des Raumes sichtbar zu machen. Meine Augen mussten sich erst einmal ans Licht gewöhnen. Einige Meter vor mir erahnte ich so etwas wie einen runden Teich, der rundherum mit Steinen verziert worden war. Ich ging einige Schritte darauf zu, als ich plötzlich ein monströses Brüllen vernahm, dass ich glaubte,

mir bliebe augenblicklich das Herz stehen. Das Blut schoss mir in den Kopf und ich war starr vor Entsetzen.
Als ich meinen Kopf endlich nach links drehen konnte, erblickte ich ein Wesen, das starke Ähnlichkeit mit einem Riesenaffen besaß. Mich langsam nach hinten bewegend, hoffte ich darauf, schneller an der Holztür zu sein, als es mich anspringen würde.
Schritt für Schritt ging ich, immer wieder nach hinten schielend, zurück. Ich besaß keinerlei Waffen. Wir waren auch nicht darauf vorbereitet gewesen, gegen physische Wesen kämpfen zu müssen. Unsere eigentlichen Gegner waren jedenfalls nicht mit irgendwelchen Waffen zu besiegen.
Erst wollte ich darüber nachdenken, ob dieser Riesenaffe nun aus einem Zoo ausgebrochen sein könnte oder einfach zum Inventar des Hauses gehörte, als mir eine Bewegung des Affen deutlich machte, dass er mich im nächsten Moment angreifen würde. In dem Augenblick, als er zum Sprung ansetzte, kam aus der Dunkelheit ein schwarzer Panther geschossen, der ihn von hinten ansprang und direkt in seinen Nacken biss. Brüllend schlug der Riesenaffe um sich.
Sofort nutzte ich diese Chance und sprang zur Tür, riss sie auf und schlug sie erleichtert hinter mir zu. Meine beiden Begleiter schauten mich mit großen, fragenden Augen an. Ich zuckte verlegen mit den Schultern und teilte ihnen mit, dass dieser Raum nichts Interessantes bot. Dann gingen wir die Treppe am Ende der Vorhalle hinauf.
Nach einer weiteren Treppe gelangten wir auf einen Speicher. Sofort stachen mir rechteckige, große Blöcke ins Auge, die mit Planen verdeckt waren. Wir wunderten uns und einer meiner Begleiter zog neugierig eine Plane von einem dieser Blöcke herunter. Ich staunte, als ich Hunderte von Bündeln von Geldscheinen erblickte! Unter der nächsten Plane fanden wir weitere Bündel mit Wertpapieren. Insgesamt lagen hier gewiss mehrere Millionen, die unbenutzt vor sich hin staubten. Meine Begleiter schienen nicht sonderlich beeindruckt von diesem Fund, aber ich wusste, dass dies ein Symbol für einen Teil meiner verschütteten Energien war und dass diese mir zufallen würde, wenn wir es tatsächlich schaffen sollten, die beiden Wesen zu besiegen. Wir verließen den Speicher und gingen wieder hinunter in die Vorhalle.
Kaum unten angekommen, erblickten wir einen Mann, der im Eingang stand. In seiner rechten Hand befand sich eine Pistole, seine Augen funkelten wild und sein Blick verriet uns, dass er nur auf uns gewartet hatte. Er hob den Arm und schoss einige Male blind in unsere Richtung.
Wir strömten sofort auseinander und suchten nach Deckung. Mir lief es kalt den Rücken herunter, als mir die gegenwärtige Situation klar wurde. Dieser rotierende Derwisch hatte sich in einen gewöhnlichen Mann verwandelt, der einen geladenen Revolver trug. Darauf waren wir überhaupt nicht vorbereitet. Es war nur allzu selbstverständlich, schnellstens das Feld zu räumen, damit wir in Ruhe unsere Situation überdenken konnten.
Ich gab den anderen ein Zeichen und wir verließen die Räumlichkeiten durch eins der Fenster in der Vorhalle. Draußen im Garten liefen wir dann zu einem nahe gelegenen Wald und beabsichtigten dort einen neuen Plan aufzustellen. Wir wollten auch in Bewegung bleiben und gingen so erst einmal einen Waldweg entlang. Mein Begleiter

schien sehr beschäftigt und rätselte ununterbrochen vor sich hin. Intuitiv wusste ich, dass er ein Genie im Verknüpfen sämtlicher Ereignisse war. Seine Ansicht enthielt die Betrachtung, dass alle Informationen, die man zur Lösung eines Problems benötigte, innerhalb des gegenwärtigen Tages versteckt sind. Dazu abstrahierte er dann seine ganze persönliche Vergangenheit, Annahmen und Pläne über die Zukunft. Fünf Minuten später hellte sich sein Gesicht förmlich auf und er rief, dass er die Lösung habe, bzw. nahe dran sei. Als ich ihn fragte, woher er denn wisse, dass er nah an der Lösung sei, ohne die Lösung eigentlich wirklich kennen zu können, behauptete er, dass ihm dies sein Körper verraten würde. Ich zog meine Augenbrauen hoch, aber als er begann, mir einige der Informationen des Tages aufzuzählen und sie sodann verknüpfte, konnte ich nur noch staunen. Er war felsenfest davon überzeugt, dass der Derwisch, so nannten wir ihn scherzeshalber, die Kunst besaß, sich in alles und jeden zu verwandeln. Außerdem sei ihm sein misstrauischer Blick aufgefallen, was ihn nun zu der Annahme gebracht hatte, dass dieses Wesen das Vertrauen symbolisiere.
Seine Aussage raubte mir den Atem! Er hatte Recht! Bevor ich noch irgendetwas dazu sagen konnte, handelte meine Begleiterin. Sie rief, dass sie nun die Lösung hätte und rannte tiefer in den Wald hinein. Dort scharrte sie im Boden herum und kehrte dann mit einer rappelnden Blechdose zurück. Sie hatte einen ganz bestimmten ‚Fänger' gebaut, der den Derwisch einfangen sollte.
Sofort verließen wir den Wald und kehrten zur Burg zurück.
Bereits am Eingang sahen wir ihn wieder stehen, mit dem Revolver in seinen Händen. Unvermittelt hob er den Arm und schoss, aber meine Begleiterin ließ sich dadurch nicht beeindrucken und rappelte mit dieser Dose demonstrativ in der Luft herum. Das Geräusch schien dem Derwisch überhaupt nicht zu gefallen, er ließ die Pistole fallen und flüchtete. Sie rannte hinter ihm her und wir hinter ihr.
Schließlich war er uns entkommen, aber wir erwischten seinen Vasallen, den mit der Rüstung. Er lag dort und hielt sich die Ohren zu. Ich riss ihn hoch und band seine Hände mit einem Lederriemen, damit er nicht mehr fliehen konnte. Dann wirbelte ich ihn einige Male herum, bis er ganz schlaff war und steckte ihn dann in meinen Körper, damit er mir von nun an gehorchte. Seine Kraft wurde zu meiner und mit der gewonnenen Energie erkannte ich jetzt auch, wer dieser Derwisch wirklich war und ich ahnte, dass er bald zurückkommen würde.

Als ich erwachte, dachte ich über diesen Derwisch nach. Er wirkte ein wenig wie eine rotierende Gestalt, vielleicht aus einem Zeichentrickfilm, die sich um die eigene Achse drehen konnte und dann aussah wie ein Korkenzieher. Irgendwie besaß der Derwisch eine gruselige Aura. Ich wusste jedoch nicht, zu welchen Taten er in der Lage war.
Danach stand ich auf und setzte mich an meinen Tisch, um diese Erfahrung zu notieren.

Sonntag, 27. Oktober 1996

Vivian und ich trafen uns heute, um gemeinsam zu dissoziieren und zu träumen. Dazu legten wir uns nebeneinander und konzentrierten uns einfach auf die vielen kleinen

Pünktchen vor unseren Augen, während wir versuchten, so wenig wie möglich zu denken.
Nachdem ich mich eine Weile konzentriert hatte, musste ich doch eingeschlafen sein. Ohne „Klick", das mich im Bruchteil einer Sekunde in eine andere Realität transportierte. In der Nacht wurde ich durch ein seltsames Geräusch geweckt. Es klang wie ein Wimmern. Es war ein seltsamer Ton. Einige Sekunden später realisierte ich, dass dieser Ton aus meinem eigenen Mund stammte. Als mir dies auffiel, teilte sich mein Ich in zwei Hälften und ich war plötzlich an zwei Orten gleichzeitig. Auf der einen Seite nahm ich mich selbst in meinem vertrauten Bett wahr und war fest der Überzeugung, dass Vivian jeden Moment durch die Tür kommen und mich aus meiner Gespaltenheit herausholen würde, indem sie mich einfach weckte. Auf der anderen Seite befand ich mich ebenfalls in einem Bett und wartete auf „die" Frau, die gleich hereinkommen würde um mich aufzuwecken. Irgendwo weiter hinten in meinem Bewusstsein bemerkte ich einen distanzierten, wahrnehmenden Teil, der beide Selbste gleichzeitig sehen konnte und jede ihrer Erfahrungen registrierte. Diese Spaltung schien meinen Verstand oder etwas anderes in mir zu bedrohen. Es kam mir so vor, als wolle etwas in mir einer Erinnerung aus dem Weg gehen, die in mir aufzusteigen drohte… Wer war dieses Selbst in dem fremden Bett? Es fühlte sich so jung an! War dieses Selbst ein Teil meiner ursprünglichen Erinnerungen vor dem Update…?
Plötzlich öffnete sich die Tür und eine mir fremde Frau kam herein und weckte mich. Vivian kam jedoch nicht durch die Tür, um mich zu wecken. Ich hatte diese beiden Frauen allem Anschein nach überlagert und verwechselt. Tatsächlich existierte jedoch nur die Frau auf der anderen Seite der Realität, dort, wo sich das jüngere Selbst von mir befand und eine unheimliche Angst ausstand.
Nun weckte Vivian mich tatsächlich: „Jonathan, was ist los? Du hast so einen komischen Ton von dir gegeben…"
„Ja, ich weiß", sagte ich, obwohl sich meine Aufmerksamkeit zur Hälfte noch woanders befand.
Langsam realisierte ich, dass ich gerade eine Begegnung mit einem mir völlig fremden Selbst erfahren hatte. Es lebte in einer anderen Realität mit einer mir völlig fremden Frau, die seine Mutter oder Vergleichbares zu sein schien. Zuerst hatte ich wohl mit Furcht reagiert und mich unterbewusst mit einem Ton zu wecken versucht.
„Was war denn?", fragte sie sofort.
Ich erzählte ihr mein Erlebnis von eben und dachte dann noch über die beiden Begriffe nach, die ich im letzten Moment von dem anderen Selbst aufgefangen hatte: „Und als du mich wecktest, fing ich noch die letzten Gedanken dieses anderen Selbst auf: ‚Maryland' und ‚1814 Lichtjahre'. Dies schien ihn sehr zu beschäftigen. Ich glaube, dieses Selbst lebt dort!"
In dem Moment stellten sich unsere Nackenhaare gleichzeitig hoch! Ein starker Schauder jagte über unsere Rücken. Dies war für uns eine Bestätigung dessen, was ich eben von mir gegeben hatte.
„Doch was hat es mit den 1814 Lichtjahren auf sich? Maryland ist ganz gewiss nicht so weit entfernt von hier", dachte ich laut.

Darauf fanden wir im weiteren Verlauf unseres Gesprächs leider keine Antwort. Die unbekannte Frau trug meines Erachtens schon eine amerikanische Frisur, aber ich war mir nicht sicher, da mich diese Spaltung in meiner Persönlichkeit doch sehr beschäftigt hatte.
Erst lange Zeit später fiel mir ein, einfach mal die 1814 Lichtjahre zu recherchieren und ich konnte u. a. entdecken, dass es einen Stern namens *Deneb* gibt, der ca. 1800 Lichtjahre entfernt ist und tausend Mal mehr Energie als unsere vertraute Sonne abgibt. Dann gibt es noch den Sternhaufen *M25*, der von hier aus berechnet in etwa diese Entfernung aufweist. Nicht zu verwechseln mit dem Nebel *M45*, welcher auch unter dem Begriff *Plejaden* bekannt ist. Desweiteren entdeckte ich noch Hinweise auf eine Dunkelzone, die bisher noch Rätsel bei den Astronomen hinterlässt.
Trotz aller Recherchen, die nicht sonderlich hilfreich waren, konnte ich mir vorstellen, dass dieses andere Selbst vielleicht einen Film gesehen hatte, bevor es ins Bett gegangen war, der ihn noch beschäftigte. Es könnte ein Science-Fiction oder eine astronomische Dokumentation gewesen sein.

Montag, 16. Dezember 1996

Auf meinem Weg der Bewusstseinserweiterung hatte ich mich schon von so einigen Menschen trennen müssen, weil sie nicht mehr weitergehen wollten. Es tauchten Hindernisse auf und sie hatten sich daraufhin völlig anders orientiert und wollten plötzlich nichts mehr mit mir zu tun haben. So war es auch mal wieder an diesem Tag. Verona, eine Freundin, die ich schon seit 15 Jahren kannte und die mit meiner Hilfe auch schon viele Erfahrungen hatte erleben können, rief mich am Mittag an. Sie erzählte mir, dass sie nun nichts mehr mit Bewusstseinserweiterung, dem zweiten Körper oder Träumen zu tun haben wollte. In den letzten drei Wochen hätte sie des Öfteren unbegründet Todesangst, Schwindelanfälle, Herzrasen, Fallangst und Atembeschwerden erfahren. Sie hatte sich auch dazu entschlossen, einen Psychotherapeuten aufzusuchen. Dieser habe ihr gesagt, dass ich unbedingt zu meiden sei.
In ihren Symptomen erkannte ich deutlich, dass ihr diese Phänomene den eigenen, zweiten Körper bewusst machen sollten, aber meine Versuche, ihr das deutlich zu machen, scheiterten. Sie hatte sich entschieden und wenn sich ein Mensch entschieden hat, dann kann man nicht mehr viel daran ändern. Zum Ende des Telefongesprächs verabschiedeten wir uns voneinander und sprachen ein Lebewohl aus.
Nachdem sie aufgelegt hatte, erinnerte ich mich an einige andere Freunde, die auf dem Weg stehengeblieben oder gar umgekehrt waren. Es waren Hindernisse aufgetaucht, Unsicherheiten, Ängste, Sorgen, körperliche Probleme und sie hatten sich zurückgezogen.
Später diskutierte ich mit Vivian über Verona. Sie meinte, dass Verona einfach keine Verantwortung für ihren Weg übernehmen wollte und darum aufgegeben hatte.
„Wie kann man sich nur so gehen lassen, dass man seine ganzen investierten Energien wegen irgendwelchen Hindernissen aufgibt und flüchtet? Das kann doch wohl nicht wahr sein!", fluchte Vivian beinahe.
„Wenn sie nicht mehr will, dann ist das ihre Entscheidung. Daran können wir nichts ändern", entgegnete ich.

Ich konnte Vivian aber sehr gut verstehen. Sie hatte definitiv Recht. Doch das würde an der Situation nichts ändern.
Vivian schimpfte noch eine Weile und während sie so erzählte, erkannte ich auch einen Teil meiner Persönlichkeit, der immer wieder einmal Angst erfahren hatte und sich am liebsten zurückgezogen und den ganzen Kram mit der Bewusstseinserweiterung hingeschmissen hätte. Doch so sehr ich schon die tiefsten Ängste durchzustehen hatte, hatte meine Flucht niemals länger als einige Tage gedauert. So hoffte ich, dass Verona sich bald wieder melden würde, um ihren Weg fortzusetzen, aber dies trat nicht ein. Wir haben uns danach viele Jahre nicht mehr gesehen und sie hat ihre Arbeit an sich selbst nie wieder aufgenommen. Die Angst hat sie besiegt.

Montag, 13. Januar 1997

Ich lag in meinem Bett und konzentrierte mich darauf, mich zu entspannen und die Gedanken einfach fließen zu lassen. Dabei entstanden die unterschiedlichsten Muster vor meinen Augen und immer wieder tauchte eine große Fensterfront vor meinem inneren Auge auf. Plötzlich sprang ich in dieses Bild hinein.
Ich saß entspannt in meinem Sessel und schaute nach draußen durch die große Fensterfront, welche die ganze Wand meines 90 qm Wohnzimmers einnahm, und mir einen wunderschönen Blick auf die Terrasse und in den Garten bot. Draußen war es dunkel geworden, schwere Wolken nahmen das Tageslicht fort. Ein Sturm kam auf. Dicke Regentropfen klatschten bereits an die Fenster und auch auf meinen Teppich. Starke Windböen spielten mit den Vorhängen, und ich dachte nicht darüber nach, dass mein schöner Teppich nun nass wurde, dachte aber dennoch daran, die Terrassentüren gleich zuzuschieben.
Draußen standen eine Frau und ein Mann. Sie trugen lange, schwarze Mäntel. Er hatte seinen Arm um ihre Schultern gelegt und versuchte sie zu wärmen. Zuerst glaubte ich, es sei ein Pärchen, das sich bei mir unterstellen wollte, aber dann erkannte ich sie wieder. Es waren meine Begleiter. Ich wusste, wenn sie kamen, ging es wieder darum, ein weiteres Stück auf unserem Weg zurückzugehen.
Oft hatte ich versucht, in ihre Gesichter zu schauen und mir zu merken, wie sie wirklich aussahen, aber es war mir nie gelungen. Nun hatte ich sie deutlich vor mir, aber ich wusste, wenn sie gegangen waren, würde ich ihre Gesichter wieder vergessen.
Ich erhob mich und ging zu ihnen auf die Terrasse. Es war wieder Zeit. Sie drehten sich zu mir um und lächelten. Ich wusste ohne Worte, dass sie gekommen waren, um mich hier herauszuführen. Die schöne Zeit in meiner wundervollen Wohnung war vorbei. Ich hatte meine Freunde, meinen Luxus und diese stürmischen Herbstabende stets geliebt, doch nun war es Zeit, diese Kulissen hinter mir zu lassen. Denn das waren sie, Kulissen.
Ich drehte mich noch einmal um und schaute mir alles genau an. Die wertvollen Bilder an den Wänden, meinen Lieblingssessel, der japanische Tisch, der Fernseher, der Eichenschrank, Geschenke von Freunden, die Pflanzen, all das waren Teile einer Kulisse, die Inszenierung eines Rollenspiels, eines Theaterstückes: mein Leben.
Ich drehte mich um und schaute meine Begleiter an. Unsere Kommunikation war stets spärlich, aber dafür intensiv. Wir wussten, dass wir nun versuchen mussten, diese

Kulisse und unsere Rollenspiele hinter uns zu lassen. So verließ ich mit ihnen meinen Garten, mein Haus, meinen Boden, ohne die Terrassentüren zu schließen.
Der Sturm hatte unglaubliche Maße angenommen. Die Bäume bogen sich im Wind, dicke Äste flogen unberechenbar durch die Luft. Wir fanden Schutz in einer Höhle. Höhle? In der Nähe meiner Wohnung gab es keine Höhlen. Meine Begleiterin lächelte mich wissend an. Sie gab mir zu verstehen, dass sie einen Wind gesehen hatte und dass er ein Wesen sei, das extra gekommen war, um uns den Ausgang aus den Kulissen zu zeigen.
Ich drehte mich um. Die Höhle war dunkel, aber man konnte sehr gut sehen, wenn sich die Augen daran gewöhnt hatten. Nachdem wir einige Zeit ins Innere gelaufen waren, bot sich unseren Augen ein irreales Bild: Vor uns befand sich eine riesige, leicht unebene, raue Wand. Sie stand nicht völlig aufrecht, sondern sah aus, als sei sie nach hinten geneigt. Somit war sie eigentlich ein Weg, der eine Steigung von vielleicht 40 - 50 % besaß. Die Höhe dieser Wand war von hier unten nicht auszumachen, musste aber mindestens an die 100 - 120 Meter betragen, denn so weit konnte ich in die Dunkelheit blicken. Die Breite der Wand war hingegen nicht so leicht zu bestimmen, weil ich nur einen Ausschnitt dieser Wand sehen konnte, denn sie ging höchstwahrscheinlich jenseits der Höhlenwände weiter.
Mein Begleiter schaute mich an und ich wusste, dass wir diese Wand bezwingen und hinter uns bringen mussten.
Der Aufstieg begann. Zu Anfang ging es leicht. Ich krabbelte die Wand hoch und konnte mich sehr gut an herausragenden Steinen festhalten. Meine Begleiter versuchten den Aufstieg weiter rechts von mir, er war mir am nächsten.
Schritt für Schritt erklommen wir die abgesenkte Wand, und nach vielleicht zwei- bis dreihundert Metern wurde der Aufstieg zwar steiler und beschwerlicher, aber wir entdeckten eine Hilfe. Dort waren viereckige Löcher, an denen wir uns hervorragend festhalten und immer wieder ein Stück weiter nach oben ziehen konnten. Diese Löcher besaßen zum Teil metallische Gitter und sie waren gerade so groß, dass eine Katze hindurch gepasst hätte. Einmal schaute ich durch eins dieser Löcher, aber ich sah nur Dunkelheit. Anscheinend ging es dort tief hinunter oder es waren einfach nur dunkle Löcher. Den Sinn dieser ganzen Löcher verstand ich nicht. Kurz schoss mir ein Bild von einem Schuhkarton durch den Kopf, in dem ich einmal eine Maus gehalten hatte. Den Deckel hatte ich mit Löchern versehen, damit die Maus atmen konnte.
Als ich meinen Kopf hob, sah ich das Ende der Wand. Langsam zog ich mich weiter hoch, weil ich wissen wollte, was es auf der anderen Seite zu sehen gab. Meine Hand suchte nach einem weiteren Loch. Ja, ich fand eins. Es war größer als die anderen. So groß, dass ein Mensch problemlos hindurch kommen würde. Zuerst wollte ich aber über das Ende der Wand hinausblicken und sehen, was mich dahinter erwartete...
Vor mir erstreckte sich der weitere Verlauf der Höhle. Erst jetzt fiel mir dieses seltsame, erdbraune Licht auf, in das alles getaucht schien. Mein Blick glitt tiefer und ich sah, dass sich eine weitere Wand auf der anderen Seite befand, nur dass sie diesmal nach unten führte. Plötzlich erkannte ich es! Es war ein Dach! Ich rief es zu meinen Begleitern hinüber, dass wir auf einer Art Dach herumkletterten, einem übergroßen Dach, das somit eigentlich zu einem gigantischen Gebäude gehören musste!

Ich konnte die Unruhe bei meinen Begleitern fühlen. Sie schienen erschrocken und ich meinte das Wort *Gefängnis* zu vernehmen.
Plötzlich rutschte ich ab. Ich war unachtsam gewesen, besaß keinen stabilen Halt und glitt nun einige Meter nach unten. Zum Glück konnte ich wieder in eins dieser Löcher greifen und meinen Sturz abfangen. Langsam zog ich mich hoch und versuchte meinen linken Fuß in einem der Löcher zu verankern.
Das Loch, an dem ich mich hatte festhalten können, war eins dieser großen viereckigen Öffnungen. Ich dehnte meinen Körper so, dass ich meinen Kopf hineinstecken konnte. Licht! Ich sah Licht! Das Licht bot mir einen atemberaubenden Anblick. Jetzt konnte ich ganz deutlich sehen, dass mir diese Öffnung eine Aussicht über mehrere hundert Meter in die Tiefe gewährte. Auch sah ich, dass dieses Gebäude aus mehreren Stockwerken bestand. Es wirkte nun so, als wenn man von ganz oben ein Treppenhaus hinunterschaut und einen recht guten Einblick auf die Stufen besitzt. In diesem Fall sah ich keine Stufen, sondern hatte Einblick auf leere Räume mit Betonboden. Kalt. Helles Braun. Mit der Atmosphäre eines Treppenhauses, aber es war auf jeden Fall keine menschliche Einrichtung und nur geringfügig mit dem Aufbau eines normalen Hauses zu vergleichen.
Mein Begleiter hatte einen losen Stein aus dem Dach herausgebrochen und wollte damit Zeichen geben. Er meinte, dass es gewiss ein Gefängnis für Menschen sei und bestimmt jemand aufwachen und auf seine Zeichen antworten würde. Tatsächlich, kurz nachdem er mehrere Male auf eins dieser metallischen Gitter geschlagen hatte, bekam er Antwort. Es klang so, als ob jemand einen Becher an Gitterstäben entlangzog. Im gleichen Moment hörten wir jedoch ein fürchterliches, unmenschliches Brüllen, wie von einem Raubtier, vielleicht einem Löwen.
Die Gedanken meines Begleiters waren plötzlich in Aufregung. Ich fühlte, wie er einer Wahrheit immer näher und näher zu kommen schien, einer schrecklichen Wahrheit...
Er bat mich, weiter in das Loch zu schauen, an dem ich mich festhielt. Mittlerweile hatte ich eine optimale Position gefunden, um nicht wieder abzurutschen.
Ich blinzelte mehrmals mit den Augen, damit ich noch mehr Details wahrnehmen konnte, aber alles schien gleich fremd zu sein im Inneren des Gebäudes. Doch plötzlich sah ich einen Schatten. Ich hörte einen spitzen Schrei, den meine Begleiterin ausgestoßen haben musste. Wir alle sahen nun das gleiche.
Der Schatten bewegte sich langsam auf seiner Etage und blickte zu unserer Öffnung hoch, durch die ich nach unten blickte. Er schien mich nicht wahrzunehmen. Es war ein mir völlig fremdes Wesen, es strahlte wild und ungebändigt aus. Auf den ersten Blick sah es wie ein übergroßer, aufrecht stehender Hummer aus, der eine bleiche, ockerfarbene Haut hatte. Die Arme besaßen keine Scheren, sondern erinnerten vielmehr an die eines Oktopus. Riesige und lange Fangarme sahen wir. Sie züngelten förmlich umher, als suchten sie Berührung. Diese Arme hätten niemals einen Menschen verletzen können, dafür waren sie zu dünn und wirkten zu schwach. Sie schienen mehr auf Berührung aus zu sein, auf Kontakt. Es widerte mich an. Mir wurde nicht schlecht, aber dieser Anblick stieß mich in meinem Innersten ab. Es war unerträglich. Plötzlich blickte das Wesen erneut zu mir auf und brüllte wieder los. Diesmal

hatte es mich wirklich entdeckt! Angst fühlte ich keine, weil es sich mindestens 30 - 40 Meter in der Tiefe befand, auch konnte ich mir aufgrund der Beschaffenheit dieses Gebäudes und der Höhle nicht vorstellen, dass es einen Zugang zu uns hinauf gab, außer wenn man sich durch eine dieser Öffnungen in die Tiefe gestürzt hätte.
Doch völlig unerwartet ging das Wesen in die Hocke und setzte zu einem unglaublichen Sprung an. Es raste mir entgegen und ich sah sein Gesicht, wie es näher und näher kam. Die Arme züngelten wild umher, und mein Kopf wäre gewiss das erste gewesen, was sie zu fassen bekommen hätten, wenn ich nicht ausgewichen wäre.
Das Wesen schoss nur um zwei oder drei Meter an der Öffnung vorbei, einer seiner Fangarme schien mich nur um wenige Zentimeter zu verfehlen. Ich sah noch, wie er danach am Rand der Öffnung nach Halt suchte, aber der einzelne Arm war zu schwach, um sich dort festhalten zu können. Es war ein grauenerregender Moment.
Als mein Mut zurückkehrte, steckte ich wieder meinen Kopf in die Öffnung. Ich sah, wie ein zweites Wesen ins Licht trat und zu mir aufblickte. Sie hatten erkannt, dass wir zu weit oben waren, als dass sie uns erreichen könnten. Mir schien auch, als hätten wir eine fürchterliche Entdeckung gemacht und sie wollten nicht, dass dies jemals jemand erfuhr. In ihren Augen sah ich die klare Entschlossenheit, uns dazu zu bringen, dieses befremdende Geheimnis für uns zu behalten.
Wir erklommen das Ende der Wand und bereiteten uns auf den Abstieg an der anderen Seite vor. Der Abstieg sollte wesentlich schneller und einfacher verlaufen. Als wir unten ankamen, wandte ich mich an meine Begleiter.
„Sollten wir den Menschen da drin nicht helfen?“
„Nein. Das können wir nicht.“
„Aber sie quälen sich. Sie sind gefangen. Sie wollen befreit werden.“
„Nein, sie wissen überhaupt nichts davon. Es geht ihnen gut.“
Nachdem ich von diesem Traum erwacht war, dachte ich über den letzten Satz nach, den er mir mitgeteilt hatte. Natürlich geht es den meisten Menschen sehr gut. Wieso sollten sie sich ihrer Situation bewusst werden wollen, wenn sie eigentlich alles besitzen, was sie wollen. Der Mensch braucht eigentlich nicht viel, um zufrieden zu sein. Ob er nun darüber hinaus wirklich glücklich ist, das ist eine andere Frage, aber zufriedenzustellen ist er schon. Doch wie sieht es mit der Bewusstseinserweiterung aus? Ist sie nur ein Hobby für Leute, die sich langweilen oder sich interessant machen wollen? Handelt es sich vielleicht um eine Ersatzreligion, um sich zu vergewissern, dass der Tod nicht das Ende ist? Offensichtlich reicht es nicht jedem Menschen, den Tod erst einmal zu verdrängen und in die Zukunft zu drücken, damit man nicht mehr darüber nachdenken muss. Wir vergraben die Toten 2,30 Meter tief und damit hat sich die Sache erst einmal wieder beruhigt, falls uns der Tod irgendwie Sorgen bereitet hat. Doch darüber hinaus gibt es Menschen, die die Sache einfach nicht loslässt. Sie versuchen ihr Bewusstsein zu erweitern und lernen, luzid zu träumen, strengen sich an, um ihren Körper in der Nacht zu verlassen, oder meditieren, um veränderte Bewusstseinszustände zu erfahren. Die Esoterik ist sicherlich ein Sammelbegriff für alles Mögliche und schließt mittlerweile auch Astrologie, Kartenlegen, Runenmagie, Handlesen und weitere fragwürdige Künste mit ein, aber die Bewusstseinserweiterung ist meiner Ansicht nach der königliche Weg nach Innen.

Mittwoch, 15. Januar 1997

Klick. Ich befand mich plötzlich beim Einkaufen im Supermarkt. Dort lief ich durch die Gänge und schob einen Einkaufswagen vor mir her. Krampfhaft dachte ich darüber nach, was ich denn einkaufen wollte, aber konnte mich nicht an einen Artikel erinnern. Immer wieder suchte ich in meinem Kopf herum, aber der mentale Einkaufszettel wies nur gähnende Leere auf. Erst Minuten später fiel mir etwas ein. Ich wollte doch noch eine Packung Milch kaufen! So schnappte ich mir eine Packung und da mir nichts weiter einfiel, ging ich zur Kasse.

Dort angekommen musste ich entdecken, dass ich hier nur in einem T-Shirt und im Slip herumlief! Das war mir ziemlich peinlich. Ich dachte darüber nach, wie mir dieses Missgeschick nur hatte passieren können und weshalb es mir nicht aufgefallen war, so luftig gekleidet aus dem Haus gegangen zu sein! Ein Blick auf die Leute neben mir verwunderte mich nur noch mehr, denn sie schienen überhaupt keine Notiz von mir zu nehmen. Dann erwachte ich endlich in meinem Bett.

Nachdem ich die Augen geöffnet und mich augenblicklich an diesen Traum erinnert hatte, schlug ich mir vor die Stirn! Ich war mit meinem zweiten Körper unterwegs gewesen und es war mir nicht aufgefallen! Es waren so viele Tipps in diesem Traum enthalten, zuerst meine spärliche Kleidung, die genau jener entsprach, die ich gerade in meinem Bett trug und der Hinweis, dass mich die anderen nicht wahrnehmen konnten. Manchmal ist man auch einfach nur zu unaufmerksam.

Donnerstag, 12. März 1997

Wieder einmal hatte ich mich auf meinen zweiten Körper konzentriert, war jedoch darüber eingeschlafen. Irgendwann erwachte ich und stand in meinem Zimmer. Es war nur ein diffuses Licht zu sehen. Ich versuchte mich zu orientieren und plötzlich stand jemand vor mir! Es war eine alte Freundin von mir, die ich schon seit einigen Jahren nicht mehr gesehen hatte. Sie strahlte in irgendeiner Form höchst erotisch aus und erregte mich. Doch im gleichen Moment wunderte ich mich, weil wir beide stets eine völlig platonische Beziehung zueinander besessen hatten und wir uns niemals auch nur geküsst hatten. Plötzlich verwandelte sie sich in eine mir unbekannte Frau. Sehr attraktiv und ebenso anziehend in ihrer Ausstrahlung wie zuvor. Nun wunderte ich mich, wie sich meine alte Freundin so schnell hatte verwandeln können und dann erkannte ich es! Ich hatte es mit einer Person zu tun, die ebenfalls außerkörperlich unterwegs war und mich zu verführen versuchte. Sie hatte gerade eben telepathisch aufgefangen, dass die Person, in die sie sich anfangs verwandelt hatte, mich äußerlich niemals sexuell hätte ansprechen können. Aus diesem Grunde war nur ihre erregende Ausstrahlung konstant geblieben.

Ich konnte kaum so schnell hinterher schauen, wie die unbekannte Frau vor meinen Augen verschwand. Danach erwachte ich in meinem Bett. Im Anschluss fragte ich mich, ob es die gleiche Frau gewesen war, die sich in einer Nacht einfach auf mich gesetzt und ihre Hüften bewegt hatte, um mich angemessen zu animieren. Doch darauf fand ich keine Antwort, wie es bei solchen Erfahrungen immer wieder vorkommt.

Samstag, 22. März 1997

Samstagabend und der Frühling stand vor der Tür. Ich war froh, weil jetzt die warmen Tage bald kommen würden. An diesem Abend traf ich mich mal wieder mit Vivian und wir diskutierten über die andere Realität, bzw. die wahre Gegenwart und das wahre Selbst. Diskutieren war auch nicht das richtige Wort, sondern es war vielmehr inneres Verstehen. Damit bezeichneten wir eine Form der Unterhaltung, bei der man sich gegenseitig ergänzt und nicht aneinander vorbeiredet, sich verbal streitet oder rechthaberisch sein möchte, so wie es bei Diskussionen sehr schnell der Fall sein kann. Sobald unser Körper mit einem Schauder reagierte, wussten wir, dass wir eine Erkenntnis gewonnen hatten. Genau so, wie es z. B. in dem Fall mit dem Traum über das humpelnde Kind gewesen war. Als ich Vivian davon berichtet hatte, hatte ihr Körper mitgeteilt, dass sie damit eine Spur entdeckt hatte, die sie zu Wissen und Erkenntnis führen konnte. Ebenso als ich das Fotoalbum mit fremden Personen durchschaute spürte ich diesen starken Schauder, oder Gänsehaut, wie man auch gern sagt. Das innere Verstehen ist somit eine andere Form der Bewusstseinsarbeit als sich über Meinungen zu streiten oder jemanden mit Argumenten verbal in die Ecke zu drängen, nur damit man letzten Endes Recht bekommt. Ich hatte meinen Verstand trainiert, der Meinung des Körpers Vorrang zu lassen. Dies war kein einfaches Unterfangen, da der Verstand sich immer wieder auf die Lösung gedulden musste. In der Regel möchte der Verstand sofort die Lösung auf ein Problem wissen und wenn es keine Lösung gibt, konstruiert er eine, indem er die wenigen Informationen, die er besitzt, aneinanderreiht. So werden Vorurteile geboren. Für den Körper und seine Gänsehaut gibt es dagegen keine Vorurteile.

„Und, was machen wir heute Abend?“, fragte Vivian.

„Wir können uns doch auf das andere Selbst konzentrieren und versuchen, einen Kontakt herzustellen.“

„Das sagt sich so leicht…“

„Von allein scheinen sie ja nicht zu kommen“, erwiderte ich. „Wegen mir können die anderen Selbste ruhig zu uns kommen und mal ‚Hallo‘ sagen!“

Sie nickte und wir lachten. Wir nickten und sprachen noch eine Weile darüber, wieso eigentlich niemand in den Träumen ganz einfach an uns herantrat und sagte: ‚Hey, du träumst!‘

Das würde vielen Menschen bestimmt eine große Hilfe sein, auch einmal in den Genuss zu kommen, luzid zu träumen oder eine außerkörperliche Erfahrung zu erleben. Immerhin ergeben solche Erfahrung eine bessere Ausgeglichenheit, neue Energien und Selbsterkenntnis.

So legten wir uns auf das Bett und konzentrierten uns.

Nach einigen Minuten hatte sich mein Körper entspannt und ich schaute wieder auf die vielen Pünktchen vor meinen Augen, die Lichtfunken. Je mehr ich mich auf sie konzentrierte, desto zahlreicher wurden sie. Irgendwann hörte ich dann einen seltsamen Ton. Es klang, als würde jemand Kaffee in einer Maschine kochen. Zumindest war dies das einzige, womit ich es im Moment vergleichen konnte. Dann forschte ich und dachte angestrengt darüber nach, womit ich das Geräusch denn noch vergleichen

konnte. Während ich mich dann weiterkonzentrierte und irgendwo in meinem Hinterkopf noch weiter darüber nachsann, stieß mich Vivian plötzlich in die Seite.
„Dein Schnarchen stört."
In diesem Moment erkannte ich, was dieses seltsame Geräusch gewesen war. Ich musste wohl kurz geschnarcht haben. Jetzt konnte ich es auch einordnen. Ich musste lachen, aber gleichzeitig wusste ich, dass es mir dieses Mal schnell gelungen war, einen Zustand herzustellen, indem mein Körper eingeschlafen war, während ich im Geiste wach blieb.
Klick.
Ich erwachte. Anscheinend war ich über unserem Vorhaben, Kontakt mit dem anderen Selbst aufzunehmen, eingeschlafen. Vivian saß bereits am Rand des Bettes und schaute zu mir herunter.
„Hallo", sagte sie und schaute mich lächelnd an.
Ich lächelte zurück. So, wie es aussah, musste ich ziemlich fest geschlafen haben, dass ich noch nicht mal bemerkt hatte, wie sie bereits aufgestanden war. Diese Verwunderung ließ mich im nächsten Augenblick aufmerksamer werden. Außerdem fiel mir fast gleichzeitig auf, dass irgendetwas mit der Atmosphäre in diesem Raum oder um uns herum anders geworden war. Sehr seltsam… dachte ich und schaute mich um, als könnte ich diesen Unterschied im Raum entdecken.
Dann schaute ich wieder Vivian an. Sie lächelte noch immer. Ihr Lächeln schien mir so… *wissend* zu sein, als ob sie etwas *wüsste*, was mir selbst überhaupt nicht klar war. Plötzlich stieg ein sehr befremdliches Gefühl in mir auf, gepaart mit einem unheimlichen Verdacht! Das war nicht Vivian! Zumindest nicht die Vivian, wie ich sie kannte, sondern sie war das andere Selbst. Das wahre Selbst! Es war eine ganz unmittelbare und deutliche Intuition, verbunden mit einem Schreck, so wie man vielleicht aufschreckt, wenn man erkennt, dass man doch vor 20 Minuten Milch auf den Herd gestellt und sie dann völlig vergessen hat.
Diese Intuition paarte sich jetzt mit einer tiefen Angst, die in mir aufstieg. Sofort wünschte ich mir, wieder zu erwachen und schnell zurück in meine gewohnte Realität zu eilen. Die Luft um uns herum schien nun einzufrieren und ich konnte mich nicht mehr bewegen. Ein Gefühl der schieren Angst, des augenblicklichen und plötzlichen Sterbens, kam in mir auf und ließ die Realität um mich her einfrieren. Es war vorbei! Der Tod hatte mich nun erwischt und ließ keine Gnade walten!
Einen Augenblick später erwachte ich in absoluter Panik in Vivians Bett in meiner vertrauten Realität. Kaum hatte ich die Augen geöffnet, verschwand die Panik sofort wieder, als hätte es sie nie gegeben. Ich war doch nicht tot! Doch wer oder was war plötzlich so überzeugt davon gewesen, dass nun meine letzte Stunde geschlagen hatte?
Verwundert blickte ich nach rechts. Vivian lag noch neben mir und schlummerte vor sich hin, als wäre nichts gewesen. Ihr anderes Selbst jedoch hatte es tatsächlich getan! Es hatte sich zu mir begeben und einfach ‚Hallo' gesagt. Doch wieso hatte ich so übertrieben reagiert? Wieso war ich nicht glücklich darüber gewesen, auf der anderen Seite zu erwachen und Vivians Doppelgänger zu treffen? Und was war das für ein schreckliches Gefühl? Die ganze Realität fror ein und gab mir den Eindruck, dass ich

nun ein für allemal sterben würde! Fragen über Fragen... aber zumindest erkannte ich an dieser Stelle den Unterschied zwischen Theorie und Praxis.
Über diesen Gedanken schlief ich wieder ein.
Klick.
Vivian und ich saßen auf ihrem Sofa. Es war überwiegend hellblau mit einem Blümchenmuster darauf. Eins dieser ausklappbaren Couchbetten. Ich saß seitlich auf der Couch, sodass ich Vivian besser sehen konnte, recht entspannt und mit einem angewinkelten Bein. Sie befand sich in einer ähnlichen Position. Sie grinste breit.
Es war eine Stille in dem Raum zu fühlen, die mich misstrauisch werden ließ. Es war, als beträte man einen Raum, in dem sich gerade Leute unterhielten und abrupt innehielten, weil die Person, die hereingekommen war, nicht unbedingt mitbekommen sollte, worum es gerade ging. Ich schaute mich um und plötzlich erinnerte ich mich wieder an die „andere" Atmosphäre, die mich hier umgab. Mir fiel das Erlebnis von vorhin ein und ich erkannte gleichzeitig, dass dies schon wieder nicht jene mir bekannte Vivian war, die vor mir saß. Sie war völlig anders. Während die Angst in mir erneut aufstieg, gefror abermals die Realität und der dreidimensionale Raum verwandelte sich zusehends in ein zweidimensionales Bild, wie ein Gemälde, das man an einer Wand hängend betrachtete. Ein Gefühl der schieren Panik stieg in mir auf und vermittelte mir wieder die Überzeugung, mein Tod sei nun gekommen. Doch alles, was dieses Gefühl zu tun schien, war, dass es mich aus dieser Realität herauskatapultierte.
Erschrocken öffnete ich meine Augen. Ich drehte mich zu Vivian. Sie öffnete gerade die Augen und drehte sich auch zu mir.
„Und? War was?", meinte sie. „Bei mir ist nicht so viel gewesen. Ich habe geträumt."
Ja, es war definitiv die Vivian, wie ich sie seit Jahren kannte. Dann berichtete ich von meiner Erfahrung.
Als ich geendet hatte, überlegte sie ebenfalls, woher diese Gefühle gekommen sein konnten, d. h. das Entsetzen, bzw. die Panik und das unangenehme Einfrieren der Realität. Vivians anderes Selbst hatte es sich offensichtlich nicht nehmen lassen, was zumindest die erste Erfahrung betraf, tatsächlich vorbeizuschauen und ‚Hallo' zu sagen. Meine Aufforderung wurde an dieser Stelle angenommen.
Doch wieso hatte ich so reagiert? Vivians anderes Selbst wirkte so wissend und überlegen, als wäre sie geradezu erleuchtet gewesen. Dieses breite Grinsen war so voller Botschaften, dass es den ganzen Raum und mich verändern konnte. Sie hatte mir keineswegs mitteilen müssen, dass sie mehr wusste als ich, weil ich es deutlich fühlen konnte.
„Da sieht man den Unterschied zwischen einem Guru und einem wahren Wissenden", meinte Vivian und wir lachten.
„Vielleicht gibt es ja eine Art Sicherheitsvorrichtung, die beim Betreten der anderen Realität, dort, wo unsere wissenden Selbste leben, in Kraft gesetzt wird. Eventuell kommt es vom Körper oder woher kommt es?"
„Es ist ein Mechanismus, höchstwahrscheinlich unterbewusst vorhanden", entgegnete sie.
Plötzlich bekamen wir einen Schauder, der über unseren Rücken lief!

„Es ist eine Tarnung!“, riefen wir fast gemeinsam aus.
Für uns war Tarnung stets ein Begriff für einen Verschleierungsmechanismus, der in bestimmten Momenten eintritt, wenn der Verstand z. B. die Notwendigkeit zu erkennen meint, er müsse sich schützen oder den Körper vor einer Gefahr bewahren. Sehr stark mit dem Überlebenstrieb zu vergleichen. Wieso jedoch diese Tarnung aktiviert wurde, als ich in der anderen Realität erwachte, in der unsere wissenden, bzw. wahren Selbste lebten, konnten wir uns nicht erklären. Eins war jedoch deutlich geworden:
„Jedenfalls“, sagte ich zu Vivian, „mein Gefühl, sterben zu müssen, wird gleichgesetzt mit einer Art Energie, die in mir aufgebaut wird, um die Realität zu wechseln. Das ist dermaßen makaber!“
Vivian nickte fleißig und so makaber dies auch war, wir mussten irgendwie ständig lachen, als hätten wir gerade einen Joint geraucht.
In normalen Träumen scheint diese Art Energie zum Wechseln der Realität äußerst selten bis gar nicht aufzutreten, weil der Mensch dort seine alternativen Realitäten aufsucht, sozusagen die Selbste, die sich mit unserem Alltagsselbst auf der gleichen Entwicklungsebene befinden. Im Falle der wissenden Selbste jedoch ist es anders. Sie sind entwicklungstechnisch weiter vorangeschritten und kennen sich vermutlich mit den anderen Realitäten besser aus und wissen bestimmte Energien richtig einzusetzen. Dass ich diese enorme Energie als Sterben identifiziert hatte, schien dabei aber nicht nur mein eigenes Problem zu sein, sondern es sollte sich herausstellen, dass es bei jedem Menschen so verknüpft ist, wenn er beginnt, Realitäten direkt und völlig bewusst zu wechseln.
In der zweiten Erfahrung hingegen schien es eher so, als hätte ich jemanden „gestört“. So, als wäre ich in eine wichtige Unterhaltung hereingeplatzt.
„Wenn ich näher darüber nachdenke, dann kommt es mir so vor, als wollten sie gar nicht, dass du dort auf der Couch sitzt“, meinte Vivian. „Mit wem habe *ich* mich denn da unterhalten? Eine andere Person hast du nicht gesehen, oder?“
„Nein, dort waren nur du und ich. Niemand anders. Es sei denn, er ist aus dem Raum gegangen…“
Im gleichen Moment bekamen wir beide einen Schauder, der über unseren Rücken lief und erkannten das Gleiche! Wir hätten uns auch nicht mehr darüber austauschen müssen, was wir nun verstanden, weil wir exakt wussten, was der andere gerade erkannt hatte.
„Du warst derjenige, der den Raum verlassen hat, bzw. dein anderes Selbst hat diese Realität dort verlassen, weil du in sie eingetreten bist! Du hast eine Unterhaltung zwischen unseren beiden anderen Selbsten gestört!“, meinte Vivian.
„Genau, ich bin in die Position gesprungen, an der gerade eben noch mein anderes Selbst gewesen war. Body-Switching sozusagen. Doch… das würde ja bedeuten, dass ich gerade wirklich nicht erwünscht gewesen war“, schlussfolgerte ich.
„Eben. Du hast sie unterbrochen. Weißt du denn, worum es ging in deren Unterhaltung?“
„Nein, ich habe keine Ahnung.“
Wir dachten noch eine Weile darüber nach, als uns plötzlich die nächste Erkenntnis mithilfe des inneren Verstehens zuteil wurde. Wieder breitete sich ein starker Schau-

der über unsere Körper aus und unsere Augen leuchteten wild im flackernden Kerzenlicht. Dann sprach ich aus, was wir beide bereits wussten:
„In der zweiten Erfahrung habe ich deutlich mitbekommen, dass sich die Anderen genau so tarnen, wie wir es tun. Sie möchten nicht, dass ich einfach in ihre Realität springe und ihre Gespräche oder Pläne belausche."
Als Resümee wurde uns also deutlich, dass von beiden Seiten getarnt wurde. Nicht nur versuchte unser Verstand die Realitäten voneinander zu trennen, sodass sie sich nicht miteinander vermengte, noch hatten es die wissenden Selbste darauf abgesehen, ihre Aufmerksamkeit großartig auf unsere Realität zu lenken. Wenn man dies auf einer Zeitspur betrachten würde, dann wären die wissenden Selbste unsere zukünftigen Ichs, während wir ihre Vergangenheit wären. Wir dachten dann aus unserer Perspektive über unsere eigenen, vergangenen Selbste nach. Für ein Selbst von vor 10 Jahren wäre ich das zukünftige Selbst in deren Gegenwart. Doch wie stark kümmert uns denn heute ein Selbst, das, aus unserer Sicht, in der Vergangenheit lebt?

Samstag, 20. April 1997

Ich erwachte und konnte nur einen grauen Schleier vor mir erkennen. Es schien so, als besäße dieser Schleier eine Struktur, eine Art Maserung. Kleine Poren, die aneinandergereiht vielleicht für mehr Luft sorgten oder eine andere Funktion besaßen, die mir nicht ersichtlich war. Mein Wissen über die Beschaffenheit von Strukturen und ihren pragmatischen Sinn waren mir unbekannt. Ich hob meinen Arm und wollte mit dem Finger diese Struktur berühren, aber es brutzelte kurz und mein Finger verschwand darin. Irgendwie kam mir das bekannt vor! Dann verstand ich. So, wie es aussah, stand ich gerade vor einer Wand! Dieses Verschwinden des Fingers in einer soliden Wand war mir schon des Öfteren begegnet. Nur, so dachte ich weiter nach, wieso habe ich dann das Gefühl, ich würde nicht stehen, sondern liegen? Kurze Zeit später verstand ich erst wirklich, was geschehen war. Mein zweiter Körper hatte sich von meinem physischen gelöst und schwebte hoch oben unter der Decke! Die Maserung war die Raufasertapete an der Decke gewesen. Manchmal dauert es eine Weile, bis man erkennt, wo man sich überhaupt befindet.
Klick.
Einen Moment später, ohne jede Vorwarnung, befand ich mich in einem Haus. Um mich herum standen einige Personen und warfen mir etwas vor, woran ich mich überhaupt nicht erinnern konnte. Offensichtlich erinnerten sie sich sehr wohl daran, denn sie sahen nicht zufrieden aus. Intensiv dachte ich über die letzten Momente nach, aber es kam kein Update, keine Erinnerungen, die mir vielleicht mitgeteilt hätten, was diese Leute von mir wollten. Sodann löste ich mich innerhalb dieses Traumes von meinem Körper, um mich von außen zu betrachten. Ich erhoffte mir damit, herauszufinden, wer ich in dieser Realität war. Jedenfalls besaß ich das gleiche Identitätsgefühl, das ich immer besessen hatte. Nun konnte ich mich selbst betrachten. Ich war eine Frau! Gutaussehend, sehr weibliche Formen, irgendwie rassig mit dunkelbraunen Haaren. Dann kam das Update herein:
Diese Frau war eine Hexe – zumindest in den Augen der anwesenden Personen. Sie litt unter Momenten, in denen ihr Körper von einer Wesenheit besetzt wurde und dann

rücksichtslose Dinge tat oder sagte. Ich versuchte sie und was geschehen war zu verstehen. So bewegte ich mich wieder auf die Frau zu und verschmolz mit ihr. Ich war bereit, mein eigenes Ich zur Seite drücken zu lassen, damit ich mehr von ihrem gegenwärtigen Zustand erfahren konnte. Plötzlich war ich sie und war wieder mitten im Geschehen!

„Du Hexe!", rief wieder einer von ihnen, aber er traute sich nicht näherzukommen. Ein Abstand von mehreren Metern wurde vermutlich aus Angst vor ihr eingehalten.

Diese ‚Hexe' war das Wesen, das manchmal in diese Frau eindrang und ihren Körper übernahm. In diesem Moment drang die Hexe wieder in sie ein und sie beschimpfte dann die anderen und drohte ihnen mit ihrer fürchterlichen Magie. Sie wichen zurück und dann gingen sie wieder mit geballten Fäusten einen Schritt nach vorn. Dieses Spiel ging einige Male vor sich.

Während sich die unterschiedlichen Parteien beschimpften und bedrohten, hinterfragte ich den Vorgang in einem erweiterten Bewusstseinszustand, in den ich manchmal rutsche, wenn mich eine Frage stark beschäftigt und ich außerkörperlich bin, bzw. mich in einer anderen, alternativen Realität befinde. Kurze Zeit später überkam mich die Erkenntnis wie ein dumpfer Schlag: Ich war selber für diese Situation verantwortlich gewesen! Durch meine Fähigkeit, in andere Selbste einzudringen, übertrug ich eine Art Virus, auf rein psychischer Ebene betrachtet, auf die anderen Selbste meiner ganzheitlichen Psyche. Ich sah das Bild eines Apfelbaumes vor mir, der das ganzheitliche Selbst repräsentieren sollte und die vielen Äpfel als die Selbste, die in ihren alternativen Realitäten lebten und Erfahrungen aller Art sammelten.

Dieser Virus hatte sich nun ebenso auf diese Frau übertragen und sorgte dafür, dass auch sie in ein anderes Selbst eindringen konnte, in diesem Fall war es eine Hexe, bzw. eine Frau mit dem Wissen über magische Rituale und Praktiken. Vermutlich wusste diese Hexe rudimentär, dass man in andere Selbste aus benachbarten alternativen Realitäten springen konnte.

Mir behagte die Situation gar nicht, denn ich verstand, dass, sobald ich in das Selbst einer alternativen Realität eindrang, dieses von mir verändert wurde. Es würde dann diese Fähigkeit unbewusst ebenfalls besitzen. Somit war ich vermutlich schon einmal in der Realität dieser Hexe gewesen und hatte den Virus auch auf sie übertragen. Aufgrund ihres magischen Wissens konnte sie sich diese Fähigkeit bewusst machen und ebenfalls durch andere Realitäten reisen und kurzzeitig ein anderes Selbst übernehmen. Was hatte ich nur angerichtet!? Es war deutlich, dass die Hexe dem Reisen durch alternative Realitäten nicht unbedingt gewachsen war. Sie identifizierte sich zu sehr mit der Situation und dem Geschehen und bewirkte somit nachhaltige Probleme für das dort lebende Selbst. Ich versuchte es der Hexe klarzumachen, aber sie konnte mich nicht wahrnehmen. Irgendwann unterließ ich meine Versuche und beschloss aufzuwachen.

Diese Fähigkeit, mich durch andere Realitäten zu bewegen, also in alternative Welten einzudringen, die unserer Realität gleichen, aber doch einen anderen Verlauf in der Geschichte eingeschlagen haben, zeigte mir ganz deutlich, dass in jeder einzelnen Realität ein Selbst lebte. Man könnte sagen, dass jede Realität, die existiert, ein Selbst besitzt, das dort von einer Art höheren Selbst oder einer Ganzheit des Selbst ausge-

setzt wurde. Nun besitzt jeder Mensch auf unbewusster Ebene die Fähigkeit, diese anderen Selbste zu besuchen, Erfahrungen mit ihnen zu teilen und live dabei zu sein, aber mit dem großen Unterschied, dass die Selbste am anderen Morgen erwachen und sich nur dunkel an ihre Träume erinnern können. In meinem Fall war es nun so, dass ich gelernt hatte, gelegentlich voll bewusst in die anderen Selbste einzutreten und mich an deren Position zu begeben. Diese Fähigkeit hatte ich mittlerweile über mehrere Realitäten hinweg, die ich bewusst betreten hatte, wie ein „Virus“ verteilt. Ich hatte sie berührt und dies war die Konsequenz.
Als ich wieder in meinem vertrauten Bett lag, dachte ich über meine Fähigkeit nach. Welche Wirkung würde dies alles auf Dauer auf all die anderen Selbste meiner ganzheitlichen Psyche haben? Das konnte ich nicht überblicken und hoffte, dass ich damit keinen allzu großen Schaden angerichtet hatte, bzw., dass sich dies alles noch zum Guten wenden würde.

Montag, 9. Juni 1997

Klick. Ich befand mich in der Luft und schwebte weiter und weiter. Hinaus aus meiner Wohnung und immer weiter. Irgendwann sah ich einen wundervollen Baum. In diesem Moment war ich völlig fasziniert von diesem Baum und der Klarheit, mit der ich ihn wahrnehmen konnte. Ich nahm nicht nur seinen Stamm und seine Äste wahr, sondern ihn als Ganzes! Rötliches Licht von der Sonne traf nun auf den Baum und verschönerte ihn jenseits aller Beschreibungen. Das Licht durchdrang sein Blattwerk, wurde auf seinem Stamm und von den Blättern reflektiert. Es war ein unglaubliches Bild, das sich mir bot. Im Alltag wäre diese intensive Wahrnehmung niemals möglich gewesen. Dort wäre es einfach nur ein Baum im Sonnenuntergang gewesen. Nicht mehr.
Seine Schönheit erfüllte mich und ich genoss diesen Augenblick. Irgendwann, viel später, wunderte ich mich ein wenig, denn ich besaß zwar das Gefühl zu fliegen, aber ich flog gar nicht. Es war ein seltsames Gefühl zu fliegen und gleichzeitig zu erkennen, dass ich überhaupt nicht flog! Wie konnte ich dann meinen, dass ich über den Baum fliege, um ihn herum und hoch in die Wolken? Wie konnte es zu dieser Illusion kommen?
Ich schaute auf meine Hände. Sie wirkten ziemlich normal, vielleicht ein wenig durchsichtiger als im Alltag. Dann gab ich wieder richtig Gas und flog in einer unglaublichen Geschwindigkeit am Firmament entlang. Gedanken kamen in mir hoch... Erinnerungen an einen Ausflug in einen Themenpark. Dort bestieg ich einmal einen aufwendigen Flugsimulator. Ich erinnere mich noch genau, wie ich darin saß und als es losging, rasten wir mit dem Shuttle hinaus ins All auf eine gigantische Galaxie zu. Es war so realistisch gemacht durch das abrupte Rucken und die Bewegungen des Shuttles, dass man glaubte, man fliege tatsächlich im Weltraum umher.
Nun wurde mir klar, dass ich nur die Wahrnehmung besaß, zu fliegen oder mich in großer Geschwindigkeit einem Baum zu nähern. Ich sandte diese Erkenntnis tief nach innen und hoffte, eine Antwort zu erhalten und endlich diesen Widerspruch zu verstehen.
Klick.

Ich war wieder in meinem Apartment. Momentan schwebte ich einen halben Meter über meinem Körper, zumindest war dies mein Eindruck. Es war stockdunkel und ich konnte nichts erkennen. Ich drückte meine Ellenbogen zur Seite und plötzlich spürte ich einen Widerstand! Dann nahm ich meine Hände nach vorn und fühlte dort den gleichen Widerstand. Es schien eine Art dehnbare Wand zu sein, so wie eine Membran oder elastisches Gummi. Es bestand aus einem Gewebe. Assoziationen zu einem Kokon kamen mir in den Kopf. Eventuell war es ein Schutzschirm, um mich vor irgendwas zu bewahren. Ich konnte es nicht sagen. Dann streckte ich meine Hände nach vorn aus und als ich gegen die Wand dieser seltsamen Membran stieß, drückte ich mit aller Kraft dagegen, aber ich konnte sie nicht durchdringen. Immer fester drückte ich, doch es geschah nichts. Also nahm ich nur den Zeigefinger der rechten Hand, weil es das spitzeste war, was ich in diesem Moment aufbieten konnte. Vorsichtig piekte ich mit dem Finger hinein und drückte und drückte. Der Schirm dehnte sich mehr und mehr, bis er irgendwann nachgab.
Als mein Finger außerhalb dieser Membran war, durchströmte mich ein unglaublich intensives Gefühl. Mein Finger steckte in einer mir völlig fremden Realität, die meinen Finger in einen immensen sensorischen Sinn verwandelt hatte. Ich konnte mit diesem Finger fühlen und sehen! Es war unfassbar! Die Realität, die ich fühlte, war riesig, geradezu unendlich. Nicht so, wie in unserer Alltagswelt, in der die Welt stets begrenzt und höchstens im Kindesalter unendlich groß erscheint. Wir hatten unseren Planeten erforscht, kartographiert, bestimmt und besiedelt. Doch diese fremde Realität war jenseits aller Beschreibungen und dies allein spürte ich nur mit meinem Finger. Ich war sicher, dass ich die sensorischen Eindrücke nicht überlebt hätte, wenn ich diese Membran verlassen hätte. Die Eindrücke wären sicherlich dermaßen intensiv gewesen, dass sie mich überstürmt hätten. Dies hätte ich auf keinen Fall ausgehalten. Diese Membran war also definitiv ein Schutz, um mich eben davor zu bewahren. Selbst mein Denken erweiterte sich in dem Moment, während mein Finger in der anderen Realität steckte. Eine allumfassende Aufmerksamkeit wurde mir zuteil, ich konnte alles erfassen, was in diesem Moment war und jemals gewesen ist. Es war faszinierend, mich mit dem Finger in dieser gigantischen Realität „umzusehen“. Ich schien in einer Art Höhle zu sein. Es war ziemlich dunkel. Vielleicht zwanzig Meter entfernt war ein Höhleneingang. Interessanterweise musste ich an *Platons* Höhlengleichnis denken *(def.: Philosoph der Antike, s. siebtes Buch „Politeia“ von Platon)*. Vielleicht hatte er einst ein ähnliches Erlebnis. Ich „sah“ noch, wie ein Weg aus der Höhle herausführte.
Langsam machte sich jedoch ein Teil meiner selbst Gedanken um meinen physischen Körper. Wo war er in diesem Moment? Ging es ihm gut? Dies hätte ich nicht weiterverfolgen sollen, denn langsam wurde es heller um mich herum und ich erwachte in meinem physischen Körper.

Dienstag, 15. Juli 1997

Nach meinem letzten Erlebnis in der schützenden Membran wollte ich gern mehr darüber erfahren. Ich konzentrierte mich wieder darauf, doch es gelang mir nicht, mich in diese Membran zu transferieren. Dann bewegte ich mich in einen erweiterten

Bewusstseinszustand, in welchem ich mich oft Dinge fragte, die ich nicht verstand, und hoffte, eine Antwort zu finden. Nach einigen Minuten konnte ich herausfinden, dass die Erfahrung, die ich erlebt hatte, ziemlich selten vorkommt und erreicht wird. Ich brauchte eine lange Zeit, bis ich noch einmal in den Genuss kam, diese Membran aufzufinden.

Als ich die Informationen erhalten hatte, konzentrierte ich mich wieder auf meinen zweiten Körper. Draußen wurde es schon langsam hell und als ich umschaltete, war es immer noch das gleiche Licht, das durch mein Balkonfenster hereinfiel. Dies war für mich schon des Öfteren ein Anzeichen dafür gewesen, dass ich mich noch in meiner Alltagswelt befand und nicht in eine alternative Realität gewechselt war. Ich lag sogar auf der Seite, so wie mein Körper auch eingeschlafen war. Nun versuchte ich mich von meinem Körper zu lösen, aber ich hatte plötzlich Schwierigkeiten. Zwar lösten sich problemlos Kopf und Oberkörper, aber in Höhe des Bauches gab es Probleme und ich glitt wieder zurück. Es knisterte und brutzelte, als ich versuchte, mich mit Gewalt zu lösen, also ließ ich es dann und fiel wieder zurück. Das Interessante war, dass ich, sobald ich mich gelöst hatte, begann zu schielen. Alles um mich herum wirkte leicht doppelt und ein wenig verschwommen. Ich verstand, dass ich nun aus beiden Körpern gleichzeitig wahrnehmen konnte, dies erzeugte den Effekt des Schielens! Leider war somit auch meine Wahrnehmung getrübt. Es fiel mir schwer, irgendetwas zu fixieren oder deutlicher wahrzunehmen. Offensichtlich musste ich erst aus meinem Körper herauskommen, um meine Wahrnehmung wieder zu normalisieren.

Klick.

Ich befand mich mit einem Freund in seiner Wohnung. Wir unterhielten uns über Wahrnehmung. Er war daran interessiert, zu erfahren, wieso ich in einer Erfahrung das Gefühl besessen hatte, zu fliegen und dennoch nicht zu fliegen. Während wir darüber nachsannen, schaute ich mich um und erkannte in aller Deutlichkeit, dass unsere Wahrnehmung ganz anders funktioniert als allgemein angenommen wird. Die Wände um uns herum, der Raum, in dem wir saßen, war die Grenze unserer Wahrnehmung. Jenseits der Wände befand sich nichts. Einfach nur schwarzer Raum. Es war, als säße ich in einem Karton, in welchem sich das Zimmer befand, in dem wir saßen.

Dabei erinnerte ich mich an die Phänomenologie, die Anfang des Jahrhunderts von *Edmund Husserl* postuliert wurde. In seinem Buch „Grundlagen der Phänomenologie" sagt er aus, dass unsere Wahrnehmung *reduktiv* sei, d. h. existent ist im Moment der Wahrnehmung nur das, was man unmittelbar registrieren kann. Wenn man sein Auto, das vor der Tür steht, nicht sieht, dann existiert es in diesem Moment überhaupt nicht. Es gibt u. a. einen *Koan (def.: eine japanische, bzw. chinesische Anekdote oder Weisheit eines Zen-Meisters)*, in dem es heißt: ‚Macht der fallende Baum im Wald ein Geräusch, wenn er umfällt und niemand anwesend ist, der es wahrnimmt?' Genau dieser *Koan* beschreibt die Phänomenologie, also dass Wahrnehmung stets vom Betrachter abhängt und auch nur mithilfe eines Betrachters überhaupt möglich ist! Kurzum: Ist niemand vor Ort, der etwas wahrnimmt, dann gibt es auch kein Geschehen – um es jetzt einmal einfach zu formulieren.

Somit ist die Existenz eines Nebenraumes oder des Autos nur eine Imagination. Amerika, Russland, der Mond, die Sonne, das Fahrrad im Keller oder die Nachbarn sind in der unmittelbaren Gegenwart nur Teile der Imagination. Immerhin sind sie nicht sichtbar, man kann sie nicht hören oder mit ihnen agieren, dazu müsste man schon den Ort oder den Zeitpunkt wechseln.
In der Phänomenologie geht es noch viel weiter, denn sie sagt ebenso aus, dass die Wahrnehmung ein Produkt der Sinne ist. Dies bedeutet, dass die Sinne Projektionskanäle sind, die vom Gehirn aus dazu verwendet werden, um eine Realität nach außen zu projizieren. Allgemein geht man in der Wissenschaft davon aus, dass die Realität unabhängig von uns existent ist und wir diese mit unseren Sinnen wahrnehmen und die Daten, ‚Sinneseindrücke' genannt, weiter ans Gehirn gesendet werden. In der Phänomenologie ist es genau anders herum. Das Gehirn erschafft die Realität und sendet sie über die Sinne nach außen, damit die Realität als ein physisches Konstrukt, außerhalb von uns, wahrgenommen wird, was ‚Sinnesausdrücke' genannt wird. Eine verrückte Vorstellung. *(Erst zehn Jahre später sollte sich zeigen, dass unsere Wissenschaftler langsam beginnen, diesen Umstand zu erkennen; Anm. des Autors).*
Die Unterhaltung mit dem Freund in diesem Traum zeigte mir wieder einmal, dass Wahrnehmung nicht nur relativ, sondern auch noch subjektiv ist. Doch was hatte dies nun mit der Membran zu tun, in der ich mich wiedergefunden hatte? Immerhin hatte mich der Freund danach gefragt.
Als ich mich wieder in meinem physischen Körper befand, war es draußen mittlerweile hell geworden. Langsam erhob ich mich und schaute mich im Raum um. Jetzt, wo ich draußen die Vögel hörte, die Sonne sah, den Himmel und den Lärm im Hausflur hörte, war das Wissen darüber, dass diese Realität von unserem Gehirn projiziert wird, weit entfernt.

Sonntag, 3. August 1997

Es gibt Augenblicke, in denen man verstehen kann, dass die Traumwelt so verblüffend und spannend ist, dass man sie manchmal gar nicht mehr verlassen möchte. Man erwacht dann morgens in seinem Bett, linst durch das Fenster und sieht einen grauen Alltag. Der Himmel ist mit dunklen Wolken verhangen, es regnet und man denkt an seine Arbeit oder an die Dinge, die einem in seinem Leben nicht gefallen. Wem ist es dann zu verdenken, sich einfach wieder auf die andere Seite zu drehen und weiter zu träumen. Nun verhält es sich in meinem Fall jedoch anders. Ich habe durch die Energien und das Wissen, das ich mir in all den Jahren angeeignet habe, meine Alltagsrealität weitgehend so gestaltet, dass sie mir gefällt. Ich habe jeden Tag einen Grund aufzustehen, auch wenn der Traum noch so attraktiv, erkenntnisreich oder spannend gewesen ist. Ich kann somit sicher und ohne Umschweife behaupten, dass ich beide Realitäten mag und das Leben in zwei Realitäten äußerst interessant ist und nicht nur die eigene Denkweise, sondern auch die Kreativität beflügelt.
Ich legte mich auf die Seite und schaute von meinem Bett aus zum Balkonfenster. Es war sicherlich schon nach 1 Uhr und das geöffnete Fenster ließ mich einen entfernten Zug hören. Irgendwann schlief ich ein.

Der Wind strich durch die Bäume und bewegte die Blätter in den Ästen. Wenn ich den Kopf hob und in das Blätterwerk schaute, sah ich die Sonne dahinter, die es in herrlichem Gold funkeln ließ. Mein langsamer Gang verstärkte diesen Effekt noch, und ich stellte mir von außen mein Gesicht vor, wie all die Schatten der Blätter Bewegung darauf vortäuschten.
Ich blickte an mir herunter. Meine Kleidung gefiel mir an diesem Tag. Kurz fragte ich mich, ob sie für den folgenden Anlass angemessen sei, denn es war ein besonderer Tag: Heute begann der Literaturkurs der Geträumten.
Die Bezeichnung dieses Kurses hatte mich zu Anfang sehr verwundert, aber auch sofort angesprochen. Somit konnte ich meine Zweifel schnell zerstreuen und hatte beschlossen, ihn aufzusuchen. In diesem Kurs sollte es ausschließlich um die Erstellung von Lyrik und Prosa gehen. Nie zuvor hatte ich ein derartiges Gefühl erlebt, denn das Licht des Tages und meine euphorische Stimmung waren ein gutes Omen, diesen Kurs gerade heute aufzusuchen.
Als ich mich etwas nach links drehte und zu Boden blickte, sah ich all die Schatten der vielen Blätter auf dem Boden, wie sie sich hin- und her bewegten, wie Schlangen auf dem Kopf einer Gorgone.
Vor mir sah ich eine alte Steintreppe, aschgrau mit angeschlagenen Steinen an den Seiten, einst gemacht, um ihre Stabilität zu verbessern. Risse durchzogen das Mauerwerk und in ihnen wuchs Moos, das sich ausgebreitet hatte und den Eindruck erweckte, als lebte dieses Gestein und besäße Adern, durch die grünes Blut floss. Die vier Stufen selbst schienen in der Vergangenheit sehr beansprucht worden zu sein und bogen sich leicht durch. Hätte meine Intuition nicht das Gegenteil behauptet, so hätte ich mit Sicherheit sagen können, dass hier der Zahn der Zeit sein Werk getan hatte und damit auch an diesem Ort erbarmungslos weiter fortschritt.
Als ich diese vier Stufen hinter mich gebracht hatte, konnte ich einen ersten Blick auf weitere Kursteilnehmer werfen. Neben einer weißlichen Kalkwand, die zu einem alten Schulgebäude gehörte, standen einige Frauen, die aufgeregt miteinander plauderten. Drei oder vier Männer konnte ich ebenfalls erblicken, sie standen abseits, nahe dem Eingang, einer alten, braunen Holztür mit einer eisernen, dunklen Türklinke, die reichlich verziert schien.
Minuten später saßen wir schon allesamt in einer Art Klassenraum. Neonröhren hingen unter der Decke und warfen ein gleichmäßig verteiltes, aber viel zu grelles Licht in den Raum. Links von mir befand sich eine breite Fensterfront.
Wie verführerisch dort hinauszuschauen und einfach zu träumen, dachte ich.
Die Aussicht war wunderschön. Ein mittlerweile blutrotes Licht durchflutete den Westhimmel, und bot einen hervorragenden Ausblick auf den Sonnenuntergang. Weiter rechts stand eine uralte Eiche, die keine fünf Männer umfassen könnten, wenn sie sich an den Händen gehalten und sie umringt hätten. Die hell- und dunkelbraun gefleckten, starken Äste erstreckten sich in alle Himmelsrichtungen und die Eiche schien damit verkünden zu wollen, dass kein anderer Baum ihr diesen traumhaften Platz streitig machen durfte. Ich stellte mir diese Eiche an einem stürmischen Herbstabend vor und sah förmlich ihre bedrohliche Gestalt, vor der ich als kleiner Mensch stand und mit großen, aufgerissenen Augen zu ihr aufschaute, wie der Wind sie in

Bewegung brachte und an ihren starken Armen rüttelte. Ihr Schatten wuchs zu einer überdimensionalen Größe an und ihre Äste wirkten nun wie gekrümmte Arme, die nach mir greifen und mich festhalten wollten. Es blitzte und für einen Moment erschien es so, als züngelte dieser Blitz aus einem gigantischen Maul heraus, als wäre er eine elektrisierte Zunge, die nach mir lechzte, und im nächsten Augenblick folgte der Donner, der mich unverzüglich zum Literaturkurs zurückbrachte.
Ich schaute in die Runde. Mittlerweile hatten sich vielleicht an die zwanzig Leute eingefunden und fast alle schauten nervös umher. Der ganze Raum war eindeutig der einer alten Schule. Gewiss handelte es sich dabei um eine stillgelegte Schule, die so zumindest noch einige Male genutzt werden konnte. Wenn ich an die Treppe und die alte Holztür zurückdachte, kam mir der Gedanke, dass dieses ganze Gelände gewiss unter Denkmalschutz stand. Kurz vernahm ich ein amüsiertes Grinsen in mir, dessen Quelle ich jedoch nicht zurückverfolgen konnte. Im nächsten Moment fiel mir ein Mann auf, der anscheinend ein Zauberer war, denn er hatte zuerst keinen Bleistift in seinen Händen gehalten. Dann machte er eine ruckartige Bewegung und hielt plötzlich einen gelben Bleistift in der rechten Hand, auf deren oberster Spitze sich ein Radiergummiaufsatz befand. Er legte den Bleistift auf den Tisch und machte wieder diese Handbewegung. Nach einigen Minuten lagen dort sieben Bleistifte. Als ich auf meinen Tisch schaute, sah ich keinen Stift und überlegte, ob er mir auch einen zaubern könnte, aber ich war überzeugt, dass er höchstens zehn dieser selbst gekauften, gelben Bleistifte in seinem Ärmel versteckt hatte und mir deshalb keinen abgeben würde.
Plötzlich kam eine sehr attraktive Frau durch die noch offene Tür herein. Sie trug eine hell gewaschene, enge Jeans, eine mittelblaue Bluse und ein Paar schwarze Ballerinas. Ihr blondes, dickes Haar hatte sie zu einem Dutt hochgesteckt. Was ihr Haar so perfekt hielt, konnte ich nicht sehen, da sie sich uns sofort zuwandte und uns begrüßte:
„Guten Abend, meine Damen und Herren. Mein Name ist Sonja und ich begrüße sie zum ersten Literaturkurs in dieser alten, verlassenen Schule."
Das Gesicht schien einen kaum wahrnehmbaren, weißlichen Film zu besitzen, der auf faszinierende Art ebenfalls ihre glänzenden und vor Energie sprühenden, blauen Augen umspielte. Ihre Wimpern waren lang und pechschwarz geschminkt und verliehen ihren Augen somit noch mehr Ausdruckskraft. Besonders anziehend empfand ich ihren sinnlichen Mund, und wenn sie mit der Zunge über ihre Lippen glitt, nur um den nächsten Satz formulieren zu können, war dies der Moment, in dem ich ohne jeden Einwand liebend gern gestorben wäre.
Ich beobachtete sie genau. Jede einzelne ihrer Bewegungen. Wie sie dort neben dem Pult stand und einen dunklen Beutel darauf ablegte, ihn zur Mitte der Oberfläche schob, damit sie mit der einen Hälfte ihres Pos darauf Platz nehmen konnte. Ihr rechtes Bein hing nun lässig über der Tischkante und ihr linkes balancierte dieses Manöver vom Fußboden her aus.
„Dieses Gebäude steht seit vielen Jahren unter Denkmalschutz und diente einmal als Grundschule. Gegenwärtig wird es nur noch für einige Veranstaltungen und Kurse unserer Organisation genutzt und instand gehalten."

Ihr Brustkorb hob und senkte sich langsam. Diese Bewegung war nur zu erahnen. Ihre Brüste hoben sich nur leicht unter der Bluse ab und ließen nur Spekulationen im Hinblick auf ihre Größe zu. Die Knöpfe waren weiß, und so manch einer hätte sie einzeln mit den Zähnen abgebissen, nur um dies in Erfahrung zu bringen. Plötzlich sah ich mich mit ihr an dieser riesigen Eiche stehen. Sie lehnte mit dem Rücken an dem Stamm und hatte ein Bein angewinkelt. Ich stand direkt vor ihr und spürte ihren Atem, wie er aufgeregt meine linke Schulter streichelte. Eine wohlige Gänsehaut glitt meinen Rücken hinab und ich sehnte mich danach, ihre vollen Lippen mit den meinen zu verschmelzen, nur um ihr diesen Atem zu nehmen, der mich so sanft liebkoste. Ich umfasste ihre Hüfte, fühlte ihre Beckenknochen, glitt höher zur Taille und ertastete bereits den Stoff ihrer Bluse. Ihr voller Mund zog mich magnetisch an, bis meine Zunge sich einen Weg zwischen ihre Lippen gebahnt hatte. Ganz plötzlich durchzuckte es ihren Körper explosionsartig und sie griff nach meinem Kopf, um sich diesem Kuss mit dem Öffnen ihres Mundes entgegenzudrängen. Wild strich sie mir durchs Haar und ich fühlte ihren rasenden Herzschlag. Sie schmiegte sich immer enger an mich, dass ich glaubte ersticken zu müssen. Ihre Erregung schien rasend schnell den Höhepunkt erreichen zu wollen, während ich mir einen Weg unter ihre Bluse suchte, um es endlich herauszufinden. Meine andere Hand ruhte auf ihrem Oberschenkel und fühlte ihr festes Fleisch. Nicht mehr lange, so dachte ich, würden wir uns dort noch auf den Beinen halten können… nicht mehr lange, so dachte ich, musste ich zusehen, dass ich endlich einen dieser Stifte von diesem Zauberlehrling bekam.
Ich blickte den vermeintlichen Zauberer an, aber er reagierte nicht.
„Von ihnen aus links, sehen Sie die Fensterfront. Der Ausblick ist sehr verführerisch und lädt zum Träumen ein. Wir müssen uns jetzt nicht vorstellen, wie viele Schüler es wohl gegeben haben mag, die derart den Unterricht versäumten, aber Sie alle sind natürlich dazu herzlichst eingeladen, denn diese Aussicht soll sie inspirieren."
Wieder schaute ich auf den wunderschönen Sonnenuntergang und die gewaltige Eiche. Auf einem der Äste saß ein seltsamer Vogel. Noch nie hatte ich so einen Vogel gesehen. In Gedanken ging ich sämtliche Vogelarten durch, aber ich konnte ihn einfach nicht zuordnen. Er hatte die Größe einer Amsel, besaß auch einen ähnlich geformten Schnabel, aber die Farbe war nicht gelb, sondern ein helles Rot. Seine Flügel waren blauschwarz und nach hinten spitz zulaufend, wie bei einer Kohlmeise. Das Gefieder hingegen war türkisfarben mit gelbem Flaum auf der Brust. Nachdem ich es aufgegeben hatte, die Vogelart bestimmen, fiel mir auf, dass etwas in seinem Schnabel zappelte. Ein Regenwurm, dachte ich, aber dafür war er zu klein und zu dick. Also musste es ein Käfer sein. Der Käfer schien regelrecht näher zu kommen, und deutlich sah ich seinen grasgrünen Panzer und sechs dürre, zappelnde Beinchen, die äußerst zerbrechlich wirkten. Seinen Kopf konnte ich nicht sehen, da dieser sich inmitten des Schnabels befand, so streckte er mir nur unfreiwillig sein Hinterteil entgegen. Auf seinem Rücken sah ich deutlich ein interessantes, braunes Muster, das einem Wappen glich und ihm so etwas Ritterliches verlieh. Als der unbekannte Vogel leicht mit dem Kopf zuckte und der Käfer ein für allemal in seinem Rachen verschwand, raubte mir dies fast den Atem. Ich hatte zu hastig eingeatmet und hustete einige Male.

„Sollten Sie dort draußen seltsame Dinge sehen, dann brauchen Sie sich keine Sorgen zu machen, denn es soll Sie ja inspirieren. Lassen Sie sich aber auf keinen Fall so sehr ablenken, dass Sie daraufhin das Schreiben vergessen. Notieren Sie ihre Eindrücke, Ideen und Assoziationen."
Als ich wieder in ihre Richtung schaute, sah ich im unteren Augenwinkel etwas Weißes. Ich schaute hin und erkannte, dass ich nun einen Notizblock und einen dieser gelben Bleistifte vor mir liegen hatte. Ich blickte umher und registrierte, dass mittlerweile jeder der Kursteilnehmer die gleiche Ausrüstung besaß wie ich. Der Zauberlehrling grinste mich an, als ich ihn ins Visier nahm. Die Bleistifte auf seinem Tisch waren verschwunden. Ich schüttelte innerlich den Kopf: So ein Spinner, dachte ich. Kurz ertappte ich mich bei dem Gedanken, nach dem zu suchen, der hier vielleicht die Notizblöcke herbeigezaubert haben könnte, verwarf ihn dann aber wieder.
„Nun wollen wir uns aber direkt der Inspiration zuwenden. Woher kommt sie? Was ist sie? Besitzt sie eine direkte Quelle oder ist sie nur eine zufällige Schaltung in unseren Gehirnwindungen?"
Langsam bekam hier wirklich alles den Charakter einer gewöhnlichen Schulstunde, aber es störte mich nicht weiter, denn ich war gekommen, um mich noch mehr inspirieren zu lassen. Einfach zu lernen und die Inspiration zu verstehen. Ja, ich wollte am liebsten direkt zur Quelle der Inspiration – wenn es so etwas überhaupt geben sollte – um endlich einmal herauszufinden, was oder wer dahinter steckte.
„Mag es vielleicht das Unbewusste sein, das wir in seltenen Zuständen in Form einer offenen Tür vorfinden und das alles hindurchfließen lässt, was wir zu wissen wünschen? Wer kann dies beantworten, wenn nicht der Empfänger und Autor selbst?"
Die hat gut reden, dachte ich und kaute auf dem Stift herum, ohne darüber nachzudenken, ob der Zauberlehrling darüber erbost sein könnte. Er brauchte sich aber nicht lange zu sorgen, denn der Radiergummi traf nicht meine Geschmacksrichtung und ich entschied mich nun, nur noch damit herumzuspielen.
„Zum Anfang dieses Kurses bitte ich Sie all Ihre Vorurteile abzulegen und sich einmal zu fragen, wie es überhaupt dazu kommen kann, dass so mancher Autor über Inspiration verfügt und mancher nicht? Woran liegt es genau, wenn Sie einfach die simplen Erklärungen fortlassen, die behaupten, es sei einem in die Wiege gelegt worden oder es sei Gottes Bestimmung?"
In meinem Fall war es weder Gottes Bestimmung noch die Wiege, dachte ich, sondern eher irgendein Ereignis in meiner Vergangenheit, so naiv es vielleicht klingen mag. Ein Ereignis, das mein Leben derart beeinflusste, dass ich meinte, nun schreiben zu müssen, sei es einfach aus Spaß an der Sache selbst oder aus autotherapeutischen Gründen, um ein für alle Mal Schluss mit Depressionen zu machen, sich einfach alles von der Seele zu schreiben.
„Glauben Sie aber auch nicht, dass es ein vergangenes Erlebnis war, das sie dazu veranlasst hätte zu schreiben, denn die Veranlassung dazu impliziert noch lange nicht das Auftauchen der Inspiration. Das sind beides verschiedene Dinge. Es war also nicht die Vergangenheit, wie Sie nun logisch schlussfolgern können. Haben Sie vielleicht eine Idee dazu?"
Ich fragte mich langsam, ob diese Frau Gedanken lesen konnte.

Ein Mann meldete sich zu Wort. Er trug einen alten, grauen Hut, mit einem schwarzen Hutband, eine Nickelbrille und einen gammeligen Trenchcoat. Seine Hose und Schuhe konnte ich durch den langen Mantel in dieser sitzenden Position nicht erkennen. Der Mantel bedeckte eigentlich den ganzen Stuhl, so, dass es schien, als säße er auf gar keinem Stuhl, sondern vielmehr frei in der Luft. Ich stellte mir vor, wie ich dorthin ging und frech den Mantel hochhob, um zu sehen, worauf er wirklich saß. Wer weiß, was ich zu Gesicht bekommen hätte, dachte ich und grinste verschmitzt in mich hinein.
„Keine Ahnung!", sagte er und alle lachten.
Ich packte mir an die Stirn. Ich verstand nicht, warum er dann aufgezeigt hatte. Immerhin tut man das, wenn man etwas weiß und nicht, wenn man nichts weiß. Er grinste offensichtlich zufrieden, als hätte er eine passende Antwort gegeben. Selbst die Kursleiterin schien zufrieden zu sein.
Mein Blick schweifte wieder Richtung Fensterfront und ich starrte in die Ferne, weit hinaus, bis ich die ersten Sterne funkeln sah, die mich direkt zu einer Reise in unendliche Weiten einluden. Der Mond, so leuchtend grell, zog links an mir vorbei. Kurz erhaschte ich Momentaufnahmen von gewaltigen Kratern und einem vergessenen Mondauto. Dann kam ein roter Planet, der in seinem Leben viel gelitten hatte. Man sah die Narben auf seiner toten Oberfläche. Der Planet ächzte durch den leeren Raum, um mir zu sagen, dass er sich über jeden Besuch freute, weil er seit Jahrhunderten keinen mehr gehabt hatte. Je schneller ich wurde, desto wahnwitziger wurden die vorbeihuschenden Bilder, die ich wahrnahm...
„Die Inspiration kommt in der Tat aus unterbewussten Schichten der Persönlichkeit und sobald der Autor oder die Autorin immer wieder ihre Aufmerksamkeit darauf richtet, entsteht mit der Zeit eine Art Gedankenstrahl, der, wie der Strahl einer Taschenlampe, das Bewusstsein des Schreibers erreicht und ihn mit Informationen versorgt."
...Diese Bilder rasten an mir vorbei und die Stille wurde nun von einem zischenden Geräusch zerrissen. Es erinnerte mich an das von Bäumen und Sträuchern, an denen man in einem schnell fahrenden Zug vorbeiraste und den Kopf aus dem geöffneten Fenster gesteckt hatte. Der Zug war ich, und die Bäume und Sträucher waren Sterne und Planeten. Plötzlich hielt ich vor einem fremden Planeten an. Schon aus einer Entfernung von vielen tausend Kilometern schien er im Gegensatz zum Mars geradezu Leben auszustrahlen. Wie beeindruckend die Aussicht auf einen Planeten aus dieser Perspektive wirklich sein kann, ist unbeschreiblich. Worte für derartige Empfindungen waren kaum zu finden und das einzige, was eine Ahnung darüber hätte vermitteln können, wäre die Vorstellung eines atomaren Modells aus dem Physikunterricht gewesen. In der Mitte befand sich der Atomkern und diesen umkreisten brav Elektronen auf ihren Bahnen. Genauso konnte ich mir nun die Sonne als den Atomkern und die Planeten als die Elektronen vorstellen. Dieser Planet schien mich jedoch direkt anzublicken. Seine dunkle Seite bedeckte den linken Teil seiner Oberfläche und im nächsten Moment schmerzte es mich in den Augen...
„Der Informationsfluss kann auf Dauer stabiler und stabiler werden, das beinhaltet eine klarere Übertragung und könnte dann, mit etwas Übung natürlich, als eine jeder-

zeit zugängliche Inspiration bezeichnet werden. Im Normalfall jedoch aktiviert sich dieser Gedankenstrahl nur in entspannten oder emotionalen Zuständen des Schreibers und tritt somit nur spontan und unvorhersehbar auf."

...Die Sonne erschien direkt über dem Planeten. Es war ein Sonnenaufgang, auch wenn dieser Begriff aufgrund meiner Perspektive nicht ganz zutraf, und mir stockte der Atem und ich begann am ganzen Körper zu zittern. Wie unzulänglich ich mir selbst vorkam im Angesicht dieses wunderschönen Moments, und wie erhaben dieser Augenblick war. Er dauerte nur wenige Sekunden, bis mich die ganze Szenerie durchflutete und mir jeder Sonnenstrahl direkt ins Nervensystem schoss und in mir Erinnerungen meines ganzen Lebens wachrief. Sie rasten in Form von dunklen Visionen an meinen Augen vorbei und vermittelten mir eine allmählich zunehmende Distanz von den Erfahrungen meines Lebens, meines Ichs, in einer so begrenzten Welt, mit einer allzu begrenzten Wahrnehmung. Diese Distanz gab mir einen beinah unumschränkten Einblick in meine unterbewussten Schichten und ich wusste, dass genau dort die Inspiration lag, dass sie einfach dort liegen musste. Ich brauchte sie nur aufzusuchen und zu berühren, sie würde sich wie eine zarte Knospe im ersten Sonnenlicht öffnen und mich einlassen...

„Der Weg zur Stabilisierung dieses Gedankenstrahls kann unterschiedlich und individuell verschieden sein, d. h. aber nicht, dass es derer Wege viele gibt. In den meisten Fällen tauchen Gefühle der Euphorie, also Glücksgefühle oder intensive Naturverbundenheit und manchmal sogar religiöse Gefühle auf, sobald der Gedankenstrahl konkretere Formen annimmt."

...All meine Sehnsucht formierte konzentrierte sich in diesem Augenblick einfach nur darauf, mich von dieser Blüte aufnehmen zu lassen. Sofort tauchte ich in das Innere des Planeten ein, der sinnbildlich meine unterbewussten Schichten, ja mein ganzes Unterbewusstsein widerspiegelte. Dort! Dort sah ich ihn! Das war der Gedankenstrahl! Die Inspiration hochpersönlich!

Ich sah einen baumdicken Strahl, der aus dem Boden kam und ins Unendliche zu reichen schien. In ihm selbst flimmerten und glitzerten unzählige Funken. Die ganze Luft vibrierte leicht und lud sich statisch auf. Es knisterte und jede meiner Bewegungen verursachte ein hörbares Knistern.

Ich wagte es kaum, mich diesem Strahl zu nähern. Was würde geschehen, wenn ich einfach meinen Kopf dort hineinstecken würde, wagte ich zu überlegen, und ich versuchte mit aller Anstrengung so nah wie möglich an diesen Strahl heranzukommen. Im Hintergrund dieser klangvollen Umgebung vernahm ich ein fast unhörbares Brummen, als arbeitete ein ferner Generator in irgendeinem dunklen Keller. Je näher ich aber kam, desto lauter schien dieses Brummen zu werden. Als ich mich unmittelbar vor dem Strahl befand, brauchte ich eigentlich nur noch meinen Arm auszustrecken und hineinzugreifen...

„Doch bevor wir uns näher mit diesem Phänomen beschäftigen, möchte ich Sie alle bitten, schnell einige Notizen ihrer bisherigen Erfahrungen zu machen und das nächste Mal wieder hier zu erscheinen. Ich danke Ihnen für Ihr Kommen."

Ich schaute die Kursleiterin an und dann meinen Wecker. Es war Zeit, den Kurs zu verlassen und mich anderen Dingen zuzuwenden. Die Dusche weckte meine Sinne.

Diese Unterrichtsstunde hatte mir sehr gefallen und stellte meinen Schultag in der vergangenen Alltagsrealität doch gehörig in den Schatten. Das nächste Mal nahm ich mir fest vor, auch einen dieser Bleistifte hervorzuzaubern.

Dienstag, 9. September 1997

Heute Nacht gelang es mir tatsächlich wieder, mit viel Anstrengung meinerseits, in die Membran zu gelangen. Nachdem ich mich hingelegt und mich konzentriert hatte, sprang ich zuerst in einen Traum. Dort sah ich mich um und lief stundenlang durch Straßen eines großen Neubauviertels. Es wunderte mich, wieso hier niemand zu wohnen schien. Wenn ich frech in die Fenster schaute, war niemand zu sehen. Die Straßen waren ebenso leer. Keine Autos, keine Fahrräder. Einfach nur Häuser, aneinandergereiht wie zusammengestellte Truhen.
Da im Weiteren nichts Spannendes passierte und mir in dem Moment auch nicht einfiel, was ich mir denn Schönes hätte herbeizaubern können, dachte ich wieder an die Membran. Ich hatte es bereits einige Male versucht, aber nicht wieder hinbekommen. Dieses Mal wollte ich es nochmal versuchen und konzentrierte mich. Plötzlich fing alles um mich herum zu vibrieren an! Die wahrgenommene, fremde Traumwelt verschwamm, büßte immer mehr an 3-Dimensionalität ein und verwandelte sich nun offensichtlich in eine flache, zweidimensionale Welt. Nach wenigen Sekunden war diese Welt nur noch ein Bild, ein Gemälde, das irgendwo an einer Wand hing. Ich schaute mich um. Dieses Gemälde hing in einem schwarzen Raum, in dem ich nichts Weiteres erkennen konnte. Alles war Schwarz. Doch im nächsten Moment vibrierte wieder alles um mich herum und um mich her baute sich die Membran auf! Zuerst sah ich sie über mir, wie sie sich Stück für Stück zusammensetzte, als würde ich in einem Ei stecken, das von außen von jemandem zusammengepuzzelt wird.
Ich musste nicht lange warten und erkannte nun, wie ich erneut von der gewebeartigen Membran umgeben war. Ich streckte wieder meinen Arm aus und berührte das Gewebe mit meinem Finger. Kaum hatte ich es berührt, erschien etwas an der Innenseite der Membran. Es war ein Teil der Traumwelt, die ich soeben wahrgenommen hatte! Wie in einer Kettenreaktion verbanden sich die Informationen in meinem Gehirn und ich erinnerte mich an eine andere Erfahrung, die ich im Jahre 1991 erlebt hatte und die bereits mit dieser Membran zu tun hatte…
In dieser Erfahrung hatte ich diese Schwärze ebenfalls einmal wahrgenommen. Ich hatte mich damals stark durch sie bedroht gefühlt und hatte deutlich in eine mehrdimensionale Welt hinausfühlen können, die sich hinter oder inmitten dieser Schwärze befunden hatte. Im nächsten Augenblick, so erinnerte ich mich glasklar, hatte sich die Realität um mich herum aufgebaut! Zuerst war der untere Teil meiner Alltagsrealität aufgebaut worden und daraufhin der obere Teil. Ich konnte mich noch sehr deutlich an meinen runden Tisch erinnern, der sich in meinem Apartment befunden hatte und nachdem beide Seiten der Realität miteinander erschaffen waren, hatte ich eine gleißende, goldene Schweißnaht erblickt, mit der meine Welt zusammengeschweißt worden war. Kurz darauf war meine gewohnte Alltagsrealität wieder ganz gewesen!
Als ich mich an diese Erfahrung erinnerte, wusste ich, dass ich die Membran schon damals wahrgenommen hatte. Es war ein unglaubliches Gefühl, das ich in diesem

Moment empfand! Ich hatte etwas Unglaubliches erkannt und mit meinen eigenen Augen gesehen. Ich war so begeistert, aber auch voller Ehrfurcht, dass ich kurz darauf in meinem Bett erwachte.
Am Abend traf ich mich mit Vivian, um ihr davon zu berichten.
„Das ist wirklich unfassbar!“, rief sie aus und hielt sich die Hand vor den Mund, um ihr Erstaunen auszudrücken und gleichzeitig auch anzudeuten, dass ihr wieder ein immenser Schauder durch den Körper fuhr.
Sie streckte ihre Arme nach vorn: „Sieh mal, meine Gänsehaut! Das ist so krass!“, rief sie aus.
Ich sah, wie all die kleinen Härchen aufrecht zur Zimmerdecke starrten.
„Wenn du diese Traumwelt im Innern dieser Membran wahrgenommen hast und ebenso vor sechs Jahren in einer Erfahrung sogar innerhalb deiner eigenen Alltagsrealität, dann macht dies eins völlig deutlich…“
„Richtig! Dass jede Realität, unabhängig davon, ob es ein Traum oder unser gewohnter Alltag ist, eine Welt ist, die wir im Inneren dieser Membran wahrnehmen!“, führte ich ihren Satz zu Ende.
Wir erinnerten uns an eine Lektüre von *Carlos Castaneda* (s. „*Feuer von Innen*“), in der ein Indianer von einem ähnlichen Erlebnis berichtete. Darin beschrieb er, wie sich ein jeder Mensch in einem Kokon befindet, der zum Zeitpunkt seines Todes aufplatzt und seine Energie freisetzt. (Ähnliche Hinweise fand ich auch einige Jahre später in einem Buch von *Jane Roberts*, „*Die Frühen Sitzungen*“. Darin beschreibt eine Wesenheit namens *Seth* eine Gewebekapsel, die aufgrund eines kosmischen Kapselverständnisses die Eigenschaft eines jeden Bewusstseins ist, unabhängig von Erscheinung und Form; *Anm. des Autors*).
„Dann ist deine wahrgenommene Membran dieser Kokon! Das ist doch klar! So, wie in dem *Castaneda*-Buch“, gab Vivian zu verstehen.
Sie hatte Recht! So, wie ich es erfahren hatte und wie es auch in diesem Buch beschrieben worden ist, ist unsere Realität ebenso Teil dieser Membran, wie jeder beliebige Traum. Nun war auch deutlich, was uns Husserl mit seiner Philosophie über die *Phänomenologie* mitteilen wollte.
„Nur, wie konntest du diesen Traum in dem seltsamen Neubauviertel zuerst so deutlich und klar wahrnehmen und dann war es plötzlich nur noch ein Bild?“, fragte Vivian.
„Ich denke mal, dass diese Membran irgendwie in der Lage ist, mein Bewusstsein in sich aufzusaugen oder meine Aufmerksamkeit dermaßen einzufangen, dass ich in die wahrgenommenen Bilder an der Innenseite hinabtauchte und mich völlig vergessen konnte.“
Vivian schaute mich an: „Was ist das nur für ein seltsames Ding? Und vor allem, wo ist man dort? Liegt man innerhalb dieser Membran irgendwo herum oder sind wir wie ein Küken, das darauf wartet auszuschlüpfen? Dies klingt mir nicht nach einem Säugetier…“
„Gute Frage! In der anderen Erfahrung habe ich dort eine Höhle wahrgenommen und einen Weg, der nach draußen führte. Sehr gewöhnlich und nicht sonderlich spektakulär, mag man sich nun denken, aber für mich war diese Realität, die ich mit meinem

Finger fühlte, eine richtige Offenbarung. Wenn jemand aufgrund von Sinneseindrücken sterben kann, weil sie zu intensiv und zu viele sind, dann wäre ich sicherlich innerhalb von Sekunden gestorben, wenn man meine Membran geöffnet hätte", sagte ich.

Wir lachten.

„Weißt du was? Ich suche jetzt mal in meinen Traumaufzeichnungen nach, ob ich etwas finden kann, das auf diese Membran hindeuten könnte…", gab Vivian zu verstehen. Ehe ich mich versah, war sie schon aus ihrem Sessel gesprungen und rannte zu einem Regal. Es war eins dieser alten Holzregale, die man mit Metallstäben an die Wand bohrte und die Bretter einfach auflegte.

Danach blätterte sie wild in ihren Aufzeichnungen und entdeckte tatsächlich den ersten Traum!

„Hier habe ich was! Pass auf: Heute in der Meditation fühlte ich mich so, als sei ich in einer Blase eingebettet. Außerhalb der Blase gab es nichts, bzw. fast niemand wusste, was sich jenseits der Blase befindet. Ich sah dann auch eine milchige, trübe Wand vor mir, durch die ich nicht hindurchschauen konnte. Dann plötzlich, ohne Vorwarnung oder es geplant zu haben, zog ich etwas von oben nach unten, das sich daraufhin wie ein Film über die Blase zog und ich erkannte meine Alltagsrealität und konnte sie wieder betreten."

Das war auf jeden Fall ein sehr guter Hinweis, der durchaus mit meinen Erfahrungen zu vergleichen war, dachte ich. Kurz nachdem sie dies entdeckt hatte, fand sie einen weiteren Traum.

„Schau mal hier: Bei mir war ein Mädchen zu Besuch. Wir saßen in meinem Zimmer und es war eine seltsame Atmosphäre um uns herum. Ich fürchtete mich vor dem Mädchen, aber gleichzeitig fühlte ich, dass sie sich ebenfalls vor mir fürchtete. Trotz meiner Angst konzentrierte ich mich auf sie. Alles um mich herum verschwamm zu einem diffusen Licht. Dann verschwand das Mädchen immer mehr, bis ich sie nicht mehr sehen konnte. Kurz sah ich noch ihre Augen und dann tauchte plötzlich eine grüne, leuchtende Hülle auf, die sie umgab."

„Das sind durchaus Hinweise und eine recht gute Bestätigung für die Existenz dieser Membran. Nun haben wir Hinweise durch deine und meine Erfahrungen erhalten, aber auch aus der Literatur."

„Mehr finde ich im Moment nicht", gab Vivian zu verstehen und schlug ihre Mappe wieder zu. „Wie es unsere Erlebnisse mitteilen, besitzt jeder Mensch eine solche Membran, in der man zu stecken scheint. Darin nimmt er also seine Alltagswelt und auch seine Träume wahr. Das mit dieser Membran erinnert auch irgendwie an ein Ei."

„Richtig", erwiderte ich. „Es ist wie mit dem Küken, das in seinem Ei träumt und auf seine Befreiung wartet. Auf den ersehnten Moment wartend, das Ei verlassen und einer neuen Welt entgegentreten zu können."

„Stimmt genau! Doch irgendwie gruselt es mich bei dem Gedanken, darüber nachzudenken, wieso wir in diesem Ei sind und warum wir darin ständig Filme gucken, die wir dann für die absolute und unumstößliche Realität halten. Ich finde das höchst sonderbar! Handelt es sich hierbei um einen natürlichen Prozess oder ist er von jemandem so beeinflusst und beabsichtigt worden?"

In dem Moment gruselte es mich auch ein wenig. Ein leichter Schauder kroch über meinen Rücken und bahnte sich seinen Weg zum Nacken.
„Wenn wir doch nun davon wissen, dass wir in einer Membran oder einem Ei leben, wieso ändert es nichts? Wieso nehmen wir immer noch den Alltag so war, wie wir es immer tun? Weshalb macht es nicht Plopp und wir sind wieder in dem Ei? Wir sind doch nun weit genug, um diesen Zustand oder ein Erlebnis in der Membran jederzeit heraufzubeschwören…“, meinte Vivian.
„…aber wir sind vermutlich doch noch nicht weit genug. Es muss einen Grund geben, wieso wir unsere Alltagswelt noch immer so wahrnehmen. Es ist wie ein Schleier, der die Illusionen unterstützt oder eine Art Tarnung.“
Bei dem Wort Tarnung schaffte es der Schauder letztendlich, meinen Nacken in voller Stärke zu erreichen. Auch Vivian bekam Tränen in die Augen, was für mich das untrügliche Zeichen war, dass sie den Schauder ebenfalls spürte.
„Du hast völlig Recht!“, rief sie. „Der Begriff Tarnung beinhaltet die volle Absicht, die dahintersteckt. Das alles ist keineswegs ein Zufall, der einfach vom Himmel gefallen oder eine Laune der Natur ist, sondern absichtlich so gestaltet worden.“
Unsere Körper gaben uns mit einem Schauder erneut Recht. Ließ der Schauder nach, bis man ihn nicht mehr spürte, so erkannten wir, waren wir in die falsche Richtung gelaufen. Sobald sich der Schauder wieder aufbaute, wussten wir, blickten wir in die richtige Richtung. Es war, wie immer, ein befreiender Moment, sich nicht mehr allein auf den Verstand verlassen zu müssen, der zwar sehr geübt im Aufzeigen von Möglichkeiten ist, aber nicht im Aufzeigen einer konkreten Richtung, die zu einer tieferen Erkenntnis führt, bzw. als Ergebnis eine Gewissheit präsentiert. Auf diese Weise hangelten wir uns durch die unzähligen Möglichkeiten, die uns der Verstand unentwegt anbot, aber die Bestätigung einer Annahme erlangten wir nur mithilfe unserer Körper.
„Weißt du was?“, fragte ich Vivian.
„Nein“, antwortete sie.
„Das erinnert mich an die Aussage eines weisen Mannes, der einmal sagte, dass ein Mensch mit seinem Kopf denkt, aber dass ein weiser Mann mit seinem ganzen Körper denkt.“
Ich überlegte, wo ich dies genau gelesen hatte, aber ich konnte mich nicht erinnern. Es war mir einfach nur eingefallen.
Wir lachten.
Wie auch immer, auf der einen Seite befreite es mich, daran zu denken, dass sämtliche Träume, inklusive unserer Alltagswelt, nur eine Art Halluzination auf der Innenseite dieser Membran darstellten, aber auf der anderen Seite fühlte ich auch eine tiefe Furcht in mir. Es war, als wollte ein Teil in mir nichts von alledem wissen, so spannend sich dieses Thema auch anhören mochte. Wir sprachen noch eine Weile über diese Membran, aber ich fühlte diesen hochehrfürchtigen Teil in mir und erblickte ihn ebenso in Vivian. Es war, als warnte uns etwas, sich nicht weiter praktisch damit zu beschäftigen oder sich näher damit auseinanderzusetzen. Das Gefühl wirkte zwar unterschwellig, aber so deutlich, dass wir es dann erst einmal unterließen. Dies bedeu-

tete aber nicht, dass wir nicht weiter forschen oder theoretisch darüber sprechen wollten.
„Wir sollten den Menschen davon berichten, was wir herausgefunden haben!“, sagte ich.
Vivian war von meiner Idee überhaupt nicht begeistert: „Was willst du ihnen denn sagen? Hallo Leute, eure Welt ist in einer Membran? Hör doch mal, wie das klingt! Das glaubt uns niemand!“
Abermals lachten wir ausgiebig, weil wir uns dazu die Gesichter der Menschen vorstellten, die uns zusätzlich noch einen Vogel zeigten.
„…und die Psychologen werden sagen, das wären fragmentarische Erinnerungen aus der pränatalen Phase“, fügte ich hinzu und wir hielten uns die Bäuche vor Lachen.
Es war natürlich richtig, dass wir es niemandem erzählen konnten, ohne für verrückt gehalten zu werden. Immerhin lebten wir in einer aufgeklärten Gesellschaft, die an die Gesetze der Naturwissenschaften glaubte. Gewiss, für uns hatten sich so einige dieser Gesetze mittlerweile in Luft aufgelöst, vor allem jene, die etwas mit dem Gedächtnis, dem Tod, der Wahrnehmung und der Traumwelt zu tun hatten, aber nichtsdestotrotz gab es selbst in uns noch Zweifel aller Art. Wie groß mochten dann die Zweifel derer sein, die keinerlei Übung in der Wahrnehmung solcher bewusstseinserweiternder Elemente besaßen?
Ich erinnerte mich abermals an Platons Höhlengleichnis, des Philosophen der Antike.
Zur Erinnerung, *Platons* Höhlengleichnis:
„Platon beschreibt einige Menschen, die in einer unterirdischen Höhle von Kindheit an so festgebunden sind, dass sie weder ihre Köpfe noch ihre Körper bewegen und deshalb immer nur auf die ihnen gegenüber liegende Höhlenwand blicken können. Licht haben sie von einem Feuer, das hinter ihnen brennt. Zwischen dem Feuer und ihren Rücken werden Bilder und Gegenstände vorbeigetragen, die Schatten an die Wand werfen. Die „Gefangenen“ können nur diese Schatten der Gegenstände sowie ihre eigenen Schatten und die ihrer Mitgefangenen wahrnehmen. Wenn die Träger der Gegenstände sprechen, hallt es von der Wand so zurück, als ob die Schatten selber sprächen. Da sich die Welt der Gefangenen ausschließlich um diese Schatten dreht, deuten und benennen sie diese, als handelte es sich bei ihnen um die wahre Welt.
Platon fragt nun, was passieren würde, wenn man einen Gefangenen entfesselte und ihn dann zwänge, sich umzudrehen. Zunächst würden seine Augen wohl schmerzlich vom Feuer geblendet werden, und die Figuren würden zunächst weniger real erscheinen als zuvor die Schatten an der Wand. Der Gefangene würde wieder zurück an seinen angestammten Platz wollen, an dem er deutlicher sehen kann.
Weiter fragt Platon, was passieren würde, wenn man den Befreiten nun mit Gewalt, die man jetzt wohl anwenden müsste, an das Sonnenlicht brächte. Er würde auch hier zuerst von der Sonne geblendet werden und könnte im ersten Moment nichts erkennen. Während sich seine Augen aber langsam an das Sonnenlicht gewöhnten, würden zuerst dunkle Formen wie Schatten und nach und nach auch hellere Objekte bis hin zur Sonne selbst erkennbar werden. Der Mensch würde letztendlich auch erkennen, dass Schatten durch die Sonne geworfen werden.

Erleuchtet würde er zu den anderen zurückkehren wollen, um über seine Erkenntnis zu berichten. Da sich seine Augen nun umgekehrt erst wieder an die Dunkelheit gewöhnen müssten, könnte er (zumindest anfangs) die Schattenbilder nicht erkennen und gemeinsam mit den anderen deuten. Aber nachdem er die Wahrheit erkannt habe, würde er das auch nicht mehr wollen. Seine Mitgefangenen würden ihn als Geblendeten wahrnehmen und ihm keinen Glauben schenken: Man würde ihn auslachen und „von ihm sagen, er sei mit verdorbenen Augen von oben zurückgekommen". Damit ihnen nicht dasselbe Schicksal zukäme, würden sie von nun an jeden umbringen, der sie „befreien und hinaufbringen" wollte.

Deutung des Gleichnisses:

Platon veranschaulicht durch sein Gleichnis, dass der gewöhnliche Mensch im Alltag wie in einer Höhle lebt. Denn die Dinge, die er als real wahrnimmt, sind Platons Ideenlehre zufolge in Wahrheit nur Schatten und Abbildungen des wahren Seienden. Die Höhle im Gleichnis steht für unsere sinnlich wahrnehmbare Welt, der harte Aufstieg des Höhlenbewohners für den Weg der Seele hinauf bis zur Erkenntnis des tatsächlichen Zentrums des Seins: der Idee des Guten, die im Gleichnis durch die Sonne repräsentiert ist. Es geht im Höhlengleichnis also darum, die Denkkraft nicht auf das sinnlich Wahrnehmbare der uns unmittelbar umgebenden Welt zu lenken, sondern auf das, was hinter dieser Welt steht bzw. auf den ideellen Ursprung dieser Welt.

Das Ende des Höhlengleichnisses nimmt Bezug auf das Ende des Sokrates, der von den Athenern für seine philosophische Tätigkeit zum Tode verurteilt worden ist."
(Quelle: Wikipedia 2008)

Irgendwie befand ich mich an einem ähnlichen Punkt. Zwar hatte ich in Vivian eine Verbündete gefunden, aber zwei Menschen reichen einfach nicht aus, um anderen Menschen zu erklären, was sich jenseits unserer fünf Sinne befindet. Problematischer noch, denn durch die Erkenntnisse der Psychologie und die Thematisierung der Möglichkeit zur halluzinativen Wahrnehmung, hatten sich die Menschen optimal davor abgesichert, in die Versuchung zu kommen, einen solchen *Unsinn* zu glauben.

„Ganz unbekannt ist doch das Wissen auch wieder nicht", meinte Vivian tröstend. „Wenn man einmal bedenkt, dass es schon das eine oder andere Buch geben mag, das von der Membran berichtet oder von den Problemen, sich in der Traumwelt zurechtzufinden, dann ist die Menschheit auch nicht mehr allzu weit davon entfernt."

„Sicherlich, es gibt literarische Hinweise, aber wer kennt schon jemanden, der wirklich diese Membran wahrgenommen hat oder das Problem mit dem Update unseres Gedächtnisses, sobald man einen Traum betritt, bzw. wieder zurückkehrt in den Alltag? Jeder kann es überprüfen und nachschauen, ob es stimmt. Er wird es selbst überprüfen können!"

„Natürlich kann es jeder selbst überprüfen, aber wieso sollten die Menschen das tun? Es geht ihnen doch gut…"

„Ja, es geht ihnen gut. Wieso sollten sie sich dann dafür interessieren? Immerhin gibt es noch andere spannende Sachen: Autos, Geld, die Liebe, Familie… Doch wäre es nicht auch spannend zu erfahren, was sich jenseits der Membran befindet? Was wäre, wenn man ein für allemal stirbt, sobald sich die Membran öffnet, oder wenn sich unser angesammeltes Wissen mit allen Erfahrungen im Kosmos verteilt? Nicht, dass ich das wirklich glauben würde, aber es sind jetzt nur Beispiele, die mir gerade einfallen… Vielleicht warten dort andere Universen, die Unsterblichkeit, das All-Wissen auf uns… Wäre es dann nicht ratsam, wenn man einmal nachschauen würde, womit wir es hier zu tun haben und ob wir vielleicht doch Einfluss nehmen können, um die totale Bewusstheit zu erreichen?"

„Du sagst es mit aller Deutlichkeit, aber es ist nun mal anders. Es geht den Menschen weitgehend gut, besonders in unseren Breitengraden. Wieso sollte sich jemand damit ernsthaft auseinandersetzen wollen? Mal ein Buch zu lesen, darüber zu philosophieren oder mit Wissen zu prahlen, das man sich irgendwo angelesen hat, das ist eine Sache, aber es selbst zu erleben ist eine andere. Es ist ein wichtiger Schritt, der die eigene Bewusstseinserweiterung voranbringt. Alles andere ist nur Theorie."

Ich konnte Vivians Argumentation verstehen. Sie hielt nicht viel davon, an die Öffentlichkeit zu gehen. Nicht nur gab es bereits Bücher, die rudimentär darüber berichteten, sondern es würde auch kaum jemand glauben. Andererseits war ich auch froh, dass es bereits Literatur darüber gab, denn diese war eine Bestätigung dessen, was ich wahrgenommen hatte. Somit konnte ich sichergehen, dass es keine Halluzinationen gewesen waren, denn welche Halluzination macht sich schon die Mühe, bei anderen Menschen in der exakt gleichen Aufmachung aufzukreuzen? Man denke dabei an die vielen Nahe-Todeserfahrungen, in denen immer wieder die gleichen Elemente dargestellt werden: ein dunkler Tunnel, ein Licht am Ende des Tunnels, verstorbene Freunde und Verwandte, die auftauchen, Engel und vergleichbare Wesen, die einen begrüßen… Immer wieder ähnliche, ja fast identische Wahrnehmungen sind laut neuesten Angaben aus Amerika mit nahezu acht Millionen Berichten gesammelt worden.

„Du siehst", meinte Vivian, „selbst diese acht Millionen Berichte reichen nicht aus, um dem Menschen die Augen zu öffnen oder gar, um die Wissenschaftler dazu zu bewegen, mal vernünftig und richtig in dieser Richtung zu forschen."

„Du hast Recht, niemand will es wirklich wissen. Es ist eben die Tarnung, die die Menschen dazu bewegt, einen Bogen um solche Erkenntnisse zu machen. Kein Wunder, dass die Magie in den alten Tagen mit dem Tode bestraft wurde. Wie immer man darauf reagieren mag, es ist in fast allen Fällen eine Tarnung und der Verstand ist ihr bester Freund."

„Wenn wir nur herausfinden könnten, wer oder was dort tarnt? Wem in uns selbst, ist es wichtig, zu erfahren, was sich jenseits der Alltagswelt abspielt, und wem oder was ist es ebenso wichtig, dass wir es nicht erfahren…?"

Wir schwiegen für eine Weile, denn wir registrierten im selben Moment das gleiche Gefühl: Wir fühlten, dass es in uns eine Kraft oder ein Selbst gab, dem die Tarnung bestimmter Elemente in unserer Realität überaus wichtig war! Nicht nur wehrte es sich gegen eine Nachforschung bezüglich der Membran, sondern schien sogar Einfluss auf unsere Gedanken- und Gefühlswelt zu besitzen.

So benötigten wir über eine Stunde, um das unangenehme Gefühl loszuwerden, man habe uns in eine Ecke gedrängt, aus der wir nicht mehr heraus konnten. Erst nachdem wir es geschafft hatten, gegen dieses Gefühl anzukommen, gelang es uns, weiter darüber zu sprechen.

„Hast du das eben auch gefühlt? Es fühlte sich extrem unangenehm an! Ich kam mir vor wie eine Maus in der Mausefalle. Meine komplette Wahrnehmung hatte sich verengt und ich nahm alles wahr, als würde ich durch ein Rohr schauen."
„Ja, ich habe mich ganz genauso gefühlt!", antwortete Vivian. „Es war, als ob ich von meinen inneren Fähigkeiten abgeschottet worden war. Es wirkte wie eine Glocke, die man über mich gestülpt hatte."
Sie sprach genau das Richtige aus. Mir fiel kaum noch etwas zu dem Thema ein, die Gefühle wurden ziemlich unangenehm, sobald ich nur einen Moment über eine Kraft nachdenken wollte, die mit uns verbunden ist und eventuell daran Interesse besaß, eine Form der Tarnung aufrechtzuerhalten.
„Ich fühle mich völlig vertarnt", meinte ich und wir fingen an zu lachen. Es war befreiend. Nicht nur, weil dieser Begriff „vertarnt" gewiss nicht in irgendeinem Duden aufzufinden war, sondern, weil er genau ausdrückte, wie wir uns fühlten.
„Vertarnt ist genial!", meinte Vivian und schaute sich um, als würde sie beobachtet. „Irgendwie fühle ich mich nicht mehr allein in mir selbst!"
Ich horchte nach innen und es stimmte. Dort entdeckte ich in mir eine deutlich wahrnehmbare Persönlichkeitsspaltung. Eines war offensichtlich: Ich war nicht mehr allein! Es schockte mich jedoch nicht sonderlich, weil ich schon des Öfteren andere Persönlichkeiten in mir entdeckt hatte. Darunter hatten sich oft Selbste aus alternativen Realitäten befunden, seien sie dem 20. Jahrhundert oder gar anderen Zeitepochen entsprungen. Aus diesem Grund hatte es für mich niemals einen Anlass gegeben, mich in ärztliche Obhut zu begeben, weil ich genau wusste, wie man an dieser Stelle zu reagieren hatte. Auch hatte ich mich niemals als Opfer solcher psychischer Phänomene gefühlt, weil ich tief in mir wusste, dass sämtliche Persönlichkeiten aus der gleichen Quelle kamen, aus der auch meine Persönlichkeit stammte.
„Ich kann diese andere Persönlichkeit deutlich fühlen", meinte Vivian. „Sie befindet sich irgendwo hinter mir und lacht amüsiert über uns. Es geht ihr nun wieder besser… oder mir. Je nachdem, wie man es sehen möchte. Gerade wirkte sie noch auf mich, als sei sie in die Enge gedrängt worden, weil wir sie entdeckt hatten, aber sie hat sich verdammt schnell wieder erholt."
In meinem Fall fühlte ich jedoch, dass es eine männliche Person war, die es gerade geschafft hatte, sich aus der Bedrängnis herauszuwinden. Die psychische Kennung dieser Persönlichkeit war mir sehr wohl bekannt, sie war Teil meiner Identität, doch mit dem Unterschied, dass ich deutlich fühlen konnte, dass sie ein Meister in ihrem Fach war! Diese Persönlichkeit war für die Tarnung im Allgemeinen zuständig.
Vivian und ich waren jetzt nahezu synchron geschaltet. Sie erkannte, was ich erkannte und *vice versa*. Wir mussten kaum miteinander sprechen. Manchmal äußerten wir einen Satz, um uns zu vergewissern, dass der andere noch im Fluss war. Es war, als hätten sich unsere inneren, verborgenen Sinne geöffnet und wir nahmen Dinge in uns wahr, die ansonsten stets unsichtbar blieben. Diese Synchronisierung hatten wir bereits des Öfteren erlebt und nun war es so weit, dass wir eine Persönlichkeit, ein Selbst in uns entdeckt hatten, das viel größer und komplexer als ein alternatives Selbst aus einer parallelen Realität war.
„Kannst du es auch fühlen?", fragte Vivian nach.

Und ob ich es konnte! Ich nahm dieses Selbst in aller Deutlichkeit wahr. Es besaß unterschiedliche Fähigkeiten. Es konnte sich nicht nur in unsere Gedanken und Gefühle einbringen, sondern es war sogar in der Lage, Realitäten zu erzeugen, bzw. Interpretationen der Realität, seien sie nun abstrus oder zutreffend, zu bekräftigen, sodass man sein Leben lang daran glauben würde, bis man starb. Das Selbst besaß eine Ausstrahlung, die man am besten mit „rücksichtslos" umschreiben konnte. Es besaß keinen Funken Mitleid und war entschlossen, bestimmte Tarnungskomplexe aufrechtzuerhalten, damit wir in unserer Realität das blieben, was wir schon immer gewesen waren. Dies traf uns wie ein Schock! Der Schock endete jedoch nicht an dieser Stelle, denn wir erkannten zudem, dass diese Persönlichkeit uns um ein Vielfaches überlegen war.
„Sie ist aber nicht böse!", gab Vivian zu verstehen.
„Nein, sie ist sogar sehr verspielt. Sie betrachtet unsere Realität als einen Spielplatz und uns als Spielfiguren."
„Ja, für sie ist alles ein Spiel! Es ist sogar ein Spiel, uns in dieser Realität zu halten und möglichst dafür zu sorgen, dass wir nicht mehr erkennen, als wir bereits erkannt haben."
Die Persönlichkeit gab deutlich zu verstehen, dass sie uns zu einem Spiel herausforderte! Wir sollten versuchen, sie zu besiegen, d. h. ihre Tarnungskomplexe, bzw. -strukturen zu Fall zu bringen. Wir hatten den Anfang getan, indem wir erkannt hatten, dass jede Realität ein Update besitzt, sobald man sie betritt, und dass jeder Mensch sich in einer membranartigen Hülle befindet, an deren Innenwand er seinen Alltag wahrnimmt und dass es eine Persönlichkeit gibt, die die Tarnung der anderen Realitäten und weiterer, verborgener Möglichkeiten bewachte. Diese drei Erkenntnisse waren unser einziger Vorteil im Spiel *gegen* die neu entdeckte Persönlichkeit. So benannten wir fortan diese Persönlichkeit als den „Tarner" oder auch als den „Spielmeister". Wir mussten manchmal darüber lachen, sie als Spielmeister zu bezeichnen, denn dies war eine Anspielung auf die beliebten Rollenspiele, die manche mit Begeisterung spielen. Zu meiner Schande musste ich jedoch gestehen, dass ich noch nie an einem solchen Spiel teilgenommen hatte, es war allein schon beim Zugucken ziemlich langweilig, aber es war umso amüsanter, darüber nachzudenken, wie viel Symbolik ein solches Rollenspiel doch besaß! Hier bestimmte der Spielmeister die Regeln und die Geschichte, die die anderen lösen mussten. Im Falle unserer Alltagsrealität, die wir von Geburt an zu meistern versuchen, ist es jedoch so, dass wir den Spielmeister i. d. R. nicht wahrnehmen! Vermutlich haben wir ihm selbst einst die Erlaubnis erteilt, diese Tarnung für uns unter allen Umständen aufrechtzuerhalten. Doch diese Zustimmung muss in einem höheren Bewusstseinszustand stattgefunden haben. Für uns hatte sich jedoch klar herauskristallisiert, dass wir diese Tarnung durchbrechen wollten! Wir hatten den Tarner erkannt und das war schon ein Schritt nach vorn und ein Grund für uns, den Vertrag zu brechen.
„Der Tarner kennt jede unserer Schwächen, unsere Vorlieben und unsere Ziele, die wir uns im Leben gesetzt haben. Er kennt jeden Gedanken und all unsere Gefühle. Sein Spieltrieb ist enorm und das ist vielleicht eine Chance, ihn zu besiegen. Er wird

uns nicht einfach in Windeseile abspeisen, sondern er wird mit uns spielen, so wie eine Katze mit einer Maus spielt."

„Ich glaube nicht, dass wir gegen ihn den Hauch einer Chance haben", sagte Vivian. „Immerhin ist er der Hüter der Tarnung. Er hat sie aufgebaut und erschaffen. Nun fordert er uns heraus! Es macht mir keine Angst, denn auf einer anderen Wirklichkeitsebene sind wir Teil der gleichen Quelle. Weißt du, wenn man mich fragen würde, wer denn der Tarner ist, würde ich sagen, es ist Vivian. Ja, ich bin es, aber gleichzeitig sind wir auf verschiedenen Ebenen tätig und sind uns nun in die Quere gekommen. Daher schüttelt es mich, wenn ich daran denke, welche Möglichkeiten er besitzt und wie leicht wir uns von ihm verführen lassen können. Nicht nur bekommt er jedes Gespräch mit, das wir über ihn führen, sondern er hat uns in all den Jahren so gut kennengelernt, wie kein anderer Mensch. Hinterhältige Tricks, Weinen, Wut, Hass, Liebe… all dies wird nichts bewirken, weil er genau weiß, wieso wir uns so fühlen, wenn wir ihn damit beeinflussen oder überreden wollen."

„Richtig. Nun wird mir auch klar, wieso viele Menschen unter Paranoia oder Misstrauen leiden. Sie haben die Anwesenheit des Tarners bemerkt, projizieren aber ihre Empfindungen nach außen, auf andere Menschen."

Vivian nickte bedächtig mit dem Kopf.

Wir schwiegen einen Moment und gingen in Gedanken durch, an welcher Stelle wir uns nun befanden. Es war offensichtlich, dass der Tarner uns gegenüber einen großen Vorteil besaß, denn er hatte das ganze Labyrinth aufgebaut, in dem der Mensch auf der Suche nach sich selbst und dem Sinn des Lebens herumlief. Auch war ziemlich deutlich geworden, zumindest für uns, wieso der Mensch seit Jahrtausenden nach sich selbst und dem Sinn des Lebens suchte und ihn meistens nicht fand. Die Tarnung hatte dafür gesorgt, vermutlich seit Anbeginn der Zeit, dass wir den Sinn nur innerhalb der Tarnung suchen können. Doch wir wussten, dass wir keine Opfer irgendeiner bösen Macht waren. Es gab für uns keinen Satan oder den dunklen Lord jenseits der Realitäten, der unsere Welt versklavte oder uns mit Reichtum oder der Liebe verführen wollte, sondern wir waren es selbst! Wir hatten uns selbst dazu aufgerufen, wieso auch immer, ein Selbst zu erschaffen, das dafür zuständig war, die Tarnung einer Alltagsrealität als die einzig wahre Realität und ebenso den Glauben an die Existenz eines einzigen Selbstes, das wir als Ego oder Persönlichkeit bezeichnen, aufrechtzuerhalten. Die hochgepriesene Individualität – das unteilbare Selbst – war eine Illusion.

Wir grübelten und erkannten unsere Schwäche, denn wir konnten nur durch das Denken vonseiten des Tarners beeinflusst werden. Sobald wir dachten, interpretierten wir die Realität. Diese Interpretationen waren angefüllt mit getarnten Elementen, Ansichten, Glaubenssätzen, Annahmen aller Art.

„Wenn ich ein Meister der Tarnung wäre, dann würde ich zusehen, dass die wichtigen Komplexe so getarnt werden, dass sie dem, der vertarnt wird, als völlig selbstverständlich erscheinen! Denn das, was einem als selbstverständlich erscheint, das wird nicht hinterfragt."

„In unserem Fall wäre es das Schlafen. Niemand wundert es, wieso man schlafen muss und dass man, während man schläft, offensichtlich einen Blackout von nahezu

acht Stunden hat und das jeden Tag! Das könnte doch eine immense Tarnung sein! Das hat mich schon immer sehr gewundert, wieso das jeder einfach so akzeptiert. Wenn man einen Blackout hatte, ohne mit der Absicht ins Bett gegangen zu sein, zu schlafen, regt man sich auf und befürchtet, Dinge getan zu haben, die peinlich, unanständig oder verboten waren oder sonst etwas. Wieso kümmert es einen dann nicht, wenn man einen 8-Stunden-Blackout hat, nur weil uns die Eltern erzählt haben, in dieser Zeit schläft man. Mensch, wie absurd das alles ist!"
„Richtig. Ebenso ist es mit dem Denken", erwiderte ich. „Das Denken ist eine Selbstverständlichkeit! Niemand hinterfragt großartig das Denken. Es ist einfach da, so wie der Schlaf. Den Schlaf haben wir bereits ausgiebig hinterfragt und konnten viele Erkenntnisse und Erfahrungen darüber sammeln. Nun sollten wir uns dem Denken zuwenden."
„Wir glauben, dass das Denken ein immerwährender Prozess ist. Gedankenlosigkeit wird sogar teilweise bestraft oder man würde für dumm gehalten, wenn man sagen würde, dass man nicht denkt. Was geschieht denn, wenn man nicht denkt?"
Ich wusste sehr wohl, was geschieht, wenn man nicht denkt. Viele Erfahrungen in der Vergangenheit hatten mir demonstriert, dass sich das Bewusstsein verlagert, wenn man mit dem Denken aufhört. In der Psychologie wird dies als Dissoziation bezeichnet und beschreibt einen Zustand, in dem man vorübergehend einfach nicht mehr in der Lage ist, einen normalen Gedankenfluss aufzubauen. Der Effekt im Aufbau der Dissoziation, ist, dass einem das Assoziieren schwer fällt, bis eine Art Pause eintritt, in der man für einen kurzen Zeitraum eine völlige Gedankenleere erfährt. Interessanterweise betrachtet die Psychologie die Dissoziation als schädlich und als Auslöser für psychische Krankheiten. Wieder eine Tarnung.
Vivian wusste dies alles teilweise auch schon, aber es nun als „Waffe" gegen den Tarner zu verwenden, empfanden wir wie eine neue Idee. Wir erinnerten uns an gemeinsame Versuche mit der Dissoziation und die seltsamen Effekte, die damit einhergingen. Plötzlich konnten wir das eine mit dem anderen verknüpfen und verstanden, wieso diese seltsamen Effekte überhaupt aufgetreten waren.
„Weißt du noch? Sobald wir versucht hatten, unsere Gedankengänge zu blockieren, traten stets einige Effekte auf…"
„Daran erinnere ich mich noch gut", entgegnete Vivian und spielte auf einige unserer Erlebnisse Anfang der 90er an. „Irgendwie habe ich dann plötzlich mehr gedacht als sonst, sodass die Gedanken sich fast überschlagen haben."
„Ganz genau. Vor allem trat häufig der Effekt auf, dass man plötzlich die Absicht völlig vergessen hatte, mit dem Denken aufzuhören."
Wir lachten. Es verhält sich wirklich so und kann von jedem selbst überprüft werden. Sobald man versucht, mit dem Denken aufzuhören, macht man winzig kleine Bewusstseinssprünge, völlig unmerklich, bis man dann wieder ganz normal mit dem Denken fortfährt und sogar vergessen hat, das man den Gedankenfluss eigentlich für eine gewisse Zeit beenden wollte.
Würde man nun hinter diesen Effekten eine Absicht vermuten, träte an dieser Stelle der Tarner wieder in Erscheinung. Das Denken scheint ein Prozess zu sein, der seine Einflussnahme erforderlich macht.

„Das wäre der absolute Hammer!“, meinte Vivian. „Wenn die seltsamen Effekte während der Versuche, seine Gedankengänge zu blockieren, wiederum vom Tarner sabotiert würden.“
Ich nickte. Für einen kurzen Moment musste ich daran denken, dass ich mich selbst einmal gefragt hatte, was in unserer Welt oder gar im ganzen Universum mittels eines Zufalls oder einer Absicht geschieht. Viele Dinge, die in unserem Leben plötzlich auftreten, halten wir für einen Zufall, doch was ist, wenn es wirklich gar keine Zufälle gibt? Würde dies nicht automatisch bedeuten, dass viele Dinge, die wir uns nicht erklären können, nicht unbedingt aussagen, dass sie zufällig geschehen, sondern einfach nur völlig unerforscht sind? Besäße man den Willen herauszufinden, welche Geschehnisse uns als Zufall erscheinen, und wenn wir sie sodann erforschten, was würden wir dann herausfinden? Wenn wir aufhörten zu glauben, die Natur entstehe zufällig, sondern erkennen würden, dass alles, was geschieht, eine Absicht besitzt, würde unsere Wissenschaft ganz anders aussehen! Es würde derart geforscht werden, dass man davon ausginge, die Natur sei intelligent und habe ihre Pläne. Vielleicht würde man sogar so weit forschen, dass man erkennen würde, dass es eine Welt jenseits unserer Welt gibt, die einen beabsichtigten Einfluss auf unseren Alltag ausübt.
Wir unterhielten uns noch eine geraume Zeit über diese Phänomene und beschlossen zum Ende des Abends, dass wir der Sache auf den Grund gehen wollten. Es war uns bewusst, dass es tatsächlich sehr schwer ist, seine Gedankengänge zu unterbrechen und sie so lange zu boykottieren, bis sie für Minuten stoppen, bevor sie erneut wieder anlaufen, aber das sollte uns nicht davon abhalten, erneute Versuche im Rahmen dessen anzustellen, um dem Tarner auf die Schliche zu kommen.

Donnerstag, 11. September 1997

Ich war über der Meditation eingeschlafen und in einen normalen Traum eingestiegen, was mich sonst am anderen Morgen, wenn ich erwachte, immer wieder ärgerte. In diesem Traum jedoch stand ich in einem mir unbekannten Raum. Dieser Raum war höchst spartanisch eingerichtet und ziemlich abgedunkelt. Nichts Auffälliges konnte ich erkennen, außer einem Stuhl und einer sehr großen Leinwand. Ich schaute auf die Leinwand und plötzlich begannen Bilder aufzutauchen. Zuerst sah ich vereinzelte Bilder, die sich dann plötzlich bewegten und sich in einen Film verwandelten. Ich erkannte eine mit Blut verschmierte Frau. Sie lag nackt auf dem Boden und das Blut floss aus ihrem Mundwinkel. Sie schien unmittelbar vor dem Sterben zu sein oder war gerade eben bereits verstorben. Die Kamera fuhr um ihren Körper herum und ich konnte sie aus mehreren Perspektiven sehen, wie sie dort lag. Nun fragte ich mich, was dies zu bedeuten hatte? War es ein Auszug aus einem Film oder hatte ich in einem anderen Leben gar eine Frau vergewaltigt und wohl möglich noch getötet? Die Gedanken rasten in meinem Kopf herum, auch wenn mir in dem Moment nicht bewusst war, dass ich träumte. Ich ging die ganze Zeit davon aus, dass alles, was ich erlebte, real war. Eben in der Form, wie die meisten Menschen träumen, die sich erst am Morgen der Tatsache bewusst werden, dass sie geträumt und es während des Traumes nicht erkannt haben.

Während ich grübelte und schlussfolgerte, bekam ich plötzlich einen Schauder. Ich erkannte, wieso ich diese Bilder sah! Es war ein Manöver, um mir spielerisch, wenn auch ziemlich makaber, einen Hinweis zu geben und meinen zweiten Körper zu aktivieren. Der zweite Körper reagiert auf alles, was mit dem Tod zu tun hat, da er im Moment des Todes den Befehl erhält, nun für immer den Körper zu verlassen. Die Darstellung der toten Frau auf der Leinwand sprach meinen zweiten Körper ebenfalls an. Nun begann er auch zu reagieren und ich fühlte die Vibrationen in mir aufsteigen. In dem Moment erkannte ich auch, dass ich mich in einem Traum befand. Zuerst löste ich dann meine Beine und im Anschluss meinen Oberkörper und den Kopf, bis ich einsatzbereit im Raum stand und überlegte, was ich als nächstes tun konnte. Plötzlich wurde ich zu meinem physischen Körper zurückgezogen. Kaum hatte ich mich einigermaßen mit ihm verbunden, stieg in mir eine Panik auf. Ich dachte darüber nach, dass der Traum mit der Leinwand und der toten Frau den Anschein erweckte, als habe mich jemand dazu überreden wollen, meinen Körper zu verlassen. Mir war dies nur Recht, doch einem anderen Teil meiner Persönlichkeit jagte es eine ziemliche Angst ein. Er fühlte sich fremdbestimmt und manipuliert. Plötzlich hörte ich, wie mein Tisch, der im Zimmer stand, knackte. Es war dermaßen laut, dass ich regelrecht zusammenzuckte. Jetzt war ich sicher, dass sich jemand in meiner Wohnung befand und ich suchte die Umgebung ab. Gleichzeitig riet mir der andere Persönlichkeitsteil in mir, doch besser die Augen zu schließen. Offensichtlich war er ein Anhänger der Straußen-Philosophie, bei der das, was man nicht sieht, einem nicht schaden kann. Eigentlich eine sehr phänomenologische Betrachtung inmitten einer drohenden Gefahr, ging mir durch den Kopf.
Nun sah ich neben meinem Fernsehgerät eine Schliere und im nächsten Moment knackte es dort. Ich kam mir plötzlich vor wie in einem *Star-Trek*-Film. Jemand hatte es mit hochfortschrittlichen Apparaten geschafft, sich selbst zu tarnen und war für die Menschen fortan nicht mehr sichtbar, aber veranstaltete nun Unsinn mit den Unwissenden und ärgerte sie, um seinen Spaß zu haben. Doch dann erkannte ich, dass dies nur eine symbolische Entsprechung dazu war, dass jemand hier in meinem Apartment war, der seinen zweiten Körper benutzte, um mich zu besuchen. In dieser Art tauschte ich mich mit dem Persönlichkeitsaspekt aus. Der Verstand war nicht seine Stärke, vielmehr seine Interpretation auf emotionaler Ebene, indem er auf Gleichnisse zurückgriff, die erst einmal dafür sorgten, dass mir eine unsichtbare Anwesenheit auffiel, aber mit dem Nachteil, dass er dies stets als Bedrohung interpretierte.
Die Spaltung in mir wuchs und nun standen sich die beiden Aspekte meiner selbst gegenüber und diskutierten. Während der ängstliche Anteil empfahl, sämtliche Interessen in Bezug auf die Bewusstseinserweiterung abzulegen und lieber ein normales Leben zu führen, so argumentierte der andere Anteil, dass es doch wohl enorm wichtig sei, sein Bewusstsein zu erweitern und innerlich zu wachsen, sich an seine anderen Leben zu erinnern, schlummernde Fähigkeiten zu erwecken und in andere Realitäten zu reisen. Das ist Evolution.
Als diese beiden Aspekte im Eifer des Gefechts weiter diskutierten und die Emotionen zwischen Genervtheit und Angst wechselten, mischte sich plötzlich ein weiterer Teil meiner Persönlichkeit ein, der zum Besten gab, dass ich diese Angst in mir

unbedingt besiegen müsse, um überhaupt weiterkommen zu können. Dieser dritte Anteil gab an, dass die Angst in vielen Verkleidungen auftauchen könne, sei es durch Panik, Furcht, Übelkeit, etwaige Körpersymptome oder andere Ausdrucksformen dieser Art.
Mittlerweile lag ich dort schon fast eine Stunde und die Diskussion war noch nicht beendet. Ich erinnerte mich nun glasklar an einige Erlebnisse aus meiner Kindheit, in denen ich ängstlich im Bett gelegen hatte. Manchmal hatte ich ein seltsames Brummen in meinem Kopf gehört, das klang, als stünde im Keller ein Stromgenerator, dessen Summen zu mir hinauf drang. Es hatte mir Angst gemacht und ich hielt es für böse. Einige Zeit später drehte ich mich auf die Seite und sprach mit diesem ängstlichen Anteil meiner selbst. Irgendwann beruhigte er sich und im nächsten Moment schoss ich aus meinem Körper heraus. Ich jagte durch das ganze Apartment und dann hinauf durch das Dach in einen wunderschönen Sternenhimmel hinein. Als ich durch die Luft flog, dachte ich, wie schön diese Freiheit und Ungebundenheit doch ist. Mir wollte einfach nicht in den Kopf gehen, wieso ein Teil meiner Persönlichkeit sich dagegen wehrte. Es war mir einfach unbegreiflich.

Samstag, 28. September 1997

Mehrmals hatte ich nun Vivian besucht, um gemeinsam einen Zustand zu erschaffen, der frei von jedem Gedanken war. Die Dissoziation. Keine Gedanken und keine Assoziationen mehr. Stille.
Am heutigen Tag tauschten wir wieder einmal unsere Erlebnisse aus. Als wir zusammen saßen und ich ihr nochmals mein Unverständnis darüber ausdrückte, dass es einen Persönlichkeitsanteil in uns geben könnte, der das Fliegen nicht als wundervoll befreiend und schön empfinden könnte, sondern es fürchtete und ablehnte. Mit einem Flugzeug zu fliegen, in Anbetracht der Unfälle und Aussichtslosigkeit, auf Überleben zu hoffen, wenn die Maschine erst einmal abstürzt, wäre wesentlich verständlicher, doch in diesem Fall verwunderte es mich einfach. Immerhin flog man nicht mit einem Flugzeug, sondern in einer unverletzlichen Form.
Je mehr ich darüber nachdachte, desto stärker baute sich in mir ein Zwist auf. Eine Spaltung tauchte in mir auf, gefühlsgeladen und irritierend. Mein Körper zitterte und ich konzentrierte mich darauf, noch mehr zu dissoziieren. Nicht zuletzt, um dieses unangenehme Gefühl der Persönlichkeitsspaltung in mir zu mildern. Diese Motivation reichte aus, um wenige Minuten später eine Dissoziation zu erreichen, die meine Gedanken zum Anhalten brachte.
„Endlich!“, meinte ich zu Vivian.
Doch Vivian hatte sich verwandelt. Sie sah zwar noch genauso aus, wie ich es von ihr gewohnt war, aber ein äußerst untypisches Lächeln lag auf ihren Lippen, das mir eindeutig mitteilte, dass sie mir nun einen anderen Persönlichkeitsanteil präsentierte. Für einen Außenstehenden wäre dies bestimmt kein Indiz oder gar Beweis gewesen, doch mein Geist zeigte mir in aller Deutlichkeit, dass es nicht mehr die Vivian war, die ich kannte. Sie lächelte noch immer, aber es war kein sanftes oder liebevolles Lächeln, sondern vielmehr ein gelangweiltes! Das überraschte mich, aber plötzlich

erkannte ich, wieso sie mir diesen Hinweis gab. Ich hatte wieder zu denken angefangen und sollte mich aber gerade jetzt nicht darauf einlassen.
Sofort stoppte ich wieder meine Gedanken und nur kurze Augenblicke später begann mein Körper wieder zu zittern. Die Beine vibrierten förmlich und manches Mal ging ein Ruck durch meinen Körper. Meine Hände waren schweißnass. Plötzlich fielen mir die unglaublichsten Gedankenketten ein. Ich nahm mehrere Anteile meiner Persönlichkeit gleichzeitig wahr und erhielt fantastische Ideen und Erkenntnisse, doch ein Blick zu Vivian zeigte mir wieder ihr gelangweiltes Gesicht, als ich von den Erkenntnissen zu erzählen begann.
In diesem Moment erkannte ich abermals, dass ich wieder darauf hereingefallen war! Ich hatte wieder zu Denken begonnen, weil die Gedankenketten so spannend und voller Einsichten über die Welt und meine eigene Person waren. Solche genialen Ideen und Einsichten zeigten mir einen erstaunlichen Bewusstseinszustand, aber offensichtlich schien Vivians anderes Selbst es nicht akzeptieren zu wollen, dass ich mich darin aufhielt. Sie schaute noch immer gelangweilt und ich verabschiedete mich dann schnell von meinen interessanten Gedankengängen. Erneut dissoziierte ich und nachdem ich mich ganz diszipliniert an mein Vorhaben gehalten hatte, all die interessanten Gedanken und Einsichten zu ignorieren, eröffnete sich mir mit einem Mal ein Bewusstseinszustand, in dem ich das Denken an sich, die Fähigkeit überhaupt denken zu können, hinterfragte! Wie oft hatten Vivian und ich bereits versucht, das Denken anzuhalten und immer wieder wahrgenommen, wie unser eigenes Denken uns unweigerlich dazu verführte, doch wieder mit dem Denken anfangen zu müssen, sodass es nahezu unmöglich wurde, die Gedanken anzuhalten. Entweder fielen uns Gedanken auf, die eine sofortige Befolgung erforderlich machten, z. B. sich unbedingt kratzen zu müssen oder über Sorgen nachzudenken, die den Körper betrafen, oder Geldsorgen mit gedanklicher Unterstützung zu beseitigen und dergleichen. Doch wenn wir all diese rigoros ignorierten bzw. auf einen späteren Zeitpunkt verschoben, dann konnten wir in den nächsten Bewusstseinszustand eintreten. Das hatte uns immer wieder bewiesen, dass es möglich war, erweiterte Bewusstseinszustände zu betreten, wenn man den engen Kreis seiner Gedankenassoziationen verließ. Manchmal gelang es uns in einer starken Dissoziation noch tiefer in einen solchen erweiterten Zustand einzutreten.
Diesen Zustand erreichte ich in diesem Moment, als ich das Denken an sich hinterfragt hatte und ich erkannte kurz darauf vor meinem geistigen Auge ein Haus, in dem ich saß. Das Interessante daran war, dass ich dieses Haus in ungefähr 50-100 Metern Entfernung betrachtete und die vordere Fassade völlig entfernt war, sodass ich in alle Wohnungen hineinschauen konnte. Oben links befand sich mein Apartment und ich sah mich dort sitzen. Zur gleichen Zeit entstand eine Art Zielkreuz vor meinen Augen, das in diesem wahrgenommenen Bild umherjagte, bis es mich gefunden hatte und ich mich genau im Visier befand. Plötzlich konnte ich eine Stimme in mir vernehmen, die mir mitteilte, dass ich mir diese Vorstellung mit dem Haus und dem Zielkreuz genau einprägen sollte, denn sie würde mir helfen, noch stärker zu dissoziieren als je zuvor. Wieso gerade diese Vorstellung das ermöglichen sollte, war mir in keinster Weise deutlich, aber das interessierte mich in diesem Moment auch nicht mehr; so, wie

vieles andere auch nicht. Es gab nur noch ein Ziel: die Gedanken völlig zum Stehen zu bringen.
Ich fühlte meinen Körper nicht mehr. Mein Kopf kam mir riesig aufgeblasen vor und er kribbelte und prickelte. Es kam mir vor, als hätte man mir Brause ins Gehirn geschüttet. Plötzlich erkannte ich, dass ich die ganze Zeit angepirscht wurde! Jemand versuchte absichtlich, mich unaufhörlich zum Denken zu bewegen. Sobald es nicht funktionierte, dass das Nachdenken über das eine Alltagsproblem verstärkt und weiter verfolgt wurde, verschwand der Gedankenstrang augenblicklich und das nächste Problem trat gedanklich in Erscheinung. Nun verstand ich, dass jeder Gedanke zwar im Alltag eine Bewandtnis hatte, aber nicht in meiner jetzigen und unmittelbaren Gegenwart, denn dort saß ich nur auf einem Stuhl in irgendeinem Haus.
Jetzt konnte ich den Tarner wahrnehmen, wie er an mein Bewusstsein angeschlossen war. Er hatte die Möglichkeit, jeden Gedanken einzuschleusen. Dies klingt wieder ziemlich paranoid, aber aufgrund meines Wissens über seine Tätigkeiten, wusste ich, dass es keinen Grund gab, nun die Beherrschung zu verlieren oder sich gleich in psychologische Obhut zu begeben. Es war äußerst deutlich für mich, dass es sein Wunsch war, zu spielen. Natürlich stand für mich eine Menge auf dem Spiel. Nicht nur mein komplettes Leben, sondern auch mein Verstand und meine Erinnerungen an all meine Freunde, meine Vergangenheit und Lebenserfahrungen. Was wäre, wenn ich all das verlieren würde? Ein Update in irgendeiner Traumwelt und dann gäbe es mich nicht mehr so, wie ich mich kannte. Von einer Nacht auf die andere könnte ich ein ganz neuer Mensch sein. Vielleicht wäre ich dann in der neuen Realität ein Sänger oder ein Busfahrer oder gar ein Kanalarbeiter. Wer will das mit Sicherheit sagen? Vielleicht, so ging mir zur gleichen Zeit durch den Kopf, muss mir all das gleichgültig sein, damit ich den Tarner besiege?
Eines kristallisierte sich langsam heraus: Man kommt dauernd in eine neue Welt und verliert die alte, weiß das aber auf Grund eines Updates gar nicht...

Vivian und ich unternahmen noch viele Versuche, den Tarner zu besiegen, doch wir haben es nie wirklich geschafft. Wir haben viele Erkenntnisse über uns und die Menschen gesammelt, auch hatte jeder die eine oder andere Fähigkeit mit sich nehmen können, aber jeder ging nun seiner Wege und machte für sich allein weiter. Natürlich haben wir uns manchmal noch getroffen, aber die Herausforderung des Tarners geriet für uns als Team immer mehr in Vergessenheit.

Dienstag, 13. Januar 1998

Heute war es ziemlich kalt draußen und an solchen Tagen versuchte man schon, alles zu umgehen, was einen veranlassen könnte, das Haus freiwillig zu verlassen. Als die Nacht anbrach und es Mitternacht war, beschloss ich, heute etwas früher als gewohnt ins Bett zu gehen. Für gewöhnlich hielt ich immer strenge Schlafzeiten ein, d. h. maximal 5-6 Stunden in der Nacht und eine Stunde am Nachmittag. Zu besonders guten Tagen wagte ich mich sogar daran, einfach nur 3 Stunden in der Nacht und dafür 3 Stunden am Tage zu schlafen. Das beeinflusste meinen ganzen Wahrnehmungsmechanismus auffällig. Zwar war man dann einige Stunden lang nie wirklich

richtig wach, aber es besaß den Vorteil, dass der Wahrnehmungsfokus, sprich, die unmittelbare Aufmerksamkeit, getrübt und der Filter meines Egos, das sich überwiegend nur strikt an die vertrauten Wahrnehmungen des Alltags halten wollte, schwächer war. So schlüpften dann ab und zu Informationen in mein Bewusstsein, die normalerweise ausgefiltert würden.
Nachdem ich mich hingelegt hatte, fiel mir erst auf, dass ich den ganzen Abend über irgendwie ein wenig sexuell erregt gewesen war. Selbst die Konzentration auf einen luziden Traum oder eine außerkörperliche Erfahrung fiel mir schwer. Immer wieder trat die eine oder andere attraktive Frau in Erscheinung. Irgendwann schlief ich ein und kurz darauf fand ich mich in einer alternativen Realität wieder:
Ich befand mich mit zwei Männern und einer Frau vor einem Haus und wir unterhielten uns. Insbesondere mit der Frau hatte ich viel Zeit verbracht in den letzten Tagen oder Wochen. Wir kannten uns schon ziemlich gut und fanden einander sympathisch. Sie war eine Asiatin, vermutlich chinesischer oder japanischer Herkunft. Während wir uns vor diesem Haus unterhielten, man frage mich nicht, worum es ging, ließ ich die letzten Tage mit dieser Asiatin Revue passieren. Dabei erinnerte ich mich sehr lebhaft an jeden Moment, den wir zusammen erlebt hatten. Ganz besonders an den Tag, als wir im Badezimmer versehentlich ineinandergelaufen waren und wir völlig spontan übereinander hergefallen waren. Sie hatte sich förmlich die Bluse vom Leib gerissen. Darunter hatte sie einen roten BH getragen. Wir hatten uns leidenschaftlich geküsst und es war uns völlig gleich gewesen, ob nun jemand vorbeikam oder nicht. Überhaupt schien sie die Farbe Rot zu mögen, denn sie trug offensichtlich noch einen Slip sowie halterlose Strümpfe in der gleichen Farbe unter ihrem Kleid, die allesamt zum Vorschein kamen. Ich erinnerte mich, dass sie auch einen roten Kimono besaß. Kurz sah ich sie in dem besagten Kimono vor meinen Augen auftauchen und ertappte mich bei dem Gedanken, dass weiblichen Asiaten Rot auch einfach gut steht zu ihren schwarzen Haaren und ihrer oftmals zierlichen Gestalt. Im gleichen Augenblick fiel mir noch ein anderer Traum ein, in dem ich mit ihr Sex gehabt hatte und das war auch der Moment, in dem ich völlig luzid wurde. Ich erkannte den Traum als diesen und konnte eindeutig schlussfolgern, dass ich mich nun ebenfalls in einem Traum befand, doch die Lust hatte sich bereits so weit hinaufgeschaukelt, dass ich die Luzidität dazu genoss, mich einfach nur zu amüsieren.
Irgendwann erwachte ich dann mit einem breiten Grinsen im Gesicht. Nachdem dieses verschwunden war, erinnerte ich mich noch an einige andere Träume, in denen diese Asiatin aufgetaucht war. Natürlich war ich gerade motiviert, herauszufinden, wer diese Frau war, aber kam zu keinem Ergebnis. So ist das nun, dachte ich, die Welt der Träume ist so zahlreich mit alternativen Realitäten durchzogen, dass man stets hunderte loser Fäden in den Händen hält.

Mittwoch, 21. Januar 1998

Wenn man sich jetzt noch an den Traum mit der Hexe erinnert, in dem ich hatte beobachten können, wie ich einen Virus unter meine Selbste gestreut hatte, der einige dazu befähigt hatte, andere Selbste aufzusuchen und sie temporär zu besetzen, so durfte ich nun aufgeklärt werden, dass ein anderes Selbst von mir damit bereits viel

früher angefangen hatte als ich. Vielleicht war ich gar nicht der Urheber des Ganzen, hoffte ich insgeheim. Darüber erhielt ich in dem folgenden Traumerlebnis Aufschluss: Ich kam zu mir, als ich mich in einer Turnhalle befand. Dort saß ich auf einer dieser langen Holzbänke. Der Geruch schien mir so vertraut, die hallenden Geräusche und der kalte Boden, auch hier in der Umkleide. Doch, so wusste ich intuitiv, handelte es sich nicht um die Turnhalle, die ich zu meinen Schulzeiten aufgesucht hatte.
Weiter rechts entdeckte ich eine Glastür, hinter der sich einige Jungs befanden, die Fußball spielten. Neben mir saß in einigen Metern Entfernung die Sportlehrerin.
„Dann zieh dich mal schnell um, damit du mitspielen kannst", meinte sie.
„Würde ich sehr gerne", antwortete ich, „aber ich muss noch ins Sekretariat."
Sie nickte und ich verließ die Sporthalle. Das Seltsame an dieser Traumerfahrung war, dass ein höchst sonderliches Update an dieser Stelle hereinkam. Es war ein Update, wie ich es in dieser Form kaum erlebt hatte, denn es enthielt Daten, die nur schwer zu erklären waren. Für mich war es in diesem Moment keineswegs schwer verständlich, aber es in genaue Worte zu fassen, war eine kleine Herausforderung. Jedenfalls schien es ein Selbst von mir zu geben, sehr bewusst und weit entwickelt, dass es sich zur Aufgabe gemacht hatte, unterschiedliche, alternative Realitäten aufzusuchen und diese konstruktiv zu verändern. Es sprang in die Rolle eines dort lebenden Selbstes und beeinflusste ganz gezielt, diplomatisch und bewusst die Umgebung. Es nahm kleine Korrekturen vor oder drehte etwas in eine andere Richtung, das andernfalls vielleicht unangenehm ausgegangen wäre. Um dies zu bewerkstelligen hatte es sämtliche Tricks erlernt, die man können muss, um sich z. B. in Dinge und Menschen zu verwandeln, zu fliegen, sich zu teleportieren, andere telepathisch anzuzapfen oder Gegenstände telekinetisch zu bewegen. Wie gesagt, das Update war höchst seltsam, aber klar und deutlich. Verwunderlich war jedoch für mich, wie es dazu kommen konnte, dass ich dieses Update erhielt, das offensichtlich für ein anderes Selbst aus meinem Persönlichkeitspool bestimmt war. Oder war es etwa möglich, dass die präsentierten Updates beeinflusst und in sich selbst noch einmal aktualisiert werden konnten? Eine ungeheuerliche aber sehr interessante Behauptung, schlussfolgerte ich. Assoziationen zu Begriffen wie „Walk-Ins" und „Dreamwalker" kamen mir ins Gedächtnis (*s. a. Glossar*). Dabei handelte es sich um Persönlichkeiten, die in der Lage waren, ihren Geist an andere Körper anzuschließen, sozusagen als heimlicher Beobachter, Träume anderer Menschen zu betreten und die Persönlichkeiten zu beeinflussen oder auch, um andere Körper zu betreten, die sogar physisch waren.
Nachdem das Update komplett war, wusste ich, was die Aufgabe des Selbstes gewesen war, das hier so liebend gern den Dreamwalker oder Walk-Inn zu spielen schien. Ich wollte sehen, ob ich es diesem nachtun konnte und so verließ ich die Halle und lief einige hundert Meter bis zu einem Wohnheim. Im vierten Stockwerk angekommen, klopfte ich an eine Tür, von der ich wusste, dass ich zuerst hierhin zu gehen hatte. Hinter dieser Tür wohnte eine Studentin, die die Adresse einer weiteren Frau besaß, die ich besuchen musste. Es ging vermutlich um eine dieser Korrekturen, die der Dreamwalker vorzunehmen gedacht hatte.
Als die Tür sich öffnete, stand mir eine splitternackte Frau mit blonden Haaren gegenüber, die zu einem Dutt hochgesteckt waren. Offensichtlich war sie gerade unter der

Dusche hervorgekommen, denn sie war teilweise noch mit Schaum bedeckt. Ich versuchte cool zu bleiben und lächelte freundlich, während ich mich nach Claudia erkundigte, eben jener Frau, die ich besuchen sollte. Sie nickte, drehte sich um und ging in einen anderen Raum. Plötzlich öffnete sich eine andere Tür. Ich weiß nicht wieso, aber instinktiv tarnte ich mich sofort, indem ich mich in eine Lampe verwandelte, die mir gerade spontan in den Kopf schoss. Ich besaß nun einen großen, langen Stiel mit breitem Fuß und einem roten Schirm oben auf. Die Frau öffnete die Tür, hinter der die Blondine verschwunden war und befahl ihr, sich schnell etwas anzuziehen, denn sie müssten schleunigst gehen. Nicht eine Minute später verließen sie die Wohnung und schlossen gründlich hinter sich ab. Ich hatte soeben noch wahrnehmen können, wie die Blondine sich suchend nach mir umgesehen hatte, aber mich nicht hatte entdecken können.

Nun war ich in der Wohnung eingesperrt. Als ich mich zurückverwandelt hatte, suchte ich nach einem Ausgang. Ein Kippfenster würde schon völlig ausreichen, um mich in eine Fliege zu verwandeln und hindurchzufliegen. Nach kurzer Zeit entdeckte ich ein Fenster und verließ das Wohnheim.

Unten auf der Straße entdeckte ich die beiden Frauen wieder. Sie wirkten gehetzt. Nun flog ich keine zehn Meter über ihnen. Claudia schaute sich immer wieder um, als würde sie meine Anwesenheit spüren, aber sie konnte mich nicht ausfindig machen.

Ich jagte noch eine Weile hinter ihnen her, bis sie in ein Taxi stiegen und davonfuhren.

Gern hätte ich mich noch weiter in dieser Realität aufgehalten, aber ich erwachte dann irgendwann. Während ich die Ereignisse noch einmal Revue passieren ließ, fragte ich mich doch, was wohl der Dreamwalker denken würde, wenn er beim Eintritt in diese Realität sein Update hereinbekommen würde.

Freitag, 23. Januar 1998

Die Zeit war angebrochen, um einige technische Geräte auszuprobieren, die es auf dem Markt gab, um Meditationen oder veränderte Bewusstseinszustände zu begünstigen. Aus diesem Grund hatte ich mir vor einiger Zeit zwei dieser Geräte bestellt und wollte sie einfach mal testen.

Heute hatte ich darum eine so genannte „*Mind-Machine*“ erhalten. Dabei handelte es sich um ein graues Gerät mit einem Kopfhörer und einer schwarzen Brille. Das Gerät verfügte über mehrere Programme, um unterschiedliche Zustände zu erreichen. Die Brille besaß auf den Innengläsern rote Leuchtdioden, die in unterschiedlicher Geschwindigkeit flackerten. Mit dem Kopfhörer war es möglich, Töne mit bestimmten Mustern und Frequenzen wahrzunehmen. Diese Kombination hatte zum Ziel, die eigene Konzentration zu verbessern, die Lernfähigkeit zu erhöhen, sich zu entspannen oder zu meditieren. Was immer man gerade bevorzugte, konnte in einem bestimmten Programm abgespielt werden.

Ich legte mich auf mein Bett und schaute mir den Kasten an. Die Bedienungsanleitung war sehr knapp und einfach. Nun besaß ich die Wahl zwischen all den Möglichkeiten, die das Gerät zu bieten hatte. Gut, dachte ich, dann nehmen wir das längste

Programm und natürlich das, das meditative Zustände unterstützt. Nachdem ich alles eingestellt hatte, legte ich mich zurück und genoss die Show.
Das Flackern vor meinen Augen, durch diese Brille simuliert, begann ziemlich hektisch und im grellen Rot mit seinem Rhythmus, während über die Kopfhörer ein andauernder, aufdringlicher Ton zu hören war. Dies ging einige Minuten so, bis sich die akustischen und optischen Frequenzen beruhigten und ich von dem Stressüberfall langsam in einen ruhigeren Zustand hinein-glitt. Die Frequenz sank immer tiefer und ich fühlte eine deutliche Entspannung. Vor meinen Augen tauchten viele, undefinierbare Formen und Strukturen auf. Plötzlich bekam ich das klare Gefühl, jemand befände sich in meinem Apartment. Der Tisch knackte einige Male sehr laut und jemand schien um mich herumzulaufen oder ganz nah bei mir zu sein und sich bemerkbar machen zu wollen. Nach 40 Minuten Beschallung und Geflackere endete das Programm so abrupt, wie es begonnen hatte. Langsam nahm ich Kopfhörer und Brille ab. Was sich mir dann bot, war schon die Beschallung wert. Meine ganze Wahrnehmung schien zu schwimmen, die Gegenstände und der komplette Raum wirkten instabil und flüssig. In mir selbst fühlte ich eine Spaltung, die von zwei Persönlichkeiten ausging, die unterschiedlich auf diese *Mind-Machine* reagiert hatten. Während der eine begeistert war von den Ergebnissen und der nun offensichtlichen Tatsache, dass die Realität nur eine flüssige Illusion auf der Innenwand einer Membran darstellt, wehrte sich ein anderer dagegen und wollte mit alldem nichts zu tun haben. Persönlich wunderte mich, dass dieser verängstigte Anteil meiner selbst sich nur so selten zeigte, wenn überhaupt. Wie viele Menschen haben esoterische Berichte gelesen und möchten gern ebenfalls solche Erfahrungen erleben, aber sind sich ihrer eigenen Ängste in keinster Weise bewusst und wundern sich daraufhin, wieso sie nichts erleben. Die Auseinandersetzung mit den Ängsten ist daher sehr wichtig. Aus diesem Grund empfand ich die Wirkung der *Mind-Machine* schon als sehr effektiv.
Die Diskussion zwischen den beiden ging noch eine Weile weiter, während ich noch auf andere Effekte achtete. Manchmal hörte ich ein tiefes Brummen in mir, das sich anhörte, als würde ein Generator in einem Keller vor sich hinarbeiten, oder ich vernahm einen Hubschrauber, der in immer gleicher Entfernung auf etwas zu warten schien. Die Rotorblätter waren jedoch recht deutlich zu vernehmen. Während ich zu analysieren versuchte, woher diese Geräusche kommen, bzw. welche Realität sich dahinter wohl verbergen konnte, glaubte der ängstliche Teil in mir, ich hätte mir nun einen *Tinitus* eingefangen. Einige Minuten später verließ ich meinen Körper und schwebte zur Decke auf. Ich drehte mich zur Seite und kurze Zeit später schoss ich in den dunkeln Sternenhimmel kalter Tage.

Montag, 16. Februar 1998

Ich weiß nicht mehr, was geschehen war. Zwar konnte ich mich noch daran erinnern, mich ins Bett gelegt zu haben, aber ich kann mich an nichts Weiteres mehr erinnern. Jedenfalls befand ich mich gerade in einer Kneipe, in der ich auf einer Bank saß, während mir Tränen an der Wange herunterliefen. Dabei sprach ich wild auf die Asiatin ein, die ich aus meinen Träumen kannte. Ich hatte das starke Bedürfnis, etwas

zu regeln, was uns betraf. Sie war jedoch eiskalt und stand mir provokativ gegenüber und lächelte mich verächtlich an.
„Verschwinde endlich!“, sagte sie.
Ich schüttelte den Kopf und weigerte mich zu gehen, weil ich das Thema eben klären wollte, aber sie hörte nicht auf mich und stand auf, um die Kneipe zu verlassen. Sie trat auf die Straße und ich schaute ihr traurig hinterher. Ich konnte nicht verstehen, wieso sie so gemein und rücksichtslos zu mir sein konnte, wenn wir uns doch sonst so gut verstanden. Am liebsten wäre ich ihr hinterhergerannt und hätte sie daran gehindert, fortzugehen, um mit ihr offen über alles zu reden, aber ich konnte mich sammeln und gab auf. Es war ein inneres Loslassen. Es ging nicht darum, zu reden oder zu streiten und ich ließ sie gehen. Plötzlich verschob sich etwas in mir, so, als hätte jemand ein Selbst in mir durch ein anderes ausgetauscht. Kurz darauf wurde mir sofort klar, dass sich die Asiatin völlig korrekt verhalten hatte. Sie hätte nicht auf mich eingehen dürfen, da ich in einen Gedankenstrang verwickelt war, der nicht gut für mich gewesen war.
Als hätte sie es gefühlt, machte sie auf dem Absatz kehrt und kam zu mir. Auf ihren Lippen lag ein freundliches Lächeln.
„Da bist du ja wieder!“, meinte sie und nahm meine Hand.
Wir gingen dann ein wenig spazieren.
Ich weiß nicht mehr, worum sich eigentlich alles gedreht hatte oder was das Thema gewesen war, aber irgendwie fühlte ich Dankbarkeit für sie. Nicht nur, dass sie nicht auf meine tyrannische Art und Weise eingegangen war, sondern weil sie sich verwandelte, nachdem ich mich auch wieder verwandelt hatte.
Dann trafen wir einige andere Personen. Unter ihnen befand sich ein Südländer. Während er so vor mir stand und lächelte, erinnerte ich mich gleichzeitig an einige unserer Begegnungen. Man erzählte über ihn die unglaublichsten Geschichten. Niemand konnte verstehen, wie er das immer schaffte. Doch für einen kurzen Augenblick konnte ich in die Psyche dieses Südländers blicken und erkannte sein Geheimnis: Er hatte einen Geist besiegt, der ihn dauernd verfolgt hatte. Mithilfe dieses Geistes war er nun zu den unglaublichsten Taten in der Lage.
Während die anderen in Gespräche vertieft waren, zog ich den Südländer zur Seite und sagte ihm, dass ich von seinem Geist wüsste, den er bei sich habe. Er wurde sofort sauer und packte mich am Kragen und schmetterte mich mit dem Rücken an eine Hauswand.
„Woher weißt du das?“, schrie er mich an.
Ich war noch ganz benommen von seiner heftigen Reaktion und es fiel mir schwer zu antworten.
„Ich… weiß es halt.“
Dann ließ er mich los. Nun bemerkte ich, dass die anderen auf uns aufmerksam geworden waren und ihnen unsere Auseinandersetzung nicht entgangen war.
„Nun müssen wir ihn mitnehmen“, meinte die Asiatin. „Seine Intuition ist sehr auffällig. Er hat dich angezapft. Anscheinend hat er noch andere Fähigkeiten.“
Ich schaute irritiert: „Worum geht es?“
„Das wirst du schon sehen!“, entgegnete sie knapp und ich folgte ihnen.

Ich hatte den Eindruck, dass sie mit mir in eine Wohnung wollten, um mich zu testen oder die schlimmsten Dinge mit mir anzustellen. Ich dachte darüber nach, zu fliehen, aber ich war auf der anderen Seite doch zu neugierig.
Auf dem Weg haderte ich noch mit mir selbst. Vielleicht stellten sie Dinge mit mir an, wie sie in Studentenverbindungen oft exerziert wurden, wenn jemand Neues aufgenommen wurde, oder es waren Perverse, die nur jemanden gesucht hatten, um unanständige Dinge mit ihm zu treiben.
Als wir in der Wohnung angekommen waren, fielen sie tatsächlich über mich her! Ich wehrte mich, aber sie waren stärker als ich. So ergriffen sie mich und fesselten mich an eine Säule, die sich in dem Raum befand.
Das hatte ich nun davon! Man geht halt nicht mit fremden Leuten mit, schoss es mir durch den Kopf.
Sie standen vor mir und begutachteten mich mit einem abschätzenden Blick. Dann holte einer von ihnen Besteck aus der Küche und stellte sich in drei Metern Entfernung mir gegenüber.
„Mal sehen, wie er darauf reagiert“, meinte er mit einem bösen Funkeln in den Augen.
Dann warf er mit Messern und Gabeln nach mir. Es waren bestimmt an die dreißig Stück, die auf meine Brust und meine Beine trafen. Seltsamerweise fühlte ich jedoch keinen Schmerz. Ich dachte fieberhaft nach. In was für eine Situation war ich hineingeraten? Was machten sie da mit mir? Wie pervers sind diese Leute? Hätte ich das vorher gewusst, wäre ich niemals mitgegangen! Wieso hatte mich meine Intuition nicht gewarnt? Wieso bewarfen sie mich mit dem Besteck und warum fühlte ich den Schmerz überhaupt nicht? Sollte ich nun so tun, als würde es weh tun? Vielleicht empfanden sie dann Genugtuung und würden mich dann in Ruhe lassen. Wenn ich jetzt nicht so tun würde, als würde es mir Schmerzen bereiten, dann machten sie vielleicht noch schlimmere Sachen mit mir, die ich dann aber fühlen würde… also tat ich so, als würde mir das Besteck Schmerzen bereiten.
Links neben mir stand nun wieder die Asiatin. Sie schüttelte den Kopf und atmete einmal schwer durch.
„Macht ihn los!“, sagte sie zu den anderen und sie befreiten mich.
Nachdem sie mich auf einen Stuhl gesetzt hatten, ruhte ich mich erst einmal aus.
Während ich dort saß und die Asiatin beobachtete, wusste ich ganz plötzlich ihren Namen! Er kam mir einfach zugeflogen. Ling Wu. Sie schien eine Chinesin zu sein. Ich überlegte, ob dies denn überhaupt ein weiblicher Name war, da ich nur meine Intuition zur Rücksicherung besaß. Trotz ihrer manchmal herrischen Art und eines Faibles für diverse Foltermethoden, fühlte ich eine starke Verbundenheit zu ihr.
„Nun kommt die letzte Prüfung. Schau auf dieses Loch dort unten in der Wand.“
Ich entdeckte es ziemlich schnell. Es sah aus wie ein Mauseloch.
„Konzentriere dich darauf und warte, was geschieht“, fuhr sie fort.
Ich folgte ihrer Anweisung. Plötzlich kam aus diesem Loch ein dackelartiges Tier herausgeschossen!
„Was… was ist das für ein Tier?“, fragte ich.

„Wir wollen sehen, ob es dich mag. Das ist alles“, hörte ich jemanden im Hintergrund sagen.
Während ich das Tier mit meinen Augen verfolgte, erkannte ich, dass ich es ein wenig beeinflussen konnte. Manchmal bewegte es sich so, wie ich es wollte und kurze Zeit später konnte ich es zum Knurren und Bellen bringen.
Die Asiatin nickte zufrieden. „Es akzeptiert dich.“
Ich wusste jetzt nicht, was das zu bedeuten hatte, aber ich war froh, dass die Nummer mit dem Folterbesteck ihr Ende gefunden zu haben schien.
Plötzlich kam das Tier auf mich zugerast und blieb vor mir stehen. Es blickte zu mir hinauf und in dem Augenblick ging etwas von ihm aus, dass ich vielleicht einen Gedankenstrom nennen könnte. Es wollte mir ein Geschenk machen!
In nächsten Moment sah ich mein komplettes Leben an meinen Augen vorüberziehen. Es war, als besäße dieses Tier, oder ich, im Geiste ein kleines Buch, in dem mein Leben festgehalten worden war, auch wenn es, aus meiner Perspektive, noch nicht beendet war. Während mein Leben an mir vorüberraste, versuchte ich angestrengt wichtige Informationen festzuhalten, wichtige Ereignisse, vielleicht auch, um der einen oder anderen Gefahr entgehen zu können, aber alles raste förmlich an mir vorüber. Nachdem es vorbei war, konnte ich mich dummerweise nur daran erinnern, dass ich noch zwei Frauen begegnen würde, die eine besondere Stellung in meinem zukünftigen Leben einnehmen würden. Besondere Gefahren waren mir nicht aufgefallen, aber ich konnte mich daran erinnern, dass es ein schönes Leben sein würde. Eine der Frauen besaß ein längliches Gesicht, braune, lockige Haare und machte den Eindruck, als sei sie eine Musikerin oder ähnliches.
Nun baute sich wieder die Asiatin vor mir auf.
„Und?“
Sie wollte vermutlich hören, woran ich mich erinnern konnte. Vielleicht, so spekulierte ich, war aber auch eingeplant gewesen, dass ich mich an so gut wie nichts erinnern würde.
„Ich… ich habe mein komplettes Leben an mir vorüberziehen sehen“, antwortete ich.
„Aha“, entgegnete sie.
Da wurde mir klar, dass es sie nicht interessierte, was ich gesehen hatte.
„Was immer du gesehen hast, ist uns nicht wichtig. Es ist nur wichtig, dass diese Informationen, die du gerade erhalten hast, von dir abgespeichert wurden. Du musst dich nicht an alles erinnern.“
Auf der einen Seite war ich erleichtert, dass ich mich nicht an jede Einzelheit erinnern sollte, aber auf der anderen Seite hätte ich es sehr gern. Es gab einige interessante Stellen, die ich gesehen hatte und ich hätte mich nun gern daran erinnert.
Dann drehte sich die Asiatin zu den anderen und meinte: „Ich denke…“, sagte sie zu den anderen, „das reicht uns.“
Einer der Männer trat nun neben mich und tippte mir auf die Schulter. Ich drehte mich um. Dann gab er mir das kleine Buch, in dem mein Leben stand.
Ich erwachte in meinem Bett.
Es war ein sehr langer Traum gewesen und ich konnte mich an jede Einzelheit gut erinnern. Ich lachte laut über mich selbst. Der Test mit dem Besteck war zwar abstrus,

aber besaß seine Legitimität. Immerhin hatten sie mich damit testen wollen, wie bewusst ich mir meines gegenwärtigen Zustandes war, denn ich konnte eigentlich überhaupt keinen Schmerz fühlen, weil ich dort nicht körperlich anwesend war. Ich besaß dort zwar genügend Bewusstsein, um den Schmerz nicht zu fühlen, aber leider nicht genügend, um zu erkennen, dass ich mich dort in meinem zweiten Körper befand. Nicht nur hätte ich über die Nummer mit dem Besteck lauthals lachen sollen, sondern ich hätte mich jederzeit durch meinen bloßen Willen befreien können. Ebenso besaß ich genügend Bewusstsein darüber, dass ich das seltsame Tier mit meinen Gedanken kontrollieren konnte, aber nicht genügend, um mir darüber im Klaren zu sein, dass ich alles andere auch hätte kontrollieren können.

Montag, 17. Februar 1998

Wenn man sich an die beiden Träume erinnert, die ich von dem Pärchen hatte, die mir ein alter Mann an die Seite gestellt hatte, um die eine oder andere Kreatur zu besiegen, so mögen vielleicht noch Fragen offen geblieben sein. Manches Mal hatte ich darüber nachgedacht, was es z. B. für eine Frau gewesen sein konnte, die ich so stark vermisst hatte. In Anbetracht dieser Fragen tauchte in dieser Nacht nun eine Vorgeschichte auf, die den anderen beiden Traumerfahrungen dieser Art offensichtlich vorauszustellen ist. Dort lernte ich die Frau kennen.

Heute Nacht sollte ich diesen älteren Mann treffen, den ich nun seit einiger Zeit kannte und von dem ich seit unserem ersten Treffen sofort intuitiv verstanden hatte, dass er von Dingen wusste, die sich jenseits unserer normalen Alltagswelt abspielten. Gewiss hatte ich meine Zweifel, die sich manchmal mit Zorn und unerklärlichen Gefühlswallungen demonstrativ in mein Bewusstsein schoben. In anderen Momenten fühlte ich in seiner Gegenwart ein inneres Zittern oder Vibrieren, entsprechend einem unterschwelligen Hinweis aus unbestimmter Quelle, dass ich mich vorzusehen habe, so, wie wenn man die Empfindung besitzt, hinter der nächsten Ecke könnte eine Bedrohung hervorspringen. In einem dieser Momente fragte ich ihn einmal nach meinen Gefühlen ihm gegenüber und er antwortete mit einem mörderischen Grinsen auf seinen Lippen, dies seien meistens Reaktionen des rationalen Verstandes, der sich auf unterbewusster Ebene bedroht fühlte. Ich brauchte längere Zeit, um zu verstehen, was er damit gemeint hatte, doch er gab mir etwas, das mir niemand anderes jemals hätte geben können. Er gab mir eine Perspektive auf mein Leben, die sich von allen anderen Perspektiven unterschied und allumfassend war. Sie erklärte so viele Dinge, die man gewöhnlich niemals miteinander in Beziehung setzen würde, so zusammenhängend und integrativ, aber auch mit verborgenem Witz ohnegleichen. Viele seiner kleinen Randbemerkungen, die ich für Sprücheklopferei oder unbedachtes Kommunizieren gehalten hatte, stellten sich später als fundamentale Hinweise dar, um mich auf bestimmte Situationen angemessen vorzubereiten. Ohne seine kleinen Kommentare und verkappten Hinweise wäre ich vermutlich in der nächsten Phase gescheitert und vor mir selbst davongelaufen. Doch folgten dann wieder Momente, in denen er mir so vertraut und freundlich erschien, dass ich ohne Bedenken mit ihm an jeden Ort dieser Welt gegangen wäre.

Nun war es mal wieder soweit. Wir hatten eine Verabredung und wollten uns an einer alten Burg treffen, die sich im Südwesten Deutschlands befand, in der Nähe des Rheins. Es war eine wunderschöne Strecke mit dem Zug dorthin und die vielen Ruinen auf den Bergen schenkten der Landschaft eine mystische Atmosphäre. Manchmal waberte der Nebel über den Baumgipfeln kleiner Wälder und Abhänge, sodass man sich für kurze Augenblicke in einen angenehmen Fantasy-Roman entführen lassen konnte, in dem langhaarige Ritter gegen unliebsame Gestalten kämpften oder Elfen einen an fremde Orte entführten, mit dunklen Zugängen und Höhlen, verborgenen Baumeingängen und magischen Kreisen. So manches Mal hüpft man mithilfe seiner Fantasie über die lang gewordene Zeit einer Fahrt hinweg.
„Ich freue mich, dass du gekommen bist“, sagte er zur Begrüßung und blickte mir tief in die Augen. „Es ist sehr wichtig.“
Wir umarmten uns kurz. Er hatte mir stets gesagt, eine Umarmung würde die Mauer zwischen uns ein wenig schwächen und ich würde dann nicht mehr so stark dazu neigen, ihn so misstrauisch zu betrachten. Irgendwie musste ich ihm Recht geben.
„Worum geht es?“, fragte ich sofort, weil ich wusste, dass er es gern mochte, wenn man ohne Umschweife zur Sache kam.
„Hm, wie soll ich es dir sagen, ohne dass du wieder einen deiner Misstrauensanfälle bekommst?“, meinte er hämisch grinsend und setzte sich auf eine Mauer, die Teil einer Treppe war, welche zu einem kleinen See in der Nähe der Burg führte.
Er machte es wieder einmal spannend und ich setzte mich neben ihn.
„Ich habe eine Frau getroffen, um die wir uns unbedingt kümmern müssen“, fuhr er fort.
Ich überlegte, ob dies seine Art war, mir mitzuteilen, dass er sich frisch verliebt hatte.
Er grinste mich mit großen Augen an, als könnte er genau fühlen, was ich wohl in diesem Moment dachte. Ich verwarf den Gedanken wieder, er könnte vielleicht unaufgefordert in meinen Gedanken stöbern. Immerhin befanden wir uns in einer Situation, in der dies nicht unbedingt schwer fiel.
„Ich habe lange überlegt, ob ich dir die ganze Geschichte erzählen soll, wer diese Frau ist und was es mit ihr auf sich hat, aber es gab auch niemanden, der *mir* davon erzählen konnte und aus diesem Grunde habe ich mich dazu entschlossen, dass du genau so vorgehst, wie ich es getan habe.“
In diesem Moment zog ich meine Augenbrauen zusammen.
„Denkst du denn, dass ich verstehen werde, worum es geht?“
Er lachte auf.
„Ganz bestimmt!“, rief er und boxte sanft gegen meinen Oberarm.
„Und wann geht es los?“, fragte ich ungeduldig.
Wenige Minuten später standen wir auf der vorderen Seite der Burg. Das große Burgtor befand sich unmittelbar vor mir und mit einem Kopfnicken deutete er an, dass ich nach oben zu den Türmen sehen sollte. In der Dämmerung nahm ich plötzlich eine Bewegung wahr. Auf dem linken Turm sah ich eine Frau, die durch die Zinnen zu uns herunterblickte.
„Das ist die Frau“, meinte er.

Sie trug eine normale Jeansjacke, soweit ich es von unten erkennen konnte, besaß braunes, schulterlanges Haar und ein schönes Gesicht. Plötzlich trafen sich unsere Blicke und trotz der Entfernung zueinander erkannte ich mit einem Mal, was es mit dieser Frau auf sich hatte! Ganz deutlich konnte ich fühlen, dass sie kein Mensch war. Sie war somit aber keine Außerirdische von einem anderen Planeten, viel eher kam es mir so vor, als sei sie aus einer anderen Welt zu uns gelangt, doch ich fühlte gleichzeitig, dass sie nicht in unsere Welt gehörte. Ihre Erscheinung war natürlich menschlich und auf den ersten Blick wäre ihre wahre Herkunft niemandem aufgefallen, doch ein Blick in ihre Augen genügte womöglich, um sie zu verraten. Nun wusste ich, was mein Freund damit gemeint hatte, als er sagte, ich sollte selbst erkennen, was es mit dieser Frau auf sich hatte, und dass er ebenfalls niemanden gehabt hatte, der ihm irgendwelche Erklärungen geliefert hätte. Ein Punkt stach besonders hervor, während sich unsere Blicke trafen: Ich wusste sofort, dass ich diese Frau mit allen Mitteln und, wenn nötig, mit meinem Leben schützen musste! Es war ein sonderbares Gefühl mit unerklärlicher Quelle, doch war es dermaßen deutlich, dass es keinen Zweifel daran gab.

„Hast du das Gleiche wie ich empfunden?“, fragte ich ihn.

„Worauf du dich verlassen kannst“, gab er bedächtig zurück.

Es fiel mir außerordentlich schwer, meinen Blick von ihr zu lassen. Er nahm mich bei den Schulten und drehte mich zu sich hin.

„Wir müssen diese Frau beschützen! Komme, was wolle.“

Ich nickte.

„Sie lebt schon seit einiger Zeit hier und es hat sich ein Kult gebildet, eine Art Sekte, die es sich zur Aufgabe gemacht hat, sie zu töten. Ich weiß nicht, wie es dazu kommen konnte, aber vermutlich funktioniert der Augenkontakt mit ihr bei denen nicht so wie bei uns. Sie fürchten sie und glauben, sie sei eine Ausgeburt Satans. Ich konnte sie hier verstecken, was ich sofort tat, nachdem ich von denen gehört hatte.“

Wie von selbst und ohne viele Worte reihte sich unsere Entschlossenheit zu einem Plan, den wir in jedem Fall befolgen und erfüllen wollten.

Sein Blick uferte ins Grenzenlose, starr und nachdenklich. Die Sonne schenkte uns ihre letzten Strahlen, das tiefe Magenta verschwand aus den Wäldern und die Dunkelheit breitete sich langsam aus.

„Und was tun wir jetzt?“, fragte ich irritiert.

„Wir müssen herausfinden, wie sie in unsere Welt gekommen ist. Danach müssen wir zusehen, dass wir sie wieder zurückschicken.“

Im nächsten Moment fühlte ich, wie das Gefühl in mir aufstieg, sie in unserer Welt belassen zu wollen. Ich spürte, wie ich dazu neigte, meinen Kopf zu ihr drehen zu wollen, erneut in ihre Augen zu blicken und um jeden Preis diese extreme Form der Selbstaufgabe zu spüren, alles für sie tun zu wollen. Ihr Blick gab mir ein Ziel in meinem Leben, eine Aufgabe, die mir keiner nehmen konnte. Ich fühlte mich für einige Momente ritterlich und heldenhaft, aber nicht, um auf getarnte Weise meine Persönlichkeit mit Ruhm und Frauen zu bereichern, sondern aus tiefstem Herzen, fern aller Selbstsucht und allem Image.

„Ich habe sie in der letzten Nacht bereits verteidigen müssen. Wir sind gemeinsam vor mehreren Anhängen dieses Kultes hierher geflohen. Sie tragen einen Ritualdolch bei sich, den sie aus einem ausländischen Museum gestohlen haben. Mehr konnte ich über diese Leute noch nicht in Erfahrung bringen. Heute Nacht treffen sie sich bei einer Zusammenkunft in der Stadt. Sie haben sich dafür einen Raum gemietet, soviel ich weiß, und planen einen großen Schlag gegen diese Frau. Wir können hier auch nicht fort, weil sie außerhalb der Wälder und in der Stadt herumlungern."
„Weißt du ihren Namen?"
„Nein, sie hat bisher nicht zu mir gesprochen. Es scheint mir so, als fiele es ihr schwer, einen Namen zu übermitteln. Ich habe auch den Eindruck, als würde sie das alles gar nicht berühren. Ich weiß noch nicht einmal, ob sie überhaupt in ihre eigene Welt möchte und wie sie hierher gekommen ist. Nur in Anbetracht der Gefahr, die von diesem Kult ausgeht, habe ich den Plan gefasst, sie in ihre Welt zurückzubringen. Wirst du mir helfen?"
Natürlich würde ich ihm helfen, es konnte gar keine andere Alternative existieren. Doch meine Intuition teilte mir mit, dass es nicht mehr notwendig war. Ganz automatisch drehte ich meinen Kopf noch einmal zu ihr und blickte erneut in ihre hellen Augen. Ihre Botschaft war deutlich. Sie teilte mir auf diesem Wege mit, dass sie sich um diesen Kult kümmern würde. Ich war plötzlich sicher, dass sie nun genügend Energien gespart hatte, um sich selbst zu verteidigen, dass sie nur eine Ruhezeit benötigt hatte, um wieder zu Kräften zu kommen. So, als hätte sie der Dimensionswechsel all ihrer Kräfte beraubt. Ich konnte es nicht richtig formulieren, wie es nun zu ihrem sicheren Entschluss gekommen war, aber ich konnte es umso deutlicher fühlen.
„Du wirst gleich in die Stadt fahren, weil die Kultanhänger dein Gesicht noch nicht kennen, und sie ausspionieren. Versuche, dich unerkannt unter sie zu mischen und finde heraus, was sie geplant haben. Vielleicht gelingt dir das eine oder andere, damit wir einen kleinen Vorteil bekommen."
Ich nickte. Dabei fragte ich mich, ob er davon wusste, dass diese Frau sich nun um diese Leute kümmern würde. Doch in der Luft lag eine bedeutungsvolle Dringlichkeit und ich machte mich sofort auf den Weg.
In der Stadt angekommen, sah ich mehrere Menschen, die ein gemeinsames Merkmal besaßen. Es handelte sich dabei um einen schwarzen Stab, den sie bei sich trugen. Ich konnte davon ausgehen, dass es sich um Anhänger dieses Kultes handelte. Daher verfolgte ich sie unauffällig und ließ mich zu ihrem Treffpunkt bringen. Sie führten mich zum Theater der Stadt. Wahrscheinlich besaßen sie genügend Einfluss, es für einen Abend für ihre Zusammenkunft zu mieten.
Ich drückte mich im Foyer herum und versuchte krampfhaft zu verschleiern, dass ich gerade keinen schwarzen Stab trug, indem ich mich an eine Wand lehnte und unauffällig zu Boden schaute. Ungefähr nach einer halben Stunde schienen sämtliche Anhänger in den Bühnenraum gegangen zu sein. Ich wartete noch einige Minuten und ging lautlos zu einer Nebentür und öffnete sie vorsichtig. Die gut isolierte Tür bescherte mir nach dem Öffnen ein großes Geflüster. Sie unterhielten sich untereinander und auf der Bühne stand ein eindrucksvolles Rednerpodest. Langsam, aber sicher geriet ich in Zugzwang, denn mein Freund erwartete einen Vorteil ihnen gegenüber zu

erhalten, um die Frau zu schützen, aber bisher konnte ich nichts dergleichen bieten. Doch kaum hatte ich diesen Gedanken zu Ende gedacht, schoss ein Befehl in mein Bewusstsein, von dem ich wusste, dass er von dieser Frau gekommen war:
„Verschließe alle Türen."
Behutsam schloss ich die Tür und konnte binnen weniger Minuten einige Eisenstangen auftreiben, mit denen ich die Haupttür und einen der beiden Notausgänge blockieren konnte. Die Stangen waren stabil genug, sodass selbst der Ansturm einer größeren Menschenmenge sie nicht brechen konnte.
Nun stand ich mit der dritten Eisenstange vor der letzten Tür. Vorsichtig öffnete ich sie noch einmal, um einen Blick hineinzuwerfen. Kaum hatten sich meine Augen an die Dunkelheit in diesem riesigen Raum gewöhnt, tauchten plötzlich zehn, zwanzig, dreißig und mehr Untote auf, die mit ausgestreckten Armen und schwerem Stöhnen und Röcheln auf die Anhänger losgingen. Nach einem letzten faszinierten, aber auch entsetzten Blick schloss ich die Tür und verbarrikadierte sie ebenfalls mit der verbliebenen Stange. Unsere unbekannte Frau hatte ganze Arbeit geleistet und wie immer sie es vollbracht hatte, so sandte sie ihnen Gegner, die ganz ihrer persönlichen Realität entsprachen. Noch das Geschrei in meinen Ohren vernehmend, wandte ich mich von diesem Ort ab und kehrte zurück zur Burg.
„Sie sind besiegt", schloss ich meinen Bericht für meinen Freund ab.
„Es ist unglaublich. Sie hat die Kraft, eine Realität für andere Menschen zu erschaffen, die ganz ihrem Glauben und ihren Erwartungen entspricht. Das ist eine immense Fähigkeit, die sehr viel Verantwortung verlangt. Mit ihr kann man ganze Heere vernichten."
Ich verstand, welches Gefühl er zum Ausdruck bringen wollte.
„Doch was immer sie getan hat, wir müssen dafür sorgen, dass sie in ihre Welt zurück kann. Wenn es stimmt, was du von ihr wahrgenommen hast, dann besitzt sie jetzt wahrscheinlich genügend Kraft, um zurückzukehren."
Trotz unseres leichten Sieges über diese seltsame Anhängerschaft mit ihrem Glauben an Satan und anderen dämonischen Kräften, deren Feindbild sie dazu verführt hatte, zu dem zu werden, was sie verabscheuten, stieg nun eine schwere Traurigkeit in mir empor. Sie war von einem Moment zum anderen aufgetaucht und durchströmte mein ganzes Sein. Ich riss meinen Kopf zu den Türmen der Burg hinauf und sofort erblickte ich ein hell strahlendes Licht. Es bewegte sich von den Zinnen fort und raste unmittelbar danach durch den Wald. Fieberhaft rannten wir dem Licht hinterher, in der Hoffnung, es einzuholen. Am Waldrand gelangten wir zu einem hohen Weizenfeld und konnten zusehen, wie sich das Licht immer weiter und weiter entfernte. Es war ein kurzer Abschied.
So, wie in einigen Nächten zuvor, zog es mich immer wieder an diesen Ort, um dieser fremden Frau nahe zu sein, ihre Anwesenheit zu spüren, wie in jenen Momenten, in denen sie mir so nahe gewesen war. Es war keine Liebe im klassischen Sinne, sondern eher eine innere Zuneigung, ein unglaubliches Maß an Loyalität und Aufrichtigkeit. In diesen Augenblicken war ich ihr und meiner selbst so nahe, dass all meine Alltagsbelange weit in den Hintergrund traten und mir eine Distanz vermittelten, die mir eine wundervolle innere Ausgeglichenheit gegenüber meiner Welt schenkten;

mochte sie noch so grausam oder vereinnahmend sein. Meine Vergangenheit und Zukunft verblassten in diesen intensiven Momenten der Gegenwart und wurden zu nichtsnutzigen Schatten, die wie ein elender Hausspuk in meinem Kopf herumzutanzen gewohnt, aber nun aus meinem Reich entfernt worden waren.
Plötzlich knackte es im Unterholz. Mein Kopf drehte sich zielsicher in die Richtung, aus der das Geräusch gekommen war. Ich erkannte meinen Freund, der fast wie aus dem Nichts erschienen war und erst im letzten Moment seines Auftauchens diesen Laut von sich gab.
„Sie ist wie eine Droge, nicht?", sagte er zur Begrüßung zu mir und sprach das aus, was ich auch schon einmal scherzhaft festgestellt hatte.
„Ja, mag sein", antwortete ich zögernd. „Ich möchte sie wiedersehen."
„Ich weiß, mein Freund, ich weiß."

Dann erwachte ich. Ich hatte sofort die Intuition, dass dies die Vorgeschichte gewesen war zu der Frau aus der anderen Erfahrung, in der dieser Mann und ich an einem Feld gestanden hatten und traurig gewesen waren, uns von einer bestimmten Frau verabschiedet zu haben.

Mittwoch, 18. Februar 1998

Heute kam per Post ein weiteres Gerät an. Es handelte sich hierbei um den so genannten *Nova-Dreamer*. Dieses Gerät wurde vom *Lucidity Institute* entwickelt, das *Stephen LaBerge* in Napa, Kalifornien gegründet hatte, um Menschen mithilfe technischer Hilfsmittel beim luziden Träumen zu unterstützen. *LaBerge* war es als einzigem Forscher gelungen, das luzide Träumen labortechnisch zu beweisen. Er hat einen großen Teil dazu beigetragen, das luzide Träumen salonfähig zu machen und diesem einen legitimen Status in der Wissenschaft zu verschaffen. Der *Nova-Dreamer* ist eine Art Schlafbrille, die man in der Nacht trägt und die aufgrund eines Sensors, der sich dann gegenüber den Augen befindet, sofort registriert, wenn die schlafende Person in den so genannten *REM*-Schlaf eintritt. Der *REM*-Schlaf ist ein traumreicher Zustand in der Nacht, in dem laut *LaBerge* das luzide Träumen leichter fällt. *REM* ist die Abkürzung für *Rapid-Eye-Movement* (dt.: schnelle Augenbewegungen) und es verhält sich laut vieler Tests in Schlaflaboren so, dass sich in dieser traumreichen Schlafphase die Augen ständig hin- und her bewegen. Der *Nova-Dreamer* registriert die Augenbewegungen und fängt daraufhin an, ein rotes, pulsierendes Licht über zwei Leuchtdioden zu senden. Wenn man sich vorher suggestiv darauf vorbereitet hat, dass man beim Auftauchen eines roten Lichts im Traum an diese Traummaske denkt, kann man hierüber luzide werden.
Eine fein ausgeklügelte Technik, aber ob sie wirklich funktionierte, das wollte ich aus reiner Neugier testen. Ich hatte mich vorher schon einige Male suggestiv darauf vorbereitet, beim Auftauchen von rotem Licht in meinen Träumen zu erkennen, dass ich träume. Da das Gehirn gern einmal Umwelteinflüsse mit in den Traum aufnimmt, könnte es vielleicht funktionieren.
Als ich zu Bett ging, setzte ich die Traummaske auf und schaltete sie ein. Ich bewegte die Augen rhythmisch hin und her, um zu testen, ob sie funktionierte, und siehe da,

die Leuchtdioden begannen zu blinken. Daraufhin stellte ich die Maske so ein, dass sie in den ersten zwei Stunden nicht blinken sollte, damit unbeabsichtigte Augenbewegungen mich nicht wieder aus dem Schlaf holen würden.
Ich träumte, ich ging durch die Einkaufszone einer Stadt. Ich traf einen Freund und während wir uns unterhielten, störte irgendetwas meine Sicht. Es war, als trüge ich eine Brille oder Ähnliches. Irgendwie musste ich immer wieder unter dieser Brille hindurch lugen. Das erwies sich als anstrengend. Auch konnte ich diese Sehbehinderung nicht von meinen Augen fortnehmen, gleichgültig, was ich dafür tat.
Wir gingen dann ein wenig spazieren in einem nahegelegenen Park. Der Bekannte schien dauernd auf meinen Kopf zu starren, als würde sich dort irgendwas befinden. Langsam dämmerte mir, dass er wohl meine Traummaske sah und sich wunderte. Ich erzählte ihm, dass ich diese Traummaske tragen würde, um auszuprobieren, ob man sich damit innerhalb eines Traumes tatsächlich bewusst darüber werden kann, dass man gerade träumt. Leider reichte mein Bewusstsein in dem Moment nicht dazu aus, zu begreifen, dass ich mich gerade wirklich in einem Traum befand. Dies sind die wundervollen Augenblicke, in denen man sich seiner Dummheit bewusst wird, wenn man wieder in seinem Bett erwacht.

Weitere Tests mit dem *Nova-Dreamer* haben ergeben, dass dieser, zumindest bei mir, die Luzidität innerhalb eines Traumes nicht sonderlich förderte. Entweder fiel es mir schwerer, einzuschlafen, da die Maske dabei störte oder ich erwachte sofort durch das Blinken des Lichts. Mit der Zeit wurde mein Schlaf auch viel tiefer, weil der Körper das Bedürfnis aufbaute, sich nicht mehr so leicht stören zu lassen. Dies hatte den Effekt, dass meine Nächte traumloser wurden und ich das Licht überhaupt nicht mehr bemerkte. Ansonsten fand ich die Idee sehr gut. Ein Gerät, für jeden erschwinglich, plus eines Lehrgangs in Form einer Mappe mit Traumaufgaben sowie Bereichen, um die Ergebnisse aufzuführen. *(Der Nova-Dreamer wird mittlerweile nicht mehr im Lucidity Institute hergestellt; Anm. des Autors).*
Sei es nun eine *Mind-Machine* oder ein *Nova-Dreamer*, die Ergebnisse waren zwar nicht sehr zufriedenstellend, aber immerhin hilfreich, das konnte ich nicht abstreiten. Mehr Erfolg erhielt ich jedoch im Umgang mit der *Hemisync*-Technik. Diese Töne kann man sich bequem über eine CD anhören. Diese Technik wurde in den 90ern ursprünglich von *Robert A. Monroe* entwickelt. Seine eigenen außerkörperlichen Erfahrungen haben ihn dahingehend inspiriert, basierend auf den akustischen Wahrnehmungen, die einem auf einer solchen Erfahrung begegnen können, auditiv zu verarbeiten und diese als Kassetten oder CDs anzubieten. Noch heute sind sie als CD erhältlich und finden mittlerweile auch Platz im Meditations-CD-Bereich, sei es für Zen, New-Age oder andere esoterische Ausrichtungen. Mit dieser Technik begünstigt man das Erreichen meditativer Zustände, da die speziell angefertigten Tonfrequenzen das Gehirn dazu veranlassen, in einer bestimmten Frequenz zu schwingen. Während das Gehirn im Wachzustand recht schnell schwingt, so schwingt es im Schlafzustand wesentlich langsamer. Lauscht man nun Tonfrequenzen mit unterschiedlichen Hertzzahlen, so versucht sich das Gehirn diesen Mustern anzupassen und begünstigt den einen oder anderen Zustand. Persönlich habe ich mit der Zeit, da ich mich gut mit

digitalen Audio-Programmen auskannte, eigene CDs angefertigt und konnte damit verblüffende Erfolge erzielen. Wichtig war hierbei, dass man genügend Geduld besaß, wirklich jede Nacht vor dem Schlafengehen diesen CDs zu lauschen.
Ich erhielt auf diese Weise immer wieder luzide Träume und außerkörperliche Erfahrungen. Oft musste ich zwar einige Tage warten, aber der Effekt trat dann irgendwann doch ein. Somit konnte ich sagen, dass meine Testreihe mit den technischen Hilfsmitteln ergaben, dass sich *Hemisync* am besten eignete, wenn man von den starken, bewusstseinserweiternden Substanzen einmal absah, die auf dem Schwarzmarkt angeboten werden.

Donnerstag, 2. April 1998

Ich machte es mir schön bequem im Bett. Das Licht war ausgeschaltet und nur etwas Mondlicht gelangte noch ins Zimmer. Das Fenster hatte ich geschlossen, um mich nicht von den Geräuschen, die von draußen hereinkommen könnten, ablenken zu lassen. Ich konzentrierte mich und plötzlich wechselte ich in einen veränderten Bewusstseinszustand, in dem ich mein ganzes Leben ohne Probleme überblicken konnte. Dieser Zustand überraschte mich in seiner Klarheit und Intensität. Es war, als würde ich auf einen Film blicken, den ich beliebig hin- und herspulen konnte. Somit erhielt ich eine interessante Distanz zu mir selbst und meinem Leben, sodass ich plötzlich die deutlichsten Zusammenhänge erkennen konnte. Normalerweise ist man oft so sehr mit seinem Leben und den Ereignissen identifiziert, dass man keinen richtigen Überblick besitzt. Schaut man sich dagegen z. B. eine Seifenoper im Fernsehen an, dann erkennt man die Zusammenhänge und das Zusammenspiel zwischen den Schauspielern sehr gut. In dieser Position befand ich mich nun. Ich erkannte, dass mein Leben Teil einer Seifenoper ist, die eben nur sehr wenig Überblick ermöglichte, solange man ein Teil dessen war. Nun jedoch war es mir gelungen, eine distanzierte Position einzunehmen und ich konnte alles überschauen. Alles wirkte nun so leicht verständlich. Meine Taten, meine Begegnungen und meine Wünsche. Allesamt vermittelten sie mir deutlich, wie sie miteinander zusammenhingen und wie einfach sie zu verstehen waren. Ich erkannte, dass der Verstand die meisten Dinge nur verkomplizierte, die in Wirklichkeit bei weitem nicht so kompliziert waren. Das Wort ‚verkompliziert' war hierbei noch eine völlige Untertreibung. Es war mir mit Worten nicht möglich, auszusprechen, wie sehr er die Dinge tatsächlich verkomplizierte. Kurzum, ich erkannte alles über mein Leben.
Meine Gedanken waren glasklar und ich erkannte auch viele Zusammenhänge, die mit der Welt zu tun hatten, in der ich meinen Alltag lebte. Plötzlich öffnete sich eine Art Display vor meinen Augen. Ich erhielt einen holografischen Überblick über die Forschung der Ärzte in Bezug auf ihre Instrumente. Mir wurde gezeigt, dass sie einfach nur ins Dunkle forschten und daraufhin Apparaturen erfanden, die recht ungenau den Effekt erzielten, den sie sich wünschten, um ihre Annahmen zu untermauern. Auch ihre Medikamente, die sie erfanden, waren in den meisten Fällen mit Nebenwirkungen beladen, die genau das erzeugten, was eigentlich bekämpft werden sollte. Auch hier zeigte sich wieder, wie der Verstand den jeweiligen Sachverhalt verkomplizierte. Zum Zeitpunkt der Erfindung des Röntgenapparates ließen die Ärzte

riesige Mengen an Strahlungen auf die Menschen los, die daraufhin davon krank wurden. Erst sehr viel später wurde dies erkannt und schwächere Dosen angewandt. Ebenso verhält es sich mit ihren neuen Erfindungen, seien es technische Geräte oder Pharma-Produkte, die das ursprüngliche Problem schwächen, aber wieder ganz neue erzeugen.
In dieser Klarheit musste ich lachen, als ich die verzweifelten Versuche der Ärzteschaft mit ihren Forschungen erkannte. Dann erblickte ich einen Biologen bei der Arbeit, wie er gerade eine Mixtur entwarf, aber während er seine Experimente durchführte, sah ich im Umfeld viele Partikel, die in den meisten Fällen nicht einmal annähernd entdeckt wurden und sich teilweise in seiner Mixtur niederließen und einen zusätzlichen, völlig unberechenbaren Faktor erschufen. Ich erkannte, dass die Natur, oder Gott oder Schöpfer, wie immer man es nennen möchte, unsere Welt bereits perfekt erschaffen hatte. Nur die Arroganz vieler Wissenschaftler hatte zu dem Ergebnis geführt, dass die Faktoren verändert wurden und dass die Manipulation der einen Sache wieder unberechenbare Folgen ermöglichte, die dann wiederum mit neuen Mixturen beseitigt werden mussten.
Ich verstand, dass unser ganzes Denksystem in unserer Gesellschaft nicht auf unserer Alltagsrealität basierte. Dies ist nicht einfach zu verstehen, aber ich erkannte, dass das Denken nicht mit unserer Welt zusammenarbeitete, bzw. es gehörige Diskrepanzen gab, Ungenauigkeiten, die einfach nicht mit dem Verstand allein zu regulieren waren. Vielleicht, so mag man an dieser Stelle einwerfen, sei dies doch keine große Neuigkeit, aber diese Erkenntnis besaß eine weitaus größere Tragweite, denn der Verstand erschien mir wie ein Modul, das man nachträglich in unseren Geist implantiert hatte. Dies mag vielleicht nach einem dieser fragwürdigen Verschwörungstheorien über Alien-Entführungen und deren Doktorspiele klingen, aber in diesem Fall ging es mehr um uns selbst als Menschen. Es war, als hätte man uns ein Gerät in die Hand gegeben, mit dem wir nicht zurechtkamen. Eine Fähigkeit oder ein Hilfsmittel, das jedoch auf unsere Welt nur sehr begrenzt anwendbar war und doch benutzte es jeder unaufhörlich und ohne Unterlass. Woher kam der Verstand überhaupt?
Je weiter ich in diesem Zustand fragte, desto weiter wurde ich auch in die Antworten hineingeführt. All dies erschien auf diesem Display, also dem Bildschirm, als würde ich vor einem Computer sitzen. Ich sah mich selbst als Kleinkind, als mein Verstand noch nicht aktiviert worden war. Ich sah, dass der Verstand ebenso mit der persönlichen Erinnerungsfähigkeit zusammenhängt. Die Erinnerungen machen uns zu dem, der wir sind. Ich dachte an einige Kinofilme, in denen der Hauptdarsteller seine Erinnerungen verloren hatte und daraufhin ein ganz neuer Mensch wurde. Als er sich dann wieder daran erinnerte, wer er vorher gewesen war, verwandelte er sich wieder in ihn zurück. In manchen Fällen jedoch, wenn die Amnesie zu lange gedauert hatte und sich neue Erinnerungen aufgebaut hatten, akzeptierte er die neue Persönlichkeit und warf die alte für immer ab.
Langsam wechselte ich wieder zurück in meinen gewohnten Alltagszustand. Dabei konnte ich förmlich zusehen, wie sich die meisten Informationen verflüchtigten, insbesondere jene, die mit meinen zukünftigen Erfahrungen zu tun hatten. Willkommen zurück in der Tarnung.

Freitag, 10. April 1998

Heute habe ich beschlossen, mir den Film „Contact“ mit *Jodie Foster* anzuschauen. Ich hatte mich eigentlich nie sonderlich für diesen Film interessiert, weil ich eine recht langweilige Inhaltsbeschreibung darüber gelesen hatte. Letztendlich schaute ich mir den Film nur wegen *Jodie Foster* an, weil ich sie als Schauspielerin sehr gut fand. Der Film basiert ursprünglich auf dem Buch mit gleichnamigem Titel von *Carl Sagan* (*9.11.1934; †20.12.1996), einem äußerst sympathischen Exo-Biologen, also einem Mann, der die Naturbedingungen anderer Planeten analysierte. Er war an den meisten unbemannten Weltraummissionen beteiligt.

In diesem Film geht es um eine Frau, die eine Radioteleskopstation nutzt, um Kontakt zu Außerirdischen aufzunehmen. Eines Tages gelingt es ihr tatsächlich, einen Kontakt herzustellen, aber da die Außerirdischen zu weit entfernt leben, um ihren Planeten mit Raumschiffen zu erreichen, übermitteln sie einen Bauplan für ein Gefährt, mit dem die Menschen die Entfernung in kürzester Zeit überbrücken können. Ein Milliardär nimmt sich der tapferen Forscherin an und lässt für sie die Flugmaschine bauen. Diese besteht, einfach betrachtet, nur aus einer großen Kugel, die durch drei rotierende Ringe, welche gleichzeitig ein elektromagnetisches Feld erzeugten, zu fallen hatte. Die Hauptdarstellerin betritt diese Kugel und wird nach Programmstart durch das elektrische Feld geschickt. Kurz darauf scheint sie durch eine Art Wurmloch und durch eine Anzahl von Galaxien zu rasen, vorbei an bewohnten Planeten bis hin zu einem Strand auf einem fremden Planeten.

Dort angekommen, erkennt sie, dass sie sich noch immer in dieser Kugel zu befinden scheint, denn wenn sie ihren Arm ausstreckt, entdeckt sie die unsichtbare Kugel, die reagiert, als ob sie Wasser berühre. Sie ist transparent und scheint diese Umgebung nur zu simulieren. Die Hauptdarstellerin kann diese Kugel auch nicht verlassen, aber kurz darauf kommt ein Außerirdischer zu ihr und als er ihre Kugel betritt, verwandelt er sich in ihren verstorbenen Vater. Nach der rührenden Begegnung und einigen Informationen, reist sie wieder zurück.

Zuhause angekommen wird ihr erklärt, dass die Kugel einfach nur ins Wasser gefallen sei und sich nicht bewegt habe. Für die Hauptdarstellerin jedoch waren in dieser Zeit achtzehn Stunden vergangen. Sie erkennt, dass all ihre interessanten und schönen Erfahrungen nur innerhalb dieser Kugel stattgefunden haben. Offensichtlich eine neue Art des Reisens, aber mit dem Ergebnis, dass ihre Erfahrung nur als ein Traum abgetan wird und ihr niemand Glauben schenkt.

Für mich war dieser Film eine richtige Inspiration und hielt mich mehrere Tage lang in einem leicht veränderten Bewusstseinszustand, in dem ich mir die Welt umso stärker als Projektion innerhalb einer Membran vorstellen konnte.

Man sieht auch in diesem Film deutlich, dass die Existenz und das Wissen über eine individuelle Membran mit derartigen Fähigkeiten und in der sich ein jeder Mensch befindet, auch über verschiedene Quellen in unser Bewusstsein dringt, sei es durch Romane, Filme oder direkte Erfahrungen. Ebenso beinhaltet allein der Titel des Films die unterschwellige Botschaft, dass der Kontakt nur hergestellt werden kann, wenn man diese Kugel benutzt.

Welche Möglichkeiten könnten sich durch eine vollbewusste Nutzung der Membran ergeben? Und an dieser Stelle wird die Schlüsselfrage gestellt, die die Basis und das Ziel für die Bewusstseinserweiterung darstellt!
Eine Analyse der Membran würde erst einmal folgende Punkte klarstellen:

1. Sie stellt jede beliebige Umgebung und Person dar.
2. Jede Bewegung ist simuliert *(analog zu Flugsimulatoren).*
3. Sie kann jede beliebige Entfernung überbrücken.

Der bewusste Navigator der Kugel wäre also imstande, jede beliebige Bewegung auszuführen und durch das ganze Universum zu reisen, wenn es gewünscht wird. Jedwede Bewegung wäre nur eine Simulation innerhalb der Kugel, ob wir nun zu Fuß, mit dem Auto oder dem Flugzeug unterwegs sind. Wir befinden uns die ganze Zeit über in dieser Membran.
Dies erinnert doch gleichzeitig sehr an *Star Trek* mit seinem Holo-Deck. Auch hier hat das unbewusste Wissen des Menschen über die unbewusste Existenz der Membran Ausdruck gefunden. Das Holo-Deck ist ein Raum, in dem eine Umgebung künstlich erzeugt wird mithilfe einer holografischen Technik, die ihre dargestellten Bilder dermaßen bündeln kann, dass sie berührbar sind. Die holografischen Personen sind also normal anzufassen, aber durchweg vom Computer erzeugt. So, wie es in unserer heutigen Zeit Computerspiele gibt, ist es auf diesem Holo-Deck möglich, sich stundenlang oder gar monatelang durch Stadt und Land zu bewegen, ohne jemals zu bemerken, dass man sich nur in diesem einen Holo-Raum befindet. Dies ist einige Male Thema in *Star Trek* gewesen. Hochzeiten werden auf einer spanischen Fregatte auf hoher See gefeiert oder man ist James Bond im Auftrage des britischen Geheimdienstes und erlebt seine Abenteuer mit Bösewichten und attraktiven Frauen. Dies erinnert auch irgendwie an die Kunst des (luziden) Träumens. Es wird eine Umgebung mithilfe des Unbewussten bereitgestellt, in der man seine Erfahrungen macht. Wenn man eigentlich in seinem Bett schläft und gleichzeitig Abenteuer in seinen Träumen erfahren kann, dann stellt sich zu Recht die Frage, welche Realität ist nun echt und welche vom Unbewussten erzeugt?
Das Erzeugen einer Realität ist also für das Unbewusste offensichtlich kein Problem. Im Bruchteil einer Milliardstel Sekunde erschafft es eine komplette Stadt, so, wie ein Computer dies auf unseren Monitoren ebenfalls mit Leichtigkeit bewerkstelligen kann – wenn man hierbei einmal von den gegenwärtig noch existierenden Programmladezeiten absieht.

Dienstag, 28. April 1998

Nachdem ich einen Freund besucht hatte, fuhr ich nach Hause. Dort angekommen war ich nur noch wenige Meter von meiner Haustür entfernt, als es plötzlich zu blitzen anfing. Der Himmel war nicht bewölkt, somit konnte es sich nicht um ein Gewitter handeln und Fotos machte um diese Uhrzeit auch niemand mehr von mir, dachte ich, aber mir war schon klar, dass dieses Blitzen vielmehr eine interne Wahrnehmung war. Wieder blitze es. Über meine Ohren legte sich eine Art Glocke, die mir jemand übergestülpt hatte und die Geräusche, die ich durch mein Gehen und Rascheln verursachte, wurden sehr dumpf und entfernten sich immer mehr. Mittlerweile konnte ich kaum

noch etwas hören und dafür aber ein extrem lautes Fiepen vernehmen, das ebenfalls von innen her stammte. Dann empfand ich ein Gefühl der Distanz zu meiner Alltagsrealität. Ich hinterfragte die gegenwärtige Situation und zog tatsächlich in Zweifel, ob ich mich denn hier nun wirklich vor meiner Wohnungstür befand und ob der Besuch bei meinem Freund stattgefunden hatte oder nicht.
Plötzlich teilte ich mich in meinem Geist in zwei Hälften und befand mich daraufhin ziemlich schnell an zwei Orten gleichzeitig! Ich befand mich zwar gerade vor meiner Haustür und suchte meinen Schlüssel, aber gleichzeitig erfuhr ich mich liegend in einem Bett. Dort lag ich schlafend und träumte, dass ich gerade nachts nach Hause komme, weil ich einen Freund besucht hatte und vor meiner Wohnungstür nach den Schlüsseln suchte! Es war eine paradoxe, aber auch faszinierende Situation, in die ich plötzlich gelangt war. Das Blitzen, das an ein entferntes Wetterleuchten erinnerte, schien damit direkt zusammenzuhängen.
So schnell, wie diese Wahrnehmungen aufgetaucht waren, verschwanden sie auch wieder. Plötzlich wurde dieses Piepen in den Ohren leiser und die imaginäre Glocke von mir genommen. Die Spaltung und der Eindruck, als läge ich in einem mir fremden Bett und träumte von dort aus die Situation, in der ich mich gerade befand, löste sich auf, als hätte sie nie existiert.
Ich setzte mich erst einmal auf die Stufen vor meiner Haustür. Es war alles so schnell gegangen. Die Wahrnehmung, an zwei Orten gleichzeitig zu sein, war mir nicht unvertraut, aber es war überraschend, mitzuerleben, wie sich diese Wahrnehmung so rapide hatte einstellen können. Es war förmlich ein Überraschungsangriff.
Nun dachte ich über den Tarner nach. Wie ich mir vorstellen konnte, stammte diese Wahrnehmung von ihm bestimmt nicht, , aber was hatte dann dafür gesorgt, dass ich dieses Erlebnis erfahren konnte, ohne großartig darum gebeten zu haben? Ich konnte letzten Endes nur davon ausgehen, dass noch ein anderes Selbst in mir existierte, das, ebenso wie ich, daran arbeitete, das Bewusstsein zu erweitern. Vielleicht war dieses andere Selbst in mir schon weiter fortgeschritten als ich? Eventuell wusste es mehr als ich. Es könnte sich vielleicht auch um den Dreamwalker handeln, dessen Spuren ich in einem meiner Träume entdeckt hatte.
Dann holte ich meinen Schlüssel heraus und schloss die Tür auf.

Mittwoch, 29. April 1998

Kürzlich hatte ich eine Frau kennengelernt, Esther, mit der ich mich sehr gut verstand. Wir trafen uns manchmal unterhielten uns viel. Wir hatten uns über eine Autorengruppe kennengelernt und sie war durch meine Geschichte „Die Vorreiter" auf mich aufmerksam geworden. Immerhin werden in dieser Kurzgeschichte viele philosophische und existenzielle Fragen aufgerührt und diese hatten sie offensichtlich angesprochen. Wir gingen noch bestimmt zwei Stunden draußen spazieren und mir wurde schnell klar, dass ich sie irgendwoher kannte. Ich überlegte fieberhaft, aber ich kam nicht sofort darauf. Erst später fiel mir wieder der Traum ein, in welchem eine Asiatin mich getestet hatte, um herauszufinden, ob ich einer von ihnen war. In diesem Traum hatte mir ein kleines Tier, das hinter den Wänden lebte, mein ganzes Leben gezeigt. Dort hatte ich zwei Frauen gesehen, denen ich noch begegnen würde und ich war mir ziemlich sicher, dass eine von ihnen Esther war. Innerlich war ich sicher, dass wir uns bereits seit vielen Jahren kannten, auch wenn ich sie an diesem Tag zum ersten Mal traf. Mir fehlte nur die Erinnerung daran. Aus ihrer Perspektive betrachtet verhielt es sich nicht anders.

Heute wollte ich Esther besuchen um nachzuschauen, wie es ihr ging und wieder einmal ein interessantes Gespräch zu führen.

So saß ich kurze Zeit später mit Esther in ihrer Wohnung bei einer Tasse Tee. Ihre Wohnung war, da Esther fleißige Studentin war, nicht sonderlich groß, aber sehr sauber und ordentlich. Ebenso blitzten mir ihre Tassen, die sie gerade auf den Tisch stellte, um später darin den Tee zu servieren, lupenrein entgegen.

Wir unterhielten uns. Plötzlich nahm ich aus dem Augenwinkel wahr, wie eine Art Schliere mit menschlicher Silhouette durch die Wand kam, den Raum durchquerte und durch die nächste Wand wieder verschwinden wollte. Es schien ein Mann zu sein. Dieser Augenblick meiner Wahrnehmung war so flüchtig, dass er mir auch leicht hätte entgehen können, aber aus irgendwelchen Gründen hatte ich ihn trotzdem wahrgenommen.

Mein Kopf ging dem Besucher sofort nach und bevor dieser in der Wand verschwand, hielt er inne und schien uns nun anzuschauen. Ich erzählte Esther sofort von meiner inneren Wahrnehmung und sie begann zu schaudern. Und als sie noch einige Fragen zu meiner Wahrnehmung stellte, verlor ich gleichzeitig die Wahrnehmung über diesen Mann.

Eine Minute später drängte sich mir jedoch ganz spontan eine Vorstellung auf, in der jemand vor mir stand und mit den Händen vor meinen Augen herumfuchtelte. Ich wunderte mich kurz über diese unterschwellige Vorstellung, schob sie aber wieder beiseite, da sie wieder so nebensächlich und unbedeutend schien. Vielleicht eine weitere Minute später erkannte ich, wieso ich mich gewundert hatte! Diese Vorstellung war eine Information gewesen, sozusagen ein „inneres Sehen“, womit mir mitgeteilt wurde, dass dieser Besucher, der aus der Wand getreten war, auf mich zugekommen war und so, wie man sich davon überzeugen möchte, ob ein Blinder tatsächlich blind ist und darum vor seinem Augen hektische Bewegungen mit der Hand macht, so hatte auch er mich entsprechend testen wollen. Anscheinend hatte er sich gewundert, dass ich ihn hatte wahrnehmen können. Es musste ihm auf telepathischem Wege aufgefallen sein, dass ich ihn bemerkt hatte. Wieder bekam ich einen starken Schauder und Esther ebenfalls, als ich ihr meine weitere Wahrnehmung mitteilte.

Wir unterhielten uns noch eine Weile. Irgendwann bekam ich das Gefühl, dass der geheimnisvolle Fremde verschwunden war.

An diesem Abend besaß ich wieder einmal die absolute Sicherheit, dass die Ebene der Außerkörperlichkeit eine richtige Welt für sich ist, eine Realität, die von mehreren Menschen und wohlmöglich auch Wesen gleichzeitig genutzt werden kann. Meinen Erfahrungen nach kann ich bestätigen, dass man im außerkörperlichen Zustand spielend Menschen in ihren physischen Körpern beobachten kann, aber anders herum ist es nicht so leicht und müsste eingehend trainiert werden. Zu dieser Zeit besaß ich ein wenig Training und konnte darum diesen geheimnisvollen Mann einigermaßen wahrnehmen.

Ich dachte wieder an die Membran. Vielleicht war es diesem Mann gelungen, seine Membran zu kontrollieren. Oder handelte es sich *nur* um eine Person, die auf ihren außerkörperlichen Reisen zufällig hier vorbeigekommen war?

Sonntag, 14. Juni 1998

Am heutigen Tag traf ich mich mit Esther. Wir unterhielten uns den ganzen Abend und nach einiger Zeit gelangten wir zu dem Thema Computer. Kurz darauf stießen wir auf *Timothy Leary* und *John C. Lilly*, die beide davon ausgingen, dass das menschliche Gehirn ein Biocomputer sei, den man beliebig programmieren könne. Kurz darauf meldete sich mein Körper, indem mir ein Schauer über den Rücken lief. Gleichzeitig fing ich an zu frieren und meine Beine zitterten leicht. Ich bekam daraufhin das Gefühl, mich von mir selbst zu distanzieren. Es war, als ob ich mich dabei beobachtete, wie ich hier in meinem Apartment saß und mich mit Esther unterhielt. Diese Distanz war so stark, dass ich meiner Umgebung und meinem gewohnten Ich gegenüber ein temporäres Fremdheitsgefühl aufbaute. Ich war mir zwar dessen bewusst, dass ich dort in meinem Apartment saß, doch dieses Ich war für mich nur noch ein Objekt, eine Art Puppe oder Rolle, die ich beobachten und beliebig lenken konnte. Ebenso war ich nicht mehr in der Lage, über irgendetwas nachzudenken oder mich daran zu erinnern, was ich gestern, letzten Monat oder in den letzten Jahren erlebt hatte. Es war vollkommen unwichtig und belanglos, denn in diesem Moment zählte nur die absolute Gegenwart. Die Gegenwart, die von Augenblick zu Augenblick sprang. So konnte ich mich dort sitzen sehen und beobachten, wie ich Esther diesen Zustand zu beschreiben versuchte. Im Weiteren kam mir dieser Zustand aus vielen anderen Erfahrungen bekannt vor: dass ich in solchen Momenten immer wieder das Gefühl besaß, ich würde zu Hause ankommen. Es war, als wäre dieser Zustand einst vertraut und überdurchschnittlich gewohnt gewesen und ich war wieder zu ihm zurückgekehrt.

Nun konnte ich in Esther mehrere Persönlichkeitsanteile beobachten, die sich abwechselnd zu Wort meldeten. Zur gleichen Zeit entdeckte ich, wenn ich meinen Fokus nach innen richtete, stets einen Persönlichkeitsanteil in mir, der sich dem von Esther stets sehr genau anpasste. Doch es gelang mir auch, die Wahrnehmung umzukehren, sodass ich den jeweiligen Persönlichkeitsaspekt in mir ansprach und Esther sich dann diesem anpasste. Für einen Moment erschien es mir, als könne ich die Realität beliebig kontrollieren, indem ich einfach den Persönlichkeitsaspekt in mir ansprach, den ich bei dem anderen ebenfalls sehen wollte. Lenkte ich meine Gedanken z. B. auf ein bestimmtes Thema, wurde es plötzlich von Esther angesprochen. Es war sehr verblüffend. Ich konnte mir sehr gut vorstellen, dass jemand, der diese Persönlichkeitsaspekteauswahl ununterbrochen und ständig anwenden könnte, in der Lage wäre, seine Umwelt beliebig zu manipulieren. Dies erinnerte mich prinzipiell an die Möglichkeit, die eigene Membran zu beeinflussen, zu reisen und beliebige Welten oder Bewegungen zu erzeugen. Das Durchfliegen von Wurmlöchern, um weite Distanzen im Universum zurückzulegen, könnte durch die Manipulation der Membran bewerkstelligt werden. Man würde durch Wurmlöcher rasen, aber sich in Wirklichkeit

nicht bewegen. Irgendwann wäre man vielleicht in der Lage, eine Distanz von Milliarden Lichtjahren innerhalb eines Lidschlages zurückzulegen.
Die Gedanken sprachen meinen Körper sehr an und er schauderte, als wollte er mir beipflichten, wenn ich den Zusammenhang zwischen der Membran und den Persönlichkeitsaspekten herstellte.
Ich versuchte, Esther dazu zu bringen, diese Persönlichkeitsaspekte ebenfalls wahrzunehmen, aber ich erkannte, dass sie sich ein wenig schwer damit tat. Es war eine Form der Tarnung, die das Erkennen einzelner Persönlichkeitsaspekte untergrub, so wie man einem potenziellen Arbeitgeber gegenüber nur bestimmte Seiten seiner selbst präsentiert, damit er einen auch ganz bestimmt anstellt. Man legt bei einem Bewerbungsgespräch eben nicht die Füße auf den Tisch oder packt erst einmal seine Tüte Chips aus. Bestimmte Persönlichkeitsaspekte werden also bewusst ausgeblendet. Bei der Tarnung der Persönlichkeitsaspekte verhält es sich ähnlich. Wenn man einmal die Persönlichkeitsaspekte mit Rollen vergleicht, die man im Alltag spielt oder zu spielen hat, dann kann man vielleicht verstehen, wie der Zustand dargestellt werden kann, in dem ich mich gerade befand. Es war mir möglich, sämtliche Rollen einer Person aufzuschlüsseln und aufzuteilen. Dadurch gelang es mir, die Charaktere eines Menschen zu erkennen, unabhängig davon, welche Rollen mir die Person gerade bewusst vorstellte und welche nicht. Diese Vorgehensweise erforderte allerdings eine Bereitschaft zur Präsenz des eigenen Rollenrepertoires und genau an diesem Punkt beginnt der Grund zum Aufbau der Tarnung. Die uneingeschränkte Darstellung von Rollen erfordert eine Bereitschaft, zu der die wenigsten Menschen bereit sind.
Wenn ich dann einmal in mein eigenes Inneres schaute, erkannte ich meine Taktiken und Vorgehensweisen, in bestimmten Situationen auch bestimmte Rollen anzuwählen. Doch in den meisten Fällen, wenn man sein normales Alltagsleben lebte, wählt man die jeweiligen Rollen nur unterbewusst an. Ich erkannte in diesem Augenblick, dass es ein verborgenes Selbst in uns gibt, hyperintelligent und bewusstseinstechnisch viel entwickelter als die eigene Persönlichkeit, das die Anordnung und Platzierung der Persönlichkeitsaspekte unterstützt, bzw. managt.
Dieses verborgene Selbst war nun Thema in unserer Unterhaltung und für einen Augenblick kam es mir so vor, als handelte es sich bei dieser verborgenen Instanz um eine Art Computer. Ich äußerte meine Gedankengänge Esther gegenüber, während ich meinen interessanten Zustand langsam verließ und zur Normalität zurückkehrte.
„Da bekomme ich aber eine Gänsehaut, wenn du das so darstellst. Ich kann es mir zwar nicht vorstellen, aber mein Körper reagiert darauf."
„Wenn ich nun an *Leary* und *Lilly* denke, die das Gehirn mit einem Biocomputer vergleichen und ständig davon sprechen, dass wir Programme in unserem Biocomputer eingesetzt haben, die unser Denken, Fühlen und Verhalten beeinflussen, dann könnte es doch sein, dass sie das Gehirn anstelle dieses verborgenen Selbstes setzen, damit der Mensch eine bildliche Vorstellung besitzt, sozusagen als Symbol."
„Das wäre eine Möglichkeit", meinte Esther. „Es würde erklären, wieso sie den Begriff Computer und Programme verwenden."

„Ob es vielleicht Programme im Biocomputer gibt, die einen Schreibschutz besitzen, sodass man sie nicht löschen oder überschreiben kann? Das wäre doch logisch“, meinte ich.
Doch unsere Körper reagierten nicht auf meinen Kommentar, weder meiner noch Esthers. Es war offensichtlich, dass der Verstand zwar eine logische Erklärung gefunden hatte, diese aber so überhaupt nicht zutraf. Es fehlte die Bestätigung.
Ich fuhr fort: „Ich stelle mir gerade einen herrenlosen Computer vor, der höher als alles andere an vergleichbaren Geräten in unserer Welt ist. Hochintelligent und in der Lage, jede beliebige Umgebung zu erzeugen, automatisiert und programmiert. Natürlich berücksichtigt er einige unserer Wünsche, die wir äußern oder zu denen wir ein Gefühl haben. Wir haben diesen Computer vergessen und nutzen ihn nur unterbewusst.“
Esther nickte. „Das kann ich mir sehr gut vorstellen. Es wäre wirklich interessant, wenn man ihn programmieren könnte, ganz nach Gutdünken. Doch irgendwie kann ich mich damit nicht anfreunden.“
„Ich verstehe. Hier ist auch noch nicht das letzte Wort gesprochen. Unsere Körper haben uns einen Hinweis gegeben, dass wir auf der richtigen Spur sind. Es bedeutet nicht, dass wir die Lösung gefunden haben. Es gibt noch einige Geheimnisse, die wir zu ergründen versuchen.“
Wir unterhielten uns noch ein wenig, bis wir den Abend beendeten. Als Ergebnis ließen wir die Spur im Raume stehen, die uns unsere Körper mitgeteilt hatten. Es scheint ganz so, als gäbe es eine Art Computer in unserer Psyche, der in der Lage ist, unsere Wünsche, unser Verlangen, unsere Hoffnungen und auch Ängste zu speichern und diese daraufhin teilweise anzustreben. Eine Art Wunschmaschine mit unglaublichen Fähigkeiten. Ein PC aus unserer Gegenwart wäre einem Menschen aus dem Mittelalter wie Zauberei vorgekommen. All diese Grafiken und Geräusche, die er erzeugen kann. Ist es dann verwunderlich, zu sagen, dass wir in unserer Gegenwart einer solchen Instanz gegenüber, wie eben diesem Biocomputer, an Zauberei denken und es sich unser Verstand nicht vorstellen kann, dass es so etwas gibt? Wenn es diese Wunschmaschine tatsächlich gibt, wer hat sie erschaffen und installiert? Welchen Sinn besitzt sie?

Montag, 15. Juni 1998

Heute bin ich sehr spät ins Bett gegangen. Es mag vielleicht schon 3 Uhr gewesen sein. Zuerst hatte ich einen Freund besucht, danach noch einen interessanten Film gesehen und etwas gelesen. Irgendwann beschloss ich dann doch, das Buch zuzumachen und mich auf die Seite zu legen. Ich war auch mittlerweile zu müde, um zu meditieren, und wollte nur einschlafen.
Plötzlich saß ich vor einem Computer. Ich war eine Frau und neben mir saß ein zehnjähriger Junge. Es kann sein, dass es sich hierbei um meinen Sohn handelte.
„Jetzt mach schon!“, rief der Junge ungeduldig.
Gleichzeitig kam eine ältere Frau herein. Sie war vermutlich meine Mutter und bestimmt schon Rentnerin. Liebevoll stellte sie uns etwas zu trinken und einige Kekse auf den Tisch.

„Hier meine Lieben! Damit ihr nicht die ganze Nacht ohne etwas hier sitzen müsst."
Langsam verstand ich die Situation, als das Update hereinkam.
Ich war eine 35jährige Mutter mit ihrem Kind. Seit mehreren Jahren war ich eine Hackerin, die es gelernt hatte, den Computer gut zu bedienen. Wir hatten uns für diese Nacht vorgenommen, in ein System einzudringen. Ich konnte aus dem Update nicht herauslesen, worum es dabei ging, aber es war uns sehr wichtig.
Der Junge schien sich ebenfalls etwas auszukennen und wurde von *mir* angelernt. Dabei schaute er sich jede Eingabe genau an, die ich machte und lernte somit früh.
„Bevor ich anfange", meinte ich, „fehlt da noch etwas sehr Wichtiges…"
Daraufhin kramte ich eine Perücke aus einer Schublade heraus und setzte sie mir auf.
„Was soll das denn jetzt?", rief der Junge. „Das hast du doch noch nie gemacht."
„Dann wird es ja ab heute Zeit", antwortete ich und setzte mich wieder an den Tisch.
Meine *Mutter* meldete sich nun zu Wort: „Nun sag doch mal, wieso setzt du denn diese alberne Perücke auf, wenn du in einen fremden Computer einsteigen willst?"
„Ganz einfach, ich tue das, damit ich einen anderen Persönlichkeitsaspekt in mir anspreche, der es viel besser kann als ich. Dieses Mal ist es wichtig, dass ich das tue, denn dieser Anteil meiner selbst ist wesentlich geeigneter als ich."
Dann erwachte ich aus diesem Traum. Es war alles darin enthalten, worum es in meinem gestrigen Gespräch mit Esther gegangen war: Ganz andere Rollen, als die, die ich in meinem Alltag spielte sowie der Hinweis auf den Computer und die Persönlichkeitsaspekte, die man mit bestimmten Hilfsmitteln offenbar besser ansprechen konnte. Das Hacken des fremden Computers war vielleicht ein Hinweis darauf, dass ich gern Zugang zu der Wunschmaschine, dem Biocomputer erhalten wollte, mich sozusagen in ihn hineinzuhacken, damit ich ihn kontrollieren konnte. Doch aus welchem Grund war ich die Mutter eines Kindes in diesem Traum? Ich vermutete, dies war ein Hinweis auf die alternativen Realitäten. In einer anderen Realität war ich eben die Mutter eines Kindes und verfolgte vielleicht diese Freizeitbeschäftigung, aber diese alternative Realität wurde aus symbolischen Gründen hinzugezogen, um mir eine Botschaft mitzuteilen: Du kannst den Computer hacken! Es ist möglich, die Kontrolle über diese Wunschmaschine zu erhalten, sodass du deine eigene Realität erschaffen kannst. Lerne, verschiedene Rollen zu spielen, auch wenn es einmal eine Rolle ist, die du dir niemals bewusst aussuchen würdest. Mache dir den Zugang zu diesem Supercomputer bewusst und lerne, ihn zu bedienen.

Donnerstag, 25. Juni 1998

Ich saß an meinem Computer und formatierte einige Texte für eine Anthologie, die wir in einer Autorengruppe für ein Buch zusammenstellen wollten. Während ich die Texte überarbeitete, verschleierte sich immer wieder mein Blick. Es war wie ein Schleier, der sich kurzzeitig über meine Augen legte. Ich bemerkte, wie Gedanken in mir aufstiegen, ob ich denn jetzt schon Probleme mit meiner Augenschärfe bekäme, aber dann erkannte ich sofort die Tarnung. Mit diesem hypochondrischen Gedankengang sollte getarnt werden, dass hier etwas ganz anderes ablief. Sofort hielt ich inne und schaute aufmerksam in mich hinein. Ich fühlte eine Angst! Irgendetwas beunruhigte mich. Außerdem fühlte ich mich beobachtet. Schnell stand ich auf und lief im

Zimmer auf und ab. Dies beruhigte mich stets und gab mir die Möglichkeit, erfolgreicher über etwas nachzudenken, das gerade geschah.
Plötzlich fühlte ich deutlich, dass ich nicht mehr allein war. Eine Persönlichkeit befand sich ebenfalls in meinem Apartment und ich suchte misstrauisch die Umgebung ab. Ich konzentrierte mich auf das Gefühl in meinem Solar Plexus und empfand unterhalb der Unruhe ein mir fremdes Gefühl, das nicht zu mir gehörte bzw. eine andere Art jener Gefühle war, die ich sonst bei mir kannte. Dieser Zustand war mir bekannt, denn dieses „fremde" Gefühl war sozusagen ein Andocken einer nichtphysischen Persönlichkeit, die mich zu kontaktieren versuchte. Also griff ich das Gefühl auf und übte mich darin, es zu übersetzen. Es entstand eine direkte, aber nonverbale Kommunikation zwischen mir und der anwesenden Persönlichkeit. Es war ein Austausch von Gefühlspaketen, die übersetzt werden wollen. Der Kontakt schien wie folgt abzulaufen: Die Persönlichkeit sandte mir eine Botschaft, die von meinem Unbewussten aufgenommen und an mich weitergegeben wurde. Dies äußerte sich in einem mir unbekannten, nicht starken, aber auffälligen Gefühl, bei dem ich schnell den Eindruck gewann, dass es „formuliert" werden möchte. Ich sprach diese Persönlichkeit nun direkt an und hoffte, das Gefühl noch klarer übersetzen und somit eine stabilere Kommunikation aufbauen zu können:
„Wer bist du?", fragte ich laut in den Raum hinein.
Darauf antwortete sie nicht, es entstand kein weiteres Gefühl in mir. Doch fühlte ich, dass die Persönlichkeit nun direkt vor mir stand und ein großes Interesse an mir zu haben schien. Gleichzeitig fühlte ich aber, dass sie mich nicht absichtlich aufgesucht hatte, eher schien es so, als hätte es sich irgendwie ergeben oder als hätten wir uns plötzlich gegenüber gestanden.
„Ich kann dich ganz genau fühlen", sprach ich weiter, auch weil ich aus meiner starken Neugier heraus den Kontakt derart aufrechterhalten wollte. „Kannst du mir deinen Namen sagen, dann habe ich eine Kennung von dir und kann den Kontakt, den wir jetzt haben, noch verstärken."
Im Weiteren übersetzte ich einmal die nonverbale Kommunikation, um sie verständlicher zu machen. Sie war anders und spannender aufgebaut als ein rein gedanklicher Kontakt. Diese nonverbale Kommunikation war intensiver und höchst interaktiv.
„Wir haben hier keine Namen. Wir brauchen auch keine", konnte ich nun übersetzen.
„Aber wir Menschen haben Namen. Außerdem hätte ich gern einen Namen, damit ich den Kontakt halten kann. Ich befürchte, dass er gleich abbricht", entgegnete ich.
Die Persönlichkeit reagierte einfach nicht. Es war, als ob sie sich absichtlich weigerte. Plötzlich:
„Ich habe etwas für dich!", meinte sie endlich.
Mit einem Mal und völlig unvorbereitet drehte sich irgendetwas in mir um, zumindest war das meine Empfindung, und ich konnte plötzlich in der Zeit nach vorn blicken! Ich sah mein ganzes Leben deutlich vor mir, weit in die Zukunft hinein. Ich sah, dass ich unabhängig all meiner zukünftigen Taten mit ungefähr fünfzig Jahren noch viele persönliche Erkenntnisse und Umgang mit anderen Realitäten haben würde, selbst wenn ich mich einmal aus dem einen oder anderen Grund dagegen entscheiden würde, weiterhin dafür zu meditieren. Im Weiteren sah ich, dass noch viele interessante

Sachen auf mich zukommen und sich einige meiner Wünsche auch realisieren würden. Es war eine sehr gute Zukunft, aber es ging so schnell, dass ich nicht richtig folgen oder mir alles einprägen konnte. Dieser Film, den ich gerade sah, lief einfach zu schnell! Das Ganze hatte vielleicht nur wenige Sekunden gedauert, aber als es vorbei war, wusste ich, dass diese Persönlichkeit mir dies zum Geschenk gemacht hatte. Ich bedankte mich bei der Persönlichkeit, noch völlig fasziniert und euphorisch und kaum in der Lage, die kurzweilige Informationsflut zu verarbeiten. Ich sortierte und es ratterte in meinem Kopf, während ich natürlich umso bestrebter war, den Kontakt weiterhin aufrecht zu erhalten.
Sie erzählte mir dann noch einiges über mein Leben und verabschiedete sich dann mit dem Namen „Tampah“ von mir. Leider traf ich die Persönlichkeit nie wieder. Es ist auch nicht so, als hätte ich es jemals wirklich ernsthaft versucht. Es war eben eine einmalige Begegnung.
Nachdem Tampah verschwunden war, schaltete ich den summenden Computer aus. Ich wollte mehr Stille und in Ruhe darüber nachdenken, was eben vorgefallen war.
Ich stellte mich vor mein Balkonfenster und schaute nach draußen. Dort sah ich eine Frau aus einem Auto steigen. Ihre Schlüssel fielen zu Boden. Dann blickte ich auf das Dach des gegenüberliegenden Hauses und ich erhielt das eindringliche Gefühl, dass mein Apartment und der Parkplatz und das Haus dort draußen zwei völlig verschiedene Welten darstellen. Nicht nur aufgrund ihrer Unterschiedlichkeit, wie man sich vielleicht vorstellen könnte, sondern ich sah es mit meinem inneren Auge, dass es zwei Welten waren, die durch mein Balkonfenster miteinander verbunden waren. Es war wie ein magisches Tor, das man durchschreiten konnte, um eine neue Welt zu betreten. Für einen Moment kam ich mir wie in einem Märchen vor, in dem jeder Mensch ein magisches Wesen ist und dies nur seit Urzeiten vergessen hat. Die Magie wirkt jedoch weiter, selbst wenn diese magische Welt zu unserem Alltag geworden ist.

Freitag, 10. Juli 1998

Am heutigen Abend war Anne zu Besuch, eine Freundin von Esther. Wir hatten uns kennengelernt und dann einfach verabredet mit dem Ziel, dass Anne einmal ihre eigenen Persönlichkeitsaspekte kennenlernt. Sie hatte von Esthers und meiner Erfahrung gehört und wollte auch einmal etwas in dieser Richtung erleben. Ich hatte ihr zugesagt und zur optimalen Vorbereitung vermittelte ich ihr nach ihrer Ankunft gleich eine genaue Anweisung, wie man am besten und intensivsten dissoziieren konnte. Anne war jedoch eine Person, die gern pedantisch nachfragte, wie etwas gemeint war oder wie der genaue Vorgang abzulaufen hatte.
„Welchen Sinn hat es denn, wenn man dissoziiert?“, fragte Anne.
„Der Sinn der Dissoziation ist, dass man seine Gedanken anzuhalten versucht. Der menschliche Geist setzt den Großteil seiner Energien dafür ein, zu denken. Ebenso definiert sich der Mensch mit seinem Selbstbild über das Denken und seine Erinnerungen. Wenn ein Mensch in seiner Schulzeit viel gehänselt und verprügelt wurde und aus diesem Grunde mit einem geringen Selbstbewusstsein durch das Leben zieht, dann liegt es nicht mehr an den negativen Ereignissen aus der Vergangenheit, sondern

an seinen Erinnerungen von dieser Zeit. Würde dieser Mensch beispielsweise seine Erinnerungen durch einen Unfall verlieren, dann bestünde für ihn die Möglichkeit, sein geringes Selbstbewusstsein abzulegen. Es sind die Erinnerungen, die uns zu dem machen, was wir sind."

„Du meinst, wenn ich dissoziiere, dann kann ich meine Erinnerungen löschen?"

„Nein, es wird nichts gelöscht. Die Dissoziation versetzt dich in einen Zustand, in dem du vorübergehend keinen Zugriff mehr auf dein Langzeitgedächtnis besitzt. Deine Erinnerungen an dein Elternhaus, deine Kindheit, Schulzeit, Partnerschaften und viele andere Erfahrungen sind für einen gewissen Zeitraum nicht mehr zugänglich. Dieser Zustand hält jedoch nicht sehr lange an. In vielen Fällen nur ein oder zwei Minuten, aber diese reichen aus, um dein Bewusstsein in einen anderen Zustand zu katapultieren. Das kann sehr plötzlich geschehen oder auch flüssig und schleichend."

„Ist das Langzeitgedächtnis dann geschädigt oder wie kann es sein, dass es aussetzt? Wie kann man das biologisch oder psychologisch erklären?", fragte Anne noch einmal nach.

„Das Langzeitgedächtnis trägt keinen Schaden davon. Mithilfe der Dissoziation wird eine Art Blockade aufgebaut, die den Zugang sperrt. Das ist biologisch gewiss nicht zu erklären und selbst die Psychologie wird hierzu keine verlässliche Antwort liefern können. Ich habe dir von den Updates erzählt, die in einem Traum möglich sind. Das Langzeitgedächtnis wird beim Betreten einer jeden alternativen Realität stets ausgetauscht. Dieser Erinnerungsaustausch erschwert es dem Träumer sehr, sich von einem Traum in den anderen transportieren zu können, ohne seine Klarheit und sein Bewusstsein über sich selbst zu verlieren. Zu Dissoziieren bedeutet nichts anderes, als einen traumähnlichen Zustand im Wachzustand herbeizuführen. Man wechselt dabei zwar nicht gleich ins Träumen, aber es ist möglich, eine Art Vorstufe zu erfahren. In dieser Vorstufe bleibt das Langzeitgedächtnis gesperrt und nimmt das Update des Alltags nicht mehr an, sondern tendiert zu einem Update einer benachbarten, alternativen Realität. Wenn man das erreicht hat, dann kommen völlig neue Informationen und Wahrnehmungen herein, die man im Alltag normalerweise nicht bemerkt."

Anne verstand immer mehr, worum es beim Dissoziieren geht und welche Wirkungen es verursachen kann. Kurz darauf setzten wir uns gegenüber und begannen mit der Dissoziation.

Wir saßen uns vielleicht eine halbe Stunde gegenüber als sie anfing, am ganzen Körper zu zittern. Dies geschah auf die gleiche Weise, wie ich letztens in meiner Unterhaltung mit Esther gezittert hatte. So manches Mal ging ein Ruck durch ihren Körper und ich konnte deutlich erkennen, dass sie in diesem Augenblick einen anderen Persönlichkeitsaspekt in ihr Bewusstsein transportierte, der zuvor noch nicht dagewesen war. Das Zittern des Körpers, das Kältegefühl und den gelegentlichen Ruck, der durch ihren Körper jagte, kannte ich nur zu gut. Ich hatte diesen Zustand als die Aktivierung der inneren Sinne bezeichnet, weil dieser Vorgang es ermöglicht, die eigenen Persönlichkeitsaspekte kennenzulernen.

„Wie fühlst du dich gerade?", fragte ich sie.

„Mir ist kalt und ich bin unruhig. Es wird irgendwie immer heftiger und dieses ständige Zucken in meinem Körper. Was ist das nur?"

„Mach dir da keine Sorgen. Du beginnst nur deine inneren Sinne zu aktivieren. Stelle dir vor, dass du aus mehreren Persönlichkeitsaspekten bestehst, die sich nun zu Wort melden werden.“ Sie runzelte die Stirn und konnte sich vermutlich nicht vorstellen, wie das im Einzelnen ablaufen sollte.
Ich erhob mich und öffnete das Fenster, um etwas zu lüften.
Als ich mich wieder setzte, hatte Anne bereits einen Bewusstseinszustand betreten, in dem sie ihre eigenen Persönlichkeitsaspekte überblicken konnte.
„Das sind aber viele von diesen Aspekten“, meinte sie.
Ich nickte.
Im Verlauf des weiteren Abends sprang Anne immer wieder durch mehrere verschiedene Persönlichkeitsanteile ihrer selbst. Sie erkannte einige Dinge über sich und diese Selbste:
„Wenn ich mir diese Persönlichkeitsaspekte anschaue und sie mit denen vergleiche, die ein Mensch üblicherweise nutzt und präsentiert, dann sind diese Menschen gefangen! Sie benutzen nur zwei oder drei davon, wenn es hochkommt. Das ist wie eine Gefangenschaft. Man kann nicht über seinen eigenen Schatten springen, weil man durch seine eigene Konditionierung und Erfahrungen nur zwei, drei von diesen Persönlichkeitsaspekten benutzt. Das ist deprimierend.“
Sie hatte sicherlich recht, dass es eine Form der Gefangenschaft ist, wenn man seine Potenziale so begrenzt nutzt. Ebenso stimmt es schon, wenn man dann davon ausgeht, dass die Erziehung und die Schulausbildung ihren Teil dazu beitragen, sich nur auf wenige Rollen im Leben festzulegen, doch erkannte ich, dass jeder Mensch dieses Wissen individuell betrachtete und nutzte. Man konnte über diese Erkenntnis frohlocken, glücklich, deprimiert oder enttäuscht sein.
„Weißt du, das erinnert mich an diesen Film… Wie heißt er noch? Ach ja, ‚*Und täglich grüßt das Murmeltier*‘. Darin wacht der Hauptdarsteller jeden Morgen auf und es ist immer wieder Sonntag, der Murmeltiertag. Er versucht, es zu verändern, sodass seine Zeit wieder normal weiterläuft und dieser Sonntag ein für allemal endet, aber es geschieht einfach nicht. Er kann tun und lassen, was er will. Einmal hat er sich sogar umgebracht, aber wachte trotzdem wieder in seinem Bett auf und es war 6 Uhr morgens, am Tage des Murmeltiertages“, fuhr sie fort.
„Ich erinnere mich an den Film“, antworte ich. „Er war sehr lustig. Zum Glück hat er es dann am Ende des Films geschafft, am Montag aufzuwachen und wieder in seiner normalen Zeit zu sein. Es ist sicherlich richtig, dass der Mensch sich auf diese Weise eingefangen und beschränkt hat, aber er kann lernen, diese Beschränkung aufzubrechen.“
Daraufhin suchten wir in den Persönlichkeitsaspekten nach einer Antwort, bzw. nach dem Einen, der den Ausgang aus dieser Schleife der Persönlichkeitsaspekte kannte.
Viele Dinge, die Anne in diesem Bewusstseinszustand äußerte, hatte ich ganz genau so gesehen, und auch wenn einige Elemente von ihr anders benannt wurden, waren die Erkenntnisse doch sehr ähnlich. Sie schaute mich an und meinte: „Jeder dieser Persönlichkeitsaspekte wirkt auf mich wie eine Zelle. Man kann es mit den Zellen des Körpers vergleichen. Jede Zelle hat ihre eigene Aufgabe und alle Zellen sind Teil des Körpers, um ihn zu formen, ihn in Gang zu halten und eben diverse Arbeiten zu

verrichten. Doch irgendwie weiß keine der Zellen bewusst, dass es noch andere Zellen gibt. Jede macht ihre Arbeit, ganz nach Programm, aber meint, sie wäre ganz allein. So verhält es sich auch mit den Persönlichkeitsaspekten. Sie erfahren, verändern, fühlen, denken usw., aber sie wissen nichts voneinander."

„Dir wird nun langsam deutlich, was es heißt, sein Bewusstsein zu erweitern...", fügte ich hinzu.

„Oh ja, diese Persönlichkeitsaspekte müssen sich einander bewusst werden und je mehr einander entdecken und sich bewusst werden, desto mehr nähern sie sich der Ganzheit des Selbst. Es ist wieder wie mit den Zellen, denn sämtliche Zellen erschaffen den Körper, so erschaffen auch all die Persönlichkeitsaspekte die Ganzheit des Selbst."

„Genau. Das Bewusstsein darüber, dass sie sich der Anwesenheit der anderen nicht bewusst sind, bringt die Arbeit nicht zum Erliegen, so wie ich mir Herrn Müller nicht bewusst bin, der am anderem Ende von Deutschland ebenfalls seine Arbeit verrichtet und damit zum Wohl des Landes beiträgt. Doch die Summe ist mehr als ihre Teile. Aus diesem Grund ist die vollbewusste Erkenntnis und die Entdeckung der Ganzheit des Selbst eine unglaubliche Sache. Es ist so, als würde sich der Finger plötzlich bewusst, dass er an einem riesigen Körper hängt, der in einer riesigen Welt lebt mit Ländern, Gewässern, Menschen und Tieren", fügte ich hinzu, auch wenn ich wusste, dass sie das alles in diesem Augenblick selbst erkennen konnte.

Wenige Minuten später erkannte ich auch einen religiösen Persönlichkeitsaspekt, den sie besaß. Wenn er an die Oberfläche des Bewusstseins trat, dann meinte man fast, Orgelmusik zu hören. Es war sehr amüsant und wir lachten ausgiebig, vor allem, wenn sie auf den anderen Aspekt wechselte und sich an den vorherigen erinnern konnte. Im Weiteren demonstrierte sie noch einen sehr intelligenten, intellektuellen Aspekt, aber auch einen, der sich auf hypochondrische Art und Weise über alles Mögliche Sorgen machte. Ein weiterer Aspekt, den sie zeigte, war z. B. einfach nur wunderschön und besaß fast eine engelhafte Ausstrahlung. Es war sehr angenehm, diesen anzuschauen.

„Manche meiner Persönlichkeitsaspekte habe ich nie vorher gesehen", sagte sie. „Wo waren die nur? Manche sind auch überhaupt nicht Teil meines Selbstbildes. Die würde ich in meinem Alltag vermutlich nie anwählen. Was soll ich mit diesem engelhaften Aspekt?"

„Vielleicht Männer verführen oder als Unschuld in Person kein Wasser trüben können...", entgegnete ich.

Sie lachte und verstand gleichzeitig, dass man daraus auch durchaus seinen Nutzen ziehen konnte, wenn man derlei Aspekte bewusst anwählte.

„Wenn jemand in der Lage wäre, jeden beliebigen Aspekt bewusst anzuwählen, dann müssten ihm ja Tor und Tür offenstehen... für alle möglichen Situationen und Ziele, die man in seinem Leben erlebt oder plant. Jeder dieser Aspekte bringt doch schon Gefühl, Ausstrahlung und seinen Text mit."

„Die meisten Menschen können die unterbewussten Anteile ihres Selbst jedoch nur mit Suggestionen erreichen, um ihr Leben zu verändern."

„Stimmt genau", sprach sie weiter. „Der Punkt dabei ist, dass eine oft wiederholte Suggestion irgendwann auf den nächsten Aspekt überspringt, so wie bei einem Feuer der Funken überspringen kann. Und wenn man dann weiter suggeriert, springt es wieder zum nächsten über. Ich kann es jetzt sehr deutlich erkennen. Wir durchlaufen diese Persönlichkeitsaspekte zwar des Öfteren, aber unser Bewusstsein überspringt diejenigen, die nicht Teil unseres Selbstbildes sind. Es ist irgendwie besser, wenn man kein Selbstbild hat. Man kann dann jede Rolle spielen und sich viel mehr dieser Persönlichkeitsaspekte bewusst machen."
So erkannte Anne in diesem Bewusstseinszustand viele Dinge und der Abend ging weit über Mitternacht hinaus. Längst waren wir aus dem erwähnten Bewusstseinszustand herausgetreten, den ich als den Aspekte-Level bezeichnete, und gingen zum Abschluss des Abends noch ein wenig spazieren.

Freitag, 7. August 1998

Esther hatte sich gemeldet und sich mit mir für heute verabredet. Sie wollte mit mir versuchen, einen dissoziativen Zustand zu erreichen, sprich, die Gedanken anzuhalten.
Gegen 21 Uhr kam sie dann vorbei und wir tranken erst einmal einen Kaffee und tauschten unsere Träume aus. Danach setzten wir uns still gegenüber und dissoziierten. Nach einer Stunde betrat sie einen anderen Bewusstseinszustand. Es war sehr offensichtlich, denn sie, die recht zurückhaltende Esther, begann unvermittelt und ohne jede Vorwarnung lauthals zu lachen. Ihr Lachen war dermaßen laut, dass ich das Balkonfenster schloss, damit sich die Nachbarn nicht wunderten. Ich glaube jedoch nicht wirklich, dass das Schließen des Fensters viel gedämpft hat.
Nach einigen Minuten konnte ich sie dazu bringen, mir mitzuteilen, wieso sie so laut lachte.
„Ich… ich bin in einer Seifenoper!", schrie sie fast und lachte weiter.
Mit der Zeit konnte sie mir bruchstückhaft erklären, dass sie sich nun in einem Zustand befand, in dem sie die Realität, in der wir leben, als eine Seifenoper identifizierte. Eine Serie, wie z. B. „Gute Zeiten, schlechte Zeiten" oder „Dallas".
„Wenn... wenn ich dich z. B. anschaue, dann sehe ich, dass du ebenfalls in dieser Seifenoper bist. Es ist so, als hätte uns jemand in diesen Film hier hineingesteckt und wir machen nun unsere Erfahrungen. Das ist so witzig. Es relativiert auch die gesamte Alltagsrealität und gestaltet sie wie ein Spiel oder ein Film, der läuft und in dem man sich befindet."
„Du meinst sicherlich, wie in einem Traum? Man schaut Fernsehen und plötzlich ist man in dem Film drin und ein Teil davon."
„Genau! „Und wir sind so verdammt schlechte Schauspieler! Dass das keinem im normalen Alltag auffällt, dass wir so miserable Schauspieler sind. Das ist erstaunlich!", ergänzte sie nach einiger Zeit.
Ich konnte ähnliche Erfahrungen bestätigen, wenn ich meine Gedanken angehalten hatte.
„Und… Nein!", brach es plötzlich aus ihr heraus und sie lachte wieder lauthals los.
„Was ist denn nun passiert?", fragte ich nach.

„Schau mal! Da!“, rief sie.
Sie zeigte auf mein Hemd, das ich trug. Es war blauschwarz und besaß ein Markenzeichen am Arm, auf dem „*In Scene*“ stand. Dann wies sie mit ihrem Finger auf ein kleines Zettelchen an ihrem T-Shirt, auf dem das Markenzeichen „*Movie*“ stand. Nachdem sie es bauchhaltend geschafft hatte, mir diesen Hinweis zu geben, musste ich auch lachen.
Der ganze Augenblick verwandelte sich immer mehr in eine Filmszene aus einer billigen Seifenoper. Wie von Zauberhand geschaffen, erhielt jedes kleine Detail plötzlich einen bestimmten Platz in diesem Realitätsaugenblick. Wir hatten sicherlich nicht geplant, dass wir für dieses Treffen diese Oberteile tragen, um gemeinsam den Eindruck zu unterstützten, wir befänden uns in einem Film. Der Augenblick hatte sich aller Zufälligkeit entzogen. Wir erkannten deutlich, dass es wirklich keine Zufälle gab. Die ganze Realität wurde am diesen Abend verzaubert und wir gewannen den Eindruck, als würde die Realität für heute in eine bewusste Konstruktion verwandelt, die eine unglaubliche Kraft in uns in Gang gesetzt hatte. Alles um uns herum wurde magisch in den Moment einbezogen und zeigte uns die Absicht, die in jedem Detail erkennbar sein konnte, wenn man seine Sinne dafür öffnete.
Ich erinnerte mich, dass ich einmal diesen Zustand betreten hatte, als ich nachts aufgewacht war und mich ans Fenster gestellt hatte. Es war Winter gewesen und ich hatte den Schornstein auf dem gegenüberliegenden Haus beobachtet. Als ich dann kurz darauf diesen magischen Bewusstseinszustand betreten hatte, hatte sich der völlig willkürlich austretende Rauch, der aus dem Schornstein drang, in einen bewusst gesteuerten verwandelt. Es ist nicht einfach zu verstehen, aber der Rauch trat in einem bestimmten Rhythmus heraus und formte manches Mal lustige Gebilde, bzw. fast wie indianische Rauchzeichen, um mir zu demonstrieren, dass eine Kraft in mir in der Lage ist, meine Wahrnehmung zu beeinflussen. Als ich meine Aufmerksamkeit auf diese Kraft lenkte, spürte ich, dass sie hochintelligent, aber auch völlig verspielt ist. Wenn man dieser Kraft etwas Raum gab, verwandelte sie den Alltag in einen magischen Moment.
Nun hatte Esther diesen Zustand betreten und verwandelte den Alltag in einen magischen Moment. Wir erlebten noch viele interessante Dinge an diesem Abend und da Esther ebenfalls Autorin ist, wird sie darüber bestimmt irgendwann einmal selbst berichten.
Am anderen Tag trafen wir uns, damit ich sehen konnte, wie sie sich fühlte. Wir saßen in einem Park, mit Blick auf das Schloss in Münster, und sprachen noch einmal über den gestrigen Abend.
„Dieses Gefühl, als befänden wir uns in einer Seifenoper, ist nun gegangen, aber alles um mich herum besitzt noch einen leicht magischen Hauch.“
Das konnte ich bestätigen, denn ich hörte ein Flötenspiel im Hintergrund und ich schaute mich gründlich um, konnte aber keinen Flötenspieler entdecken. Mein Gefühl verriet mir, dass es auch keinen Flötenspieler gab, denn eine Kraft in ihr erzeugte dieses Flötenspiel. Wieder erinnerte ich mich an den Rauch, der aus dem Schornstein gekommen und von meiner inneren Kraft verzaubert worden war. Esthers Kraft tauchte die unmittelbare Umgebung in eine Traumatmosphäre, denn nicht nur dieses

Flötenspiel, sondern auch ein leicht verträumter Schleier legte sich über meine Augen und ließ die Umgebung wie einen romantisch-verträumten Film wirken.
„Erinnerst du dich an noch mehr von gestern?“
„Ja!“, antwortete sie. „Ich kann mich an sehr vieles erinnern. Manchmal wechselte ich auch in eine andere Realität, in der du auch existiertest. Dort warst du noch einmal existent, nur dass du darin eine ganz andere Rolle spieltest als die, die du jetzt hier in deiner vertrauten Realität spielst. Das war sehr interessant zu beobachten, wie sich die verschiedenen Rollen in den alternativen Realitäten gegenseitig beeinflussen.“
„Interessant…“, entgegnete ich und wir gingen noch einige Zeit spazieren.
Nach zwei Tagen hatte sich Esther wieder durch die Kraft des Alltages normalisiert. Die alten Routinen kamen wieder herauf und die Wahrnehmung war wieder so, wie sie es gewohnt war. Ihr Studium erforderte dies sicherlich auch, denn mit dieser Traumatmosphäre hätte sie ein wichtiges Referat oder eine Prüfung nicht so einfach auf die Reihe bekommen.

Für mich war bereits lange deutlich, dass jeder Mensch diese magische, innere Kraft besitzt. Er muss sie nur entdecken, um sie spüren und sehen zu können. Sie verbirgt sich – oder wird verborgen –, aber sie kann kurzzeitig zum Vorschein gebracht werden. Wie wundervoll sich diese Kraft anfühlt, kann man sich als Außenstehender vielleicht auch überhaupt nicht vorstellen, denn sie gibt nicht nur den Trost, dass man in seiner selbst überhaupt nicht allein ist, sondern sie zeigt uns auch, dass es nur das Ego ist, das den Alltag zum Alltag macht. Erst, wenn sich das Ego zu öffnen beginnt, kann es andere Kräfte hindurch lassen.

Montag, 17. August 1998

Das Telefon klingelte abends um halb elf. Es war Esther am Apparat.
„Hallo, ich bin es. Ich sitze hier bei Anne. Es scheint ihr nicht gut zu gehen. Sie hat Panik und ihren Kopf gerade unter kaltes Wasser gesteckt. Ihre Zähne klappern, weil sie so friert. Sie fragt, ob du vorbeikommst.“
Ich entgegnete, dass ich gleich dort sein würde.
Als ich dort ankam, saßen die beiden auf dem Boden. Anne hatte sich wahrscheinlich schon wieder einigermaßen beruhigt. Ich musste grinsen, weil ich einmal einen Persönlichkeitsaspekt bei ihr gesehen hatte, der gern etwas dramatisiert und übertreibt. Es gibt recht viele Menschen, die einen solchen Aspekt in sich tragen. Unangenehm wird es nur dann, wenn man diesen noch mit einem starken Opfer-Aspekt kombiniert und so Situationen in seinem Leben anzieht, die Probleme verursachen oder Leid.
Im Verlauf des Gesprächs gab Anne zu, dass sie diesen Zustand der Panik bewusst beabsichtigt hatte, weil sie weitere Antworten gewollt hatte. Daraufhin sei ihr schwindelig geworden und eine Übelkeit war aufgekommen.
„Ich hatte dann Gefühlsschwankungen, aber ich konnte dann auch viel schärfer sehen. Normalerweise bin ich ja etwas kurzsichtig, aber das war alles weg.“
Sie lachte. Ich fand es erstaunlich, dass Anne es nach so kurzer Zeit geschafft hatte, sich völlig selbständig in einen anderen Bewusstseinszustand zu transportieren, ohne meine Hilfe oder die eines anderen. Auf der anderen Seite jedoch erkannte ich auch

das Problem, wenn sie ihren dramatischen Aspekt mit einem Opfer-Aspekt paarte. Dies könnte Probleme verursachen. Doch wollte ich nicht weiter darüber nachdenken, um es nicht telepathisch zu provozieren.
Um 1 Uhr verabschiedeten wir uns zufrieden und entspannt voneinander und ich fuhr nach Hause.
Dort angekommen legte ich mich auf mein Bett und dachte über den Abend nach. Irgendwann schlief ich dann ein.
Plötzlich wurde ich abrupt geweckt! Irgendwer hatte mich angefasst und an mir herumgezerrt. Ich riss die Augen auf und ich sah dort jemanden stehen. Im ersten Moment schlug ich nach der Person, weil ich so überrascht war, aber dann bekam ich Zugriff auf meine Erinnerungen aus meinem Alltag und konnte die Situation einschätzen. An meinem Bett stand Anne! Sie trug exakt die gleiche Kleidung wie eben, als ich bei ihr zu Besuch gewesen war.
Dort stand sie für wenige Sekunden und schaute zu mir hinunter. Sie grinste breit. Durch sie hindurch konnte ich meinen Schrank sehen. Nun verblasste sie langsam und verschwand.
„Ich weiß, dass du noch da bist“, sagte ich zu ihr. „Ich ziehe mich eben aus und lege mich hin. Dann treffen wir uns gleich.“
Also zog ich mich aus und legte mich ins Bett.
Ich konzentrierte mich und konnte Anne noch deutlich in meinem Apartment fühlen. Sie stand nun rechts neben meinem Tisch und schien zu warten. Wenn ich meine Augen schloss, konnte ich ein sehr leichtes Leuchten wahrnehmen, das sich dort befand, wo ich sie fühlte. Irgendwann verschwand das Leuchten. Als ich es endlich geschafft hatte, mich von meinem Körper zu lösen, war sie nicht mehr zu sehen. Ich lief in meinem zweiten Körper im Zimmer umher, aber sie war fort.
Ich beschloss daraufhin einmal in eine alternative Realität zu springen. Ich war neugierig, was mir dort begegnen würde. Kurz darauf wurde alles dunkel um mich herum und ich fand mich auf einem Bett wieder.
Dann schaute ich an mir herunter und entdeckte, dass ich ein weißes Negligee trug. Ebenso entdeckte ich einen Satz attraktiver Brüste. Ich war eine Frau!
Als das Update hereinkam, konnte ich deutlich sehen, in welche alternative Realität ich mich teleportiert hatte. Ich war die Frau eines Dealers. Er war sehr reich und besaß mehrere Villen. Wir hatten sogar ein Kind. Ich stand auf und konnte das Kind draußen auf dem Rasen spielend entdecken.
Im Nebenraum, den ich nun einsehen konnte, stand mein Mann. Er stand dort mit jemand anderem und beide betrachteten etwas auf seinem Handy. Langsam ging ich näher heran, um vielleicht mitzubekommen, was es dort Interessantes zu sehen gab. Tatsächlich kam ich nahe genug heran, um mit auf das Display zu schauen. Es handelte sich um eine SMS, die eine Botschaft in der Botschaft trug. Sie schauten sich den Text genau an, um die versteckte Botschaft darin herauszulesen.
„Von wegen, Handys werden nicht abgehört“, meinte er und sie lachten.
Dann schaute er mich an: „Die Typen sind unmöglich. Schau mal!“
„Ist darin ein Code versteckt?“, fragte ich, obwohl mir das bereits klar war.

Ich besaß plötzlich das Gefühl, dass ich nicht zu auffällig sein sollte. Für einen Augenblick meinte ich zu glauben, dass ich ein doppeltes Spiel trieb. Ich weiß aber nicht genau, ob ich nun für die Polizei arbeitete oder ob ich geplant hatte, ihn Schritt für Schritt zu verraten, um ihn loszuwerden.
Eines war jedoch offensichtlich. Ich litt unter ihm, denn er neigte zu gewalttätigen Ausbrüchen und behandelte das Kind und mich nicht gut. Als ich wieder nach draußen zu dem Kind schaute, das vergnügt auf dem Rasen spielte, fragte ich mich, ob es denn nun adoptiert war, wenn ich doch ein Spitzel der Polizei war oder wie anders wir wohl zu diesem Kind gekommen waren. In meinem Update waren darüber keine weiteren Informationen enthalten. Manche Updates sind eben nicht komplett.
Irgendwann erwachte ich. Es war ein kurzer, aber sehr interessanter Ausflug.
Am anderen Morgen fragte ich telefonisch bei Anne an, ob sie etwas Interessantes geträumt habe. Doch leider verneinte sie und meinte, sie könne sich an nichts erinnern. Das fand ich schade. Es wäre ein schöner Beweis für sie und mich gewesen, wenn sie sich erinnert hätte. Leider löscht man als Anfänger diese Erinnerungen sehr schnell.

Freitag, 21. August 1998

Nachdem ich mich hingelegt hatte, wollte ich noch einmal in die alternative Realität mit der Frau und dem Drogenboss springen, um nachzusehen, was es damit auf sich hatte. Nach einer halben Stunde der Konzentration wechselte ich in meinen zweiten Körper und sprang dann direkt in diese alternative Realität.
Ich war auf einer Yacht. Neben den zwei Bodyguards erblickte ich auch meinen Mann. Er wirkte sehr sauer und kam auf mich zugestürmt, packte mich an den Haaren und tauchte meinen Kopf direkt in eine Wassertonne, die dort herumstand.
„Du alte Schlampe! Was hast du dir dabei gedacht?“, rief er wütend.
Ich fühlte mich nicht sonderlich gut in dieser Rolle und ich überlegte, ob ich die Perspektive wechseln wollte.
„Du wirst mir nicht nochmal abhauen, das verspreche ich dir! Nicht mit dem, was du alles weißt!“
Das war wirklich eine ernste Situation, wurde mir schlagartig klar. Und als das Update hereinkam, erkannte ich, dass ich geplant hatte, ihn zu verlassen. Offensichtlich war ich kein Spitzel gewesen, aber musste der Polizei hin und wieder Informationen zugesteckt haben. Ich hatte mir einen richtigen Tyrannen ausgesucht. Manchmal kann die Gier nach Reichtum auch riskante Probleme bereiten.
Dann zog er mich an den Haaren vom Schiff. Die beiden Bodyguards liefen hinter uns her. Er beförderte mich auf einen kleinen Hügel in einem Wald, der ganz in der Nähe war. Ich hatte den Eindruck, als seien wir mit der Yacht zu einer kleinen Insel gefahren und hätten dort angelegt.
„Du Miststück! Das wirst du bereuen!“
Noch immer zornentbrannt warf er mich dann zu Boden und zog eine Pistole aus einem Schulterhalfter.

Doch anstatt auf *mich* zu zielen, zielte er auf einen der Bodyguards und erschoss ihn. Er hatte seine Augen weit aufgerissen und sank daraufhin auf die Knie. Dort verharrte er eine Weile und fiel dann tot auf die Seite.
Dann zielte er auf den anderen Bodyguard.
„Du… du wirst doch nicht auf mich schießen“, meinte er. „Wir sind gute Freunde und kennen uns seit vielen Jahren!“
Der Boss zögerte. „Los, verpiss dich! Hau ab!“
Der Bodyguard machte auf dem Absatz kehrt und lief los. Er schlug einige Haken. Ich vermutete, dass er von seiner Intuition gewarnt wurde, dass der Boss trotzdem auf ihn schießen würde. Dies trat dann auch ein. Er gab einige Schüsse ab, aber ich konnte nicht sehen, ob er ihn getroffen hatte.
Nun wandte er sich wieder mir zu.
„Jetzt zu dir, du Miststück…“ hörte ich ihn noch sagen und beschloss dann aufzuwachen.

Ich weiß nicht, wieso er auf die Bodyguards geschossen hatte. Wenn er keinen Zeugen gewünscht hätte, dann wäre er doch allein mit *mir* zu der Insel gefahren. Wieso nahm er dann die Bodyguards mit? Diese Frage ließ mir keine Ruhe und ich hoffte, dass es mir irgendwann gelang, wieder in diese alternative Realität hineinzuspringen, um nachschauen zu können.
Am Abend fiel es mir dann ein! Mir kam diese Situation mit dem Dealer und dieser Frau doch irgendwie bekannt vor. Hatte ich nicht schon einmal einen ähnlichen Traum gehabt? Dann durchforstete ich meine Traumaufzeichnungen und wurde fündig. Vor vielen Jahren hatte ich geträumt, dass ich mit einem Drogenhändler verheiratet war und ein Verhältnis mit einem Bodyguard angefangen hatte. Da war mir klar, wieso er die Bodyguards mitgenommen hatte. Er wusste von dem Verhältnis, aber vermutlich wusste er nicht, welcher der Bodyguards es gewesen war.

Mittwoch, 26. August 1998

Es war schon kurz nach 2 Uhr morgens. Ich beschloss nun schnell ins Bett zu gehen und mir eine *Hemisync*-CD anzuhören, um durch sie eine außerkörperliche Erfahrung einleiten zu lassen. Dies machte ich immer wieder mal, wenn ich einfach zu faul war, um eine Stunde konzentriert zu meditieren. Ich schlief über das Hören der CD ein. Vermutlich war ich einfach zu müde, konnte mein Bewusstsein nicht aufrechterhalten und war eingenickt.
Plötzlich wurde ich in meinem zweiten Körper wach, aber ich konnte nichts sehen. Meine Augen wirkten, als seien sie fest verschlossen. Alles war Schwarz. Immer wieder versuchte ich, meine Augen zu öffnen, aber es klappte nicht. Ich befürchtete auch, wenn ich es zu stark versuchte, könnte ich aufwachen.
Nun ‚fühlte‘ ich Anne. Es war ganz unmissverständlich ihre emotionale Identitätssignatur! Sie war wieder hier in meinem Apartment und wollte mich besuchen. Leider gelang es mir nicht, mich von meinem Körper zu lösen oder meine Augen zu öffnen. Ein Stück weit konnte ich mich lösen und besaß die klare Empfindung, in meinem zweiten Körper hinaufzuschweben, aber mehr geschah heute Nacht nicht.

Irgendwann wechselte ich wieder in meinen physischen Körper. Anne konnte ich noch eine Weile fühlen. Es fehlte mir noch immer an der absoluten Kontrolle, dachte ich. Es müsste doch möglich sein, sich von seinem physischen Körper zu trennen, wann immer man will. Doch manchmal schien es mir so, als gäbe es Nächte, in denen es mal gut oder weniger gut funktionierte.

Freitag, 18. September 1998

Heute Abend hatte ich eine Verabredung mit Anne. Während wir zusammen saßen und Tee tranken, wechselte sie plötzlich in einen anderen Bewusstseinszustand. Ihre plötzlichen Verschiebungen in einen anderen Zustand waren faszinierend, auch wenn die Informationen, die sie erhielt, mir immer das Gefühl vermittelten, als seien sie nicht richtig übertragen worden. Doch davon abgesehen war es erstaunlich, wie einfach es ihr zu fallen schien und wie schnell sie es bewerkstelligen konnte.
„Und, was fühlst du?“, fragte ich.
„Ich kann eine leuchtende Gestalt wahrnehmen, hier in meinem Zimmer. Nein, es sind zwei!“
Ich war gespannt, was sie zu sagen hatten.
Sie fuhr fort: „Sie meinen, dass es eine Katastrophe sei, wieso wir noch hier wären! Warum wir immer noch hier in unserer Realität herumhängen. Wir müssen so schnell wie möglich weg von hier!“
Für einen Moment konnte ich mir gut vorstellen, dass dort zwei Wesen waren, aber ich besaß das klare Gefühl, dass diese Botschaft so nicht stimmte. Sie war irgendwie dramatisiert oder verzerrt. Ich konnte es nicht richtig benennen.
„Wir müssen sofort weg von hier!“, meinte Anne plötzlich und schaute mich mit großen Augen an.
„Das glaube ich nicht. Versuche die Botschaft doch richtig zu übersetzen oder einmal genau zu hinterfragen, wer diese Wesen denn sind.“
Ich sagte ihr in dem Augenblick nicht, dass ich niemanden fühlen konnte in diesem Raum, außer uns beiden. Darum kam ich auf den Gedanken, dass es eine Projektion von ihr sein könnte. Doch wollte ich mich nicht erdreisten zu behaupten, dass sie diese Wahrnehmung nicht besaß.
„Wie kommst du darauf, dass wir unbedingt verschwinden müssen?“, hakte ich nochmal nach.
„Weil die Wesen das sagen. Sie sagen auch, dass das hier unsere letzte Nacht in dieser Realität wäre und wir deshalb heute Abend zusehen müssten, dass wir hier wegkommen!“
Das erinnerte mich an meine Ouija-Board-Sitzungen, in denen ab und zu Persönlichkeiten aufgetaucht waren, die behauptet hatten, sie wären der Antichrist oder ein Dämon, gekommen, um uns zu warnen. Anne musste unbedingt noch lernen, solche Kontakte zu nichtphysischen Wesen zu differenzieren.
Kurz darauf begann Anne zu weinen und verlangte, dass wir Esther holen sollten, um dann gemeinsam einen Ausweg zu finden, sozusagen Mittel und Wege zu ersinnen, um diese Welt zu verlassen, weil sie heute Nacht endete.

Ich schaute auf die Uhr. Es war mittlerweile 2 Uhr nachts. Ich wollte Esther nicht unbedingt aus ihrem Schlaf reißen, nur weil Anne eine verzerrte Information erhalten hatte. Irgendwie war ich der Auffassung, dass sie hier Kontakt zu zwei Wesen aufgebaut haben könnte, die sie kräftig auf den Arm nehmen wollten. Dies wollte ich nicht ausschließen. Ich hatte solche Wesen des Öfteren angetroffen. Es dauert eine Weile, bis man ein Gefühl dafür entwickelt, wem von ihnen man vertrauen kann und wem nicht. Ich versuchte auch immer wieder, sie über diese Möglichkeit zu informieren, aber sie hörte mir nicht zu.
Lange Rede, kurzer Sinn. Zwanzig Minuten später saß Esther mit uns in Annes Zimmer und es ging gerade auf 3 Uhr morgens zu. Esther erkannte ziemlich schnell, was ich Anne die ganze Zeit zu vermitteln versuchte. Wir redeten nun gemeinsam auf sie ein, aber sie interpretierte dies als Rechtfertigungen unserseits, um in dieser Realität zu bleiben und zu sterben.
Die Weltuntergangsstimmung schien sich krampfhaft in dem Raum verbreiten zu wollen, aber Esther und ich blieben vorsichtig bezüglich der Informationen, die Anne uns übermittelte. Eine weitere Stunde später schien sich Anne beruhigt zu haben.

Es dämmerte. Die ersten Lichtstrahlen drangen durch das Fenster ihres Zimmers. Esther erhob sich und verabschiedete sich von uns. Sie war müde.
Ich bot Anne an, über Nacht bei ihr zu bleiben. Sie begrüßte das sehr. Ich wollte ihr beweisen, dass die Sonne trotz ihrer Voraussage wieder aufgehen würde.
Wenige Stunden später, es mag vielleicht 11 Uhr gewesen sein, saßen wir bei einem dürftigen Frühstück.
„Ich begreife einfach nicht, wieso ich so sehr davon überzeugt war, dass die Welt heute Nacht untergehen würde“, fragte sie sich.
„Ich denke, dass du die Information verzerrt, bzw. falsch interpretiert hast. Es ging nicht darum, dass die Welt heute Nacht untergehen würde, sondern dass du dich vielleicht ins Bett legen solltest, um den Tag zu beenden und in den zweiten Körper zu wechseln. Vielleicht hatten dich die Wesen dazu aufgefordert, auf ihre Ebene zu kommen, damit ihr euch kennen lernen könnt. Manchmal sind solche Informationen nicht leicht zu übersetzen. Gerade dann nicht, wenn man dazu neigt, eine bestimmte Situation zu dramatisieren. Wenn uns wirklich die letzte Nacht bevor gestanden hätte, dann hätten wir niemals genügend Energie besessen, dem zu entkommen.“
Sie nickte. Ich fühlte, dass sie mir nun gut zuhörte und verstanden hatte, wie ich es meinte.
„Weißt du, jetzt kommt mir all dies wie ein Traum vor. So weit entfernt und unwirklich.“
„Ich weiß“, antwortete ich. „Mit der Zeit lernt man, die verzerrten Informationen von den klaren zu unterscheiden.“

Samstag, 19. Dezember 1998

Anne und ich trafen uns in ihrer Wohnung. Dort saßen wir mehrere Stunden und unterhielten uns. In der Nacht wollten wir gerade zusammen meditieren, als wir etwas sehr Seltsames wahrnahmen. Vor ihrem Fenster hatten wir beide fast gleichzeitig den

starken, emotionalen Eindruck, als würden sich Lichtkreise draußen vor ihrem Fenster aufhalten. Ebenso besaßen wir dann das klare Gefühl, als wollten sie unbedingt zu Anne.
„Die wollen zu mir!“, meinte Anne mit aufgerissenen Augen. Sie wirkte ein wenig erschrocken über die plötzliche Wende des Abends.
„Ich glaube, das beunruhigt dich, oder?“
„Ja, sehr! Irgendwie fühle ich mich bedroht.“
„Na, viel können die ja nicht anstellen“, meinte ich lachend und wollte ihr deutlich machen, dass es keinen Grund zur Beunruhigung gab.
Ich war mir sicher, dass sie dazu neigte, nonverbale Informationen aus einer anderen Erfahrungsebene, wie eben der nichtphysischen Bereich eine darstellt, als bedrohlich oder bedrängend wahrzunehmen. Für mich stellte das eine Wahrnehmungsverzerrung dar und ich fühlte mich schnell in die gleiche Situation versetzt wie letzten Monat, als sie glaubte, der Weltuntergang stünde bevor.
Wir warteten dann darauf, dass diese Lichtspiralen Kontakt zu uns aufnehmen würden, aber nichts geschah. Sie waren einfach dort und schienen zu warten.
Eine Stunde später schaute Anne mich an:
„Mir wäre es lieber, wenn du heute Nacht hier bleibst. Ich habe kein gutes Gefühl, allein zu sein, solange die dort draußen sind.“
Ich nickte und blieb einfach ihr zuliebe. Persönlich neigte ich jedoch sehr dazu, die Situation als harmlos einzustufen.
Wir machten uns dann für das Bett fertig und schliefen einige Zeit später ein.
Irgendwann schreckte ich hoch mit dem klaren Gefühl, sofort diesen Raum verlassen und gehen zu müssen! Bevor ich aber diesem Gefühl Folge leistete, blieb ich noch eine Weile liegen. Ich grübelte darüber nach, ob dies mit einem Traum zu tun hatte, dass ich jetzt plötzlich das Gefühl besaß, dass ich gehen musste, oder nicht. An die Lichtspiralen dachte ich dabei gar nicht mehr. Immerhin hatten sie sich tatsächlich als harmlos erwiesen.
Nach zehn Minuten zog ich mich an und ging.

Montag, 21. Dezember 1998

Ich hatte Fieber und fühlte mich völlig geschwächt. Bereits über 30 Stunden hatte ich ununterbrochen im Bett gelegen und mich nicht einmal aufgedeckt und somit kräftig geschwitzt. Die ganze Zeit hatte ich darüber nachgedacht, woran das liegen könnte, bzw. wo sich der Auslöser befinden konnte, aber kam zu keinem Ergebnis. Ich war jedoch sicher, dass es mit einigen Ereignissen auf der „anderen Seite“ zu tun hatte, sprich dort, wo sich unsere wissenden Selbste befanden und ihre Erfahrungen erleben. Es schien mir, als hätte dort ein Ereignis stattgefunden, das auf meine Alltagsseite herübergeschwappt war. Manchmal bekam ich, wenn ich meinen Fokus nach innen richtete und mich danach fragte, wieso ich mich so fertig fühlte, den Eindruck, dass irgendetwas geschehen war, das meine Energien völlig aufgebraucht hatte. Ich konnte nicht genau bestimmen, was denn nun der Fall gewesen war, der zu diesem nachteilhaften Ergebnis geführt hatte, aber ich fand einfach nicht mehr heraus.

Dann rief mich Esther an. Sie meinte, dass sie mich morgen besuchen kommen würde. Mein Gefühl sagte mir, dass es mir morgen sicherlich besser gehen würde, und ich sagte zu.

Dienstag, 22. Dezember 1998

Heute Nacht ging es mir schon viel besser. Ich habe sehr viele Flugträume erfahren. Immer wieder gelang es mir, mich von meinem Körper zu trennen und hinaus in den Nachthimmel zu schießen. Dort schaute ich mir all die wunderschönen Sterne an und flog stundenlang einfach durch die Wolken. Dies baute mich innerlich auf und gab mir meine Energien zurück.
Gegen Abend kam Esther kurz zu Besuch. Wir saßen am Tisch in meinem Apartment.
„Dann erzähl doch mal, was passiert ist!“, bat sie mich.
Ich lieferte ihr einen Bericht, wie es mir in den letzten zwei Tagen ergangen war.
„Nein, es ist nichts Besonderes passiert, bis wir diese Kreisel oder Spiralen vor dem Fenster entdeckt hatten. Wir haben uns dann irgendwann hingelegt. Anne fand es so unheimlich, dass sie mich gebeten hat, dazubleiben. Nachdem ich irgendwann dann doch eingeschlafen war, wurde ich plötzlich schlagartig wach, mit dem starken Gefühl, besser gleich zu verschwinden. Ich bin aber doch noch bestimmt zehn Minuten liegengeblieben, bevor ich mich wirklich angezogen habe und gegangen bin. Das war wohl ein Fehler. Noch während ich mit dem Fahrrad zurückfuhr, bekam ich starken Kopfdruck, der nicht wieder verschwand. Die Nacht war dann voller Fieberträume und seitdem bin ich im Bett geblieben“, beendete ich meinen Bericht.
„Komisch,“ entgegnete sie. „Anne hatte ebenfalls Kopfschmerzen und Fieber.“
„Wirklich?“, fragte ich noch einmal nach und in meinem Kopf begann es zu arbeiten. Ich durchsuchte noch einmal die letzten Tage und dachte dann wieder an diese Lichtspiralen vor dem Fenster bei Anne.
„Meinst Du, es wäre nicht passiert, wenn Du sofort gegangen wärst?“, fragte Esther.
So langsam dämmerte mir, dass ich einen Fehler begangen hatte. Ich hätte Anne wecken und mitnehmen sollen!
„Ja, das glaube ich ganz bestimmt. Die wollten wirklich nur Anne allein haben, ich habe nur gestört, und weil ich nicht rechtzeitig ging, habe ich auch was abbekommen. Jetzt ist mir das alles viel klarer. Ich hätte Anne sofort zu mir einladen müssen! Zum Glück ist ihr nichts Schlimmes passiert.“
„Nicht so stark, wie in deinem Fall, aber sehr ähnliche Symptome. Sie hat momentan sehr viel zu tun und hatte keine Zeit, sich ins Bett zu legen und sich auszuruhen. Gewiss hätte sie es gemacht, wenn die Zeit dagewesen wäre.“
„Also“, entgegnete ich, „ich glaube, in meinem Zustand durch die Gegend zu rennen, wäre mir nicht möglich gewesen. Ich war fix und fertig und bin es jetzt noch halb! Es scheint, als hätte ich mehr abbekommen als sie“, sagte ich.
„Ich finde es wahnsinnig interessant, dass ihr beide diese Lichtspiralen wahrgenommen habt, diese Reaktion bei euch beiden auftauchte und ihr beide aber keine weitere Wahrnehmung davon hattet. Ich meine, es ist ja offensichtlich, dass es hier um Vorkommnisse auf einer energetischen Ebene geht.“

„Sicherlich“, bestätigte ich sie. „Alles Weitere muss passiert sein, nachdem wir eingeschlafen waren. Anscheinend haben uns diese Lichtspiralen energetisch angesaugt oder so etwas in der Art. Vielleicht haben wir Tankstelle für sie gespielt. Ich weiß es nicht. Leider habe ich keine Erinnerung an das, was im Schlaf oder auf der Traumebene passiert ist. Jedenfalls wandert seit gestern eine Art Wärmewelle durch meinen Körper, obwohl es sich dort, wo sie sich gerade befindet, kalt anfühlt. Ich habe die ganze Zeit versucht, sie in meinen Kopf und dann aus meinem Körper herauszuzwingen. Einmal ist es mir auch gelungen, sie in den Kopf zu schieben…“
„…aber dann ist sie wieder herunter gerutscht?“, vermutete Esther aufgrund meines Zustandes.
„Ja, scheint so. Da habe ich wohl wirklich etwas abbekommen.“
Da Esther den Eindruck erweckte, noch länger bleiben zu wollen, legte ich mich mit ihrem Einverständnis ins Bett, während sie auf der Bettkante sitzen blieb. In unserem weiteren Gespräch muss ich einige Male kurz eingenickt sein. Als ich wieder zu mir kam, meinte sie zu mir, dass sie zwischendurch das Gefühl hatte, ich sei nicht mehr ich und dass ich eine Art Metamorphose durchlaufen würde.
„Was denkst Du denn, in was ich mich verwandelte? In ein Rhinozeros?“, fragte ich scherzhaft.
Wir lachten.
Dann stand ich auf und wollte ins Bad gehen. Auf dem Weg hielt ich inne. Etwas war anders als sonst!
„Was ist mit dir?“, fragte Esther neugierig.
„Da fehlt ein Stück! Irgendetwas fehlt da!“, antwortete ich und lief ständig kopfschüttelnd ins Bad hinein und wieder hinaus.
„Wie meinst du das? Jedenfalls sieht das ganz schön ulkig aus, wie du dauernd hin- und herläufst.“
Ich blieb im Türrahmen stehen. Sicherlich erweckte ich nun den Eindruck einer Person, die sich nicht entscheiden konnte, ob sie denn nun ins Bad möchte oder nicht. Doch ich hatte plötzlich das Gefühl besessen, dass ein Stück der Realität ‚fehlte‘. Es war ein seltsamer Eindruck gewesen und rein physisch betrachtet, fehlte hier auch kein Stück der Realität. Dennoch hatte ich einen Bruch, bzw. eine Unterbrechung in meiner Wahrnehmung registriert, als ich zum Bad gegangen war. Leider konnte ich nicht mehr darüber herausfinden.
„Irgendwie machst du mir Angst“, meinte Esther und schaute mich irritiert an.
„Ich verstehe nicht, warum Du Dich so fürchtest, wenn ich fremd auf dich wirke. Das ist eben ein Zeichen dafür, dass ich die Grenzen meiner Persönlichkeit überschreite und das ist doch schön oder nicht? Aber Du hast schon recht, niemand möchte eigentlich wirklich über die Grenzen seiner Persönlichkeit hinausgehen. Das macht eben Angst...“

Am anderen Morgen erlebte ich einen seltsamen Zustand, in dem ich jede Handlung, die ich ausführte, in ihrer Essenz erspüren und von ihrem energetischen Gehalt her bestimmen konnte. In vielen meiner routinierten Alltagshandlungen konnte ich ohne Weiteres feststellen, was mich Energie kostete und was nicht. So verhielt es sich auch

mit bestimmten Plätzen, an denen ich mich aufhielt oder mit den Tätigkeiten anderer Menschen.
Nachdem ich Esther später davon erzählt hatte, gingen wir spazieren und ich zeigte ihr einige Plätze, die ich problemlos auf ihre Energiemenge hin bestimmen konnte. Es gab einige Plätze, die energetisch stärker waren und wir hielten uns dort ein wenig auf und führten unsere Gespräche weiter.

Sonntag, 27. Dezember 1998

Ich legte mich ins Bett und dachte über die letzten Jahre nach. In dieser Zeit hatte ich viele Erkenntnisse gewonnen und verstanden, worum es in der Bewusstseinserweiterung überhaupt ging. Dabei dachte ich an die Membran, in der wir uns immer befinden, auch wenn wir uns ihrer nicht bewusst sind, sowie an das Update, das jeden Träumer in der Realität, in die er hineinspringt, mit Erinnerungen aktualisiert, und natürlich an den Tarner, der stets weiß, wie man die Tarnung, den Schleier unserer Alltagsrealität aufrecht erhält, damit die eigene Persönlichkeit das Theaterschauspiel in unser Welt nicht erkennt. Nun waren noch die Spiralen aufgetaucht, die ein weiteres Rätsel auf meiner Liste darstellten und bei denen ich mir erst einmal wehrlos vorkam, denn ich konnte nicht genau einschätzen, worum es sich hier handelte und ob sie wirklich Energie stahlen.

Ich war mir sicher, dass jeder Mensch irgendwann einmal in unsere Realität eingetreten war, dann ein Update erhalten und sich immer mehr in diese Realität eingefügt hatte. Manchmal bin ich mir ganz sicher, dass niemand von uns als Baby geboren wurde, sondern direkt als Erwachsener in diese Welt eingetreten ist. Die neuen Erinnerungen überlagern die wahren Erinnerungen und trennen uns von dem Selbst, das wir wirklich sind. Manchmal gelingt es uns vielleicht, in der Meditation, vor allem in der Dissoziation oder mittels bewusstseinserweiternder Substanzen, eine kurze Erfahrung des anderen Selbstes zu erleben, das unterhalb unseres Bewusstseins lebt und wesentlich wissender, kraftvoller und stärker ist als wir selbst, aber all dies trägt uns nur selten über die Grenzen der Wahrnehmung hinaus, um unsere Ganzheitlichkeit zu erkennen. Unser Alltagsselbst, auch Ego genannt, ist aber keineswegs unwichtiger, sondern es ist speziell darauf gedrillt worden, sich in unserem Alltag optimal zurechtzufinden. Unsere Alltagsidentität jedoch ist eine Scheinidentität. Der Ausweis, den wir in unserer Brieftasche tragen, hat mit unserem inneren Wesen nichts zu tun.
Sicherlich könnte das wissende Selbst diese Realität in einen Traum verwandeln, aber es wäre ihm völlig gleichgültig, ob die Miete rechtzeitig verdient und überwiesen wird oder ob unser Kühlschrank angenehm gefüllt ist. In unserer zwanghaften Beschäftigung mit dem Alltag, den schönen Autos, der Karriere oder dem geliebten Partner vergessen wir, dass wir tief in uns magische Wesen sind.

Ich erinnerte mich an den Tag, als Esther und ich uns gerade einige Wochen kannten und wir an einem schönen, sonnigen Nachmittag durch einen nahe gelegenen Wald spazierten und sie mich in einem günstigen Moment einmal nach meiner Motivation fragte:

„Was würdest du antworten, wenn dich jemand fragt, für wen oder was du all diese Meditationen, Forschungen, Dissoziationen und auch möglichen Gefahren auf dich nimmst? Denn es geht dir doch gut!“

„Mich treibt sicherlich keine Unzufriedenheit an, sondern ein tief verborgenes Wissen in mir, dass mein Selbst, so wie ich mich hier in dieser Welt kenne, nicht mein wahres Selbst ist. Auch meine Vergangenheit ist nicht meine. Und wenn ich auf meinen Personalausweis blicke, dann weiß ich umso deutlicher, dass ich das nicht bin. Sobald ich jedoch zu den Sternen hinaufschaue, kann ich manchmal ein leises und sehr sanftes Gefühl davon erhalten, wer ich wirklich bin. Für mich gibt es daher nur einen Weg zu beschreiten, nämlich in die Richtung der Ganzheit meines Selbst. Dies ist ein Selbst, das sich all seiner alternativen Realitäten, Traum- und Reinkarnationsebenen bewusst ist. Wer die Ganzheit erreicht, der ist frei und kann reisen, wohin er will, und er ist frei von Zeit und Raum. Das, was wir hier auf dem Planeten Erde mit seinem Alltag erfahren und an Wissen ansammeln, ist kaum ein Prozent von dem, was uns auf dem Weg zur Ganzheit begegnet.“

Die Dissoziation

Grundsatzdiskussion zwischen der Naturwissenschaft und der Phänomenologie

Eine von der Psychologie postulierte Halluzination definiert sich so, dass ein Mensch Dinge wahrnimmt, die andere nicht wahrnehmen können. Das können Stimmen oder Bilder, Gefühle, Gerüche und Geschmäcker sein, die so real sind als entsprächen sie der Realität. Doch wie viele Menschen sind notwendig, bis eine Halluzination zur Realität wird? Zwei, drei, zehn, tausend? Was ist, wenn etwas „halluziniert" wird, das andere ebenfalls wahrnehmen können oder nur 50 % innerhalb eines Raumes dieselbe Wahrnehmung besitzen, während die andere Hälfte es nicht wahrnimmt? Ist es dann noch eine Halluzination?

In den Naturwissenschaften wurden die psychologische Betrachtung und der Glaube an die Möglichkeit, dass Menschen halluzinieren können, fraglos übernommen. Mehr noch, sie benutzen es noch heute als Rechtfertigung, die persönlichen Erfahrungen als subjektiv darzustellen und ihre eigenen wissenschaftlichen Lehren als objektiv zu klassifizieren. Dies war der Moment, in dem der Mensch als Subjekt übergangen wurde. Es zählten nur noch Messgeräte, die die Eigenschaft besaßen, das zu messen, wozu sie auch gebaut wurden. Mittlerweile werden jedoch bereits die Grundfesten der Naturwissenschaften erschüttert. Immer mehr stellt sich heraus, dass die Forschungen der so genannten Wissenschaftler von Konzernen und Großfirmen gesponsert werden, die nur ein rein wirtschaftliches Interesse zeigen. Somit wird das entdeckt, was sich auch verkaufen lässt und das gefördert, was Gewinn verspricht. Ein Angestellter gibt seinem Chef Recht, solange seine Zahlungen stimmen, unabhängig davon, wie wahr das ist, was durch die naturwissenschaftlichen Forschungen entdeckt wird oder entdeckt werden soll. Dies allein sind unumstößliche Hinweise darauf, dass Objektivität nicht existiert, auch wenn die Naturwissenschaftler sich wünschen, es wäre anders. Immerhin ist jeder Wissenschaftler ebenso ein Subjekt wie jeder andere Mensch und Subjekte erfinden nun mal medizinische, biologische, physikalische, mathematische und elektrische Objekte, welche sich nicht von den Interpretationen eines von der Wissenschaft unabhängigen aber ebenso subjektiven Menschen unterscheiden. Sie entwickeln genau das, was bestätigt werden soll.

Reinkarnation gilt als wissenschaftlich unbewiesen, auch wenn es mehr Menschen gibt, die daran glauben als jene, die nicht daran glauben. In Indien, Tibet, China, Japan und in vielen anderen Ländern glaubt man weitgehend an Reinkarnation und unterrichtet das Thema sogar in Schulen. Ebenso stuft man die Wahrnehmung klinisch Verstorbener ein, die trotz Gehirn- und Herztod von Erlebnissen berichten, obwohl ihr Wahrnehmungsapparat ausgeschaltet wurde. Allein in Amerika sind mittlerweile 8 Millionen solcher Fälle in Form von Akten dokumentiert worden. Die meisten Berichte stimmen überein und erzählen von identischen und vergleichbaren Erfahrungen. Weltweit geht man davon aus, dass es über 50 Millionen Menschen gibt, die einmal klinisch tot gewesen sind und nach ihrem erneuten Erwachen von einem Nahtoderlebnis erzählten. In Deutschland gibt es bisher an die 3,5 Millionen offiziel-

ler Berichte über vergleichbare Sinneseindrücke nach dem Tode laut einer Koblenzer Studie[1].
Somit zeigt sich eindeutig, dass eine Wahrnehmung außerhalb der physischen Sinne möglich ist. Doch was nicht messbar ist, kann und darf für die Naturwissenschaften nicht existieren und vor allem, darf nicht als real gelten. Die Zahlen sprechen für sich und vor allem dafür, dass aus dem Leben nach dem Tode oder die Reinkarnation keine Milliarden Gewinne erzielt werden können. Es gibt somit keinen Sponsor, der solche Forschungen unterstützt. Wie denn auch, denn sobald jemand den Tod gefunden hat, kann man nicht mehr viel an ihm verdienen.

In der Naturwissenschaft geht man primär davon aus, dass ein Glaube erst dann widerlegt wird, wenn durch eine wissenschaftliche Studie festgelegt wird, dass das Gegenteil bewiesen wurde. Somit kann kontrolliert werden, was das Volk zu glauben hat und was nicht. Doch wie sieht es mit den Wissenschaftlern aus, die ja, jeder für sich, stets mit einer festen Theorie an ein Experiment herangehen und eben das widerlegen oder bestätigen wollen, woran sie insgeheim selber glauben? Gibt es hierbei vielleicht eine weitere, große Schwachstelle der naturwissenschaftlichen Methoden? Darüber geben vielleicht die folgenden, streng wissenschaftlichen Studien Aufschluss:
Dr. Marylin Schlitz vom Institut der *Noetic Sciences* (IONS) startete eine Studie[1] über die Feststellung, ob Menschen es bemerken, wenn man ihnen von hinten auf den Nacken starrt oder nicht. Die Ergebnisse waren nach der Auswertung ihrer wissenschaftlichen Vorgehensweise für *Dr. Schlitz* eindeutig: Menschen bemerken es, wenn man ihnen von hinten auf den Nacken starrt.
Diese Ergebnisse las der Wissenschaftler *Dr. Richard Wiseman* und konnte das nicht glauben. Also startete er dieselbe Versuchsreihe mit gleichen Bedingungen und widerlegte ganz klar die Ergebnisse von *Dr. Schlitz*. Er fand heraus, dass Menschen es nämlich <u>nicht</u> bemerken, wenn man ihnen von hinten auf den Nacken starrt.
Interessanterweise haben sich dann diese beiden unterschiedlichen Wissenschaftler getroffen und ihre Ergebnisse verglichen. Ihre Vorgehensweise war in beiden Fällen streng wissenschaftlich gewesen und trotzdem waren sie zu unterschiedlichen Ergebnissen gekommen. Somit starteten sie ein Experiment mit exakt den gleichen Bedingungen, d.h. am gleichen Ort, identische Testpersonen, gleiche Software, gleicher Computer usw., um später ihre Ergebnisse nach der neuen Versuchsreihe miteinander zu vergleichen. Sie sahen zu, dass jedes abweichende Detail beseitigt wurde, damit sie beide das Experiment unter identischen Bedingungen ausführen konnten. Jede Testperson wurde daraufhin mit einer Videokamera beobachtet, während sie in einem Lesesaal mit einem Buch allein gelassen wurde. Eine zweite Person saß in einem anderen Raum an einem Bildschirm und hat diese Person angestarrt. Es wurden 32 Testreihen durchgeführt.
Am Ende wurden die Testergebnisse verglichen und es stellte sich heraus: *Dr. Schlitz'* Ergebnisse zeigten eindeutig, dass eine Person es bemerkt, wenn man ihr auf den Nacken starrt, während *Dr. Wisemans* Ergebnisse klar belegten, dass eine Person es

nicht bemerkt. Sie kamen also zu den gleichen Ergebnissen wie in ihren Tests zuvor, trotz identischer Herangehensweisen und Testbedingungen.

Dieses Ergebnis lässt nur einen Schluss zu: Es gibt einfach keine Meta-Versuchsreihe für Naturwissenschaftler, die belegen würde, dass jeder das in seinen Versuchsergebnissen herausbekommen wird, was insgeheim auch angenommen wurde. Doch selbst diese Meta-Versuchsreihe könnte natürlich nur von Menschen durchgeführt werden und auch in diesem Fall wird man vor dem gleichen Problem stehen: Was glaubten die Versuchsleiter vorab wirklich, als die Versuchsreihe begann.

Was sagt uns das? Es bedeutet, dass jede Versuchsreihe und jedes Ergebnis subjektiv ist! Objektivität ist nicht möglich. Jedes Ergebnis irgendeiner Versuchsreihe ist in Übereinstimmung mit den Erwartungen und Glaubenssätzen der Versuchsleiter festgestellt worden. Und da die meisten Naturwissenschaftler z.B. nicht unbedingt an parapsychologischem Wissen interessiert sind, werden sie auch entsprechende Ergebnisse erhalten.
Eine Fotokamera z.B. ist ebenfalls nicht objektiv, auch wenn der Aufsatz, den man zum Fotografieren benötigt, Objektiv genannt wird. Ebenso ist sie nicht objektiv, weil der wissenschaftliche Glaube besagt, dass eine Kamera nur das aufnimmt, was tatsächlich existiert. Man sagt, dass man in der Regel auf Fotos keine Geister sehen kann, weil die Kamera diese nicht sehen kann. Wenn man aber nun sagt, dass Gamma- oder UV-Strahlen als wissenschaftlich bewiesen gelten, aber von einer Kamera nicht festgehalten werden, würde ein Wissenschaftler antworten, dass man dafür andere Gerätschaften bräuchte. Genau das ist der springende Punkt hierbei, nur weil es noch kein Objektiv gibt, das phasenverschobene Realitäten fotografieren kann, müssen diese deshalb nicht von vornherein verneint und mit dem Vorurteil eines abergläubischen Volksmärchen betitelt werden. Eine Kamera wurde von einem Menschen hergestellt, von einem Subjekt. Dieses Subjekt hat sein Auge dazu benutzt, um die Kamera zu justieren und anzupassen. So verhält es sich mit jedem Gerät, das existiert: Es wurde von einem Subjekt konzipiert, erbaut, hergestellt und justiert. Hinter allen Gerätschaften, seien sie für die Wissenschaft oder zum Luxus gedacht, steht ein subjektiv denkender, fühlender und wahrnehmender Mensch, der sie erschaffen hat.

Viele kennen sicherlich den Kôan *(Frage des Zen-Meisters an seinen Schüler)*, in dem es heißt: „Macht der fallende Baum im Wald ein Geräusch, wenn niemand dort ist, um es wahrzunehmen?"
Das erinnert ein wenig an die berühmte Frage, ob wohl die Henne oder das Ei zuerst existiert hat, nur mit dem Unterschied, dass hierbei auf die phänomenologische Realitätsbetrachtung angespielt wird, d.h. auf die Wahrnehmung der unmittelbaren Gegenwart. Existiert also überhaupt der Baum im Wald, wenn ihn niemand wahrnimmt? Dieser Kôan stellt die Frage: Inwiefern ist die Wahrnehmung von der Realität abhängig? Existiert die Realität auf rein objektiver Ebene oder doch nur auf subjektiver?

Diese letzte Frage ist *die* Schlüsselfrage, welche in dieser Form nur in der Phänomenologie gestellt wird und deutet gleichzeitig auf die verhängnisvolle Entscheidung der Naturwissenschaften hin, dass die Realität objektiv und unabhängig vom Menschen existent ist. Denn diese Entscheidung hat auch den kompletten weiteren Verlauf der wissenschaftlichen Ergebnisse beein-flusst. Dies wäre in etwa mit einer Weggabelung zu vergleichen, die man nach einer langen Wanderung erreicht und man wählen muss, in welche Richtung nun weitergegangen werden soll. Dabei führt ein Weg ins Schlaraffenland und der andere leider in den Irrgarten. Allein aus diesem Grund ist die Antwort auf diese Schlüsselfrage so wichtig, wenn ein Forscher oder ein Wissenschaftler daran interessiert ist, die Welt, das Leben und den Menschen zu verstehen.

Als *Edmund Husserl (geboren am 8. April 1859 in Proßnitz, Mähren, gestorben am 27. April 1938 in Freiburg im Breisgau),* Begründer der Phänomenologie, seine Werke gegen Ende des 19. Jahrhunderts der Öffentlichkeit vorstellte, konnte man noch nicht erahnen, welch revolutionäres Weltbild er damit ins Leben rief, als er diese entscheidende Schlüsselfrage in den Raum stellte. Das Problem war nur, dass nur wenige verstehen konnten, welch tiefgreifenden Ausführungen er der Welt hinterließ. Seine Worte waren stets sehr komplex, bespickt mit vielen, bedeutungsvollen Fremdwörtern und endlos langen Sätzen, philosophisch, psychologisch und durchaus wissenschaftlich orientiert. Somit war es damals nicht jedem vergönnt, wie es vielleicht auch seinerzeit für viele Menschen in Hinsicht auf Albert Einsteins mathematischen Berechnungen der Fall gewesen war, *Husserls* ausführliches und umfassendes Weltbild zu verstehen. Somit soll im Weiteren die Phänomenologie auf einfache Weise erklärt und dargestellt werden, nicht zuletzt auch, um klarzustellen, weshalb die Entscheidung der Naturwissenschaften nicht korrekt gewesen ist und wieso sie daraufhin solche enormen Konsequenzen mit sich gebracht hat.

In erster Linie forderte *Husserl*, die Phänomenologie ebenso als Naturwissenschaft zu betrachten, und versuchte zu begründen, dass jeder Wissenschaftler und Philosoph die Selbstdisziplin besitzen sollten, sich jeder Art von Vorurteilen zu entziehen und nur die unmittelbare Gegenwart als Informationslieferanten zu betrachten, also das, was dem eigenen Bewusstsein unmittelbar erscheint. Unter der phänomenologischen Grundeinstellung bzw. Reduktion verstand er mitunter, dass ein prüfender Forscher und Wissenschaftler sich jeglichen (Vor-)Urteils enthält, solange er forscht und prüft und sich gleichzeitig von <u>jeder</u> Theorie, die er vertritt, distanziert. *Husserl* sagte, dass sich die wahren Strukturen der Realität erst dann zeigen können, wenn man während der Forschungszeit sämtliche Urteile ausschaltet.

Husserls Hauptaussage war, dass unsere Realität, so wie wir sie im Jetzt wahrnehmen, zwar real ist, aber den Elementen, die gerade nicht wahrgenommen werden, auch momentan keine Realität zukommt. Das Auto, das in der Garage steht, während man sich im Wohnzimmer befindet, besitzt keine Realität. Es existiert nicht, solange es nicht direkt wahrgenommen wird. Die Phänomenologie geht also davon aus, dass Wahrnehmung immer ein Subjekt erfordert! Ohne Subjekt existiert keine Wahrnehmung. Somit würde der Baum, der im Wald umfällt, kein Geräusch machen, weil niemand da ist, um dieses Geräusch wahrzunehmen. Ohne Subjekt existiert auch kein

Objekt. Nicht nur würde keine Kamera existieren können, wenn es keinen Menschen gegeben hätte, der sie erschuf, sondern jedwedes Objekt verliert seine Existenz, wenn kein Mensch anwesend ist, der es wahrnimmt. Dies bezieht sich in der Phänomenologie jedoch auch auf die Elemente der Natur, wie eben einen Baum oder den Himmel. Laut *Husserl* findet unsere ganze Wahrnehmung im Kopf statt und wird mithilfe des Gehirns in eine Außenwelt projiziert. Eigentlich sagt er hiermit aus, dass das Gehirn eine Art Filmprojektor ist, der die Aufgabe besitzt, über Augen, Ohren, Nase, Haut und Mund eine Welt auf eine Leinwand zu bringen, die wir dann wahrnehmen. In diesem Fall spricht man von Sinnesausdrücken, wie es eben in der Phänomenologie der Fall ist. Die Naturwissenschaftler haben sich aber leider bei der entscheidenden Frage, ob die Realität objektiv und unabhängig vom Menschen existent ist, dafür entschieden, zu glauben, dass nur Sinneseindrücke existieren. Dies ist gleichzeitig der große Irrtum, dem die Naturwissenschaftler nun einmal seit vielen Jahrzehnten aufgesessen sind und das Volk dahingehend ziemlich beeinflusst hat. Aus diesem Grund werden außersinnliche Wahrnehmungen, Nahtoderfahrungen, außerkörperliche Erfahrungen und Erlebnisse in höheren Bewusst-seinszuständen als Halluzinationen abgetan, weil sie subjektive Erfahrungen sind und die Naturwissenschaftler nehmen natürlich nicht subjektiv wahr.

Fern dieses Vorurteils wird einem vielleicht jetzt deutlicher, dass es keine Wahrnehmung, keine Urteile, keine Theorien und keine wissenschaftlichen Beweise geben kann, wenn nicht ein Subjekt vorhanden ist, das diese äußert.
Husserl war kein Philosoph, sondern er wurde schlichtweg zu einem Philosophen erklärt, weil die damaligen Vertreter der Naturwissenschaften seine Ausführungen nicht anders interpretieren wollten, obwohl *Husserl* ebenfalls Naturwissenschaftler war und Astronomie, Mathematik, Physik und Philosophie studiert hatte! Er war sich eben der Entwicklung der Naturwissenschaften durchaus bewusst und forderte von ihnen, nur die Gegenwart zu analysieren und sich während ihrer Analysen sämtlichen Weltdeutungen zu entziehen. Mit dieser Forderung erzeugte er einen Riss in der Psychologie, die seinerzeit von Psychoanalyse und den Gesetzen der Logik beherrscht war. Seine Aussagen stellte aber darüber hinaus auch die gesamte Naturwissenschaft in Frage und machte die Objektivität unmöglich!
Wie gelang es *Husserl*, auf naturwissenschaftlicher Basis zu beweisen, dass Objektivität unmöglich ist? Dieser Beweis hätte das Ende der klassischen, empirischen Naturwissenschaften bedeutet und müsste noch einmal gründlich überdacht werden. Seine Hauptaussagen hierzu waren, dass durch einen psychologischen Satz niemals eine Norm abgeleitet werden könne und dass empirische Sätze nur auf wahrscheinlicher Ebene existieren und falsifiziert werden *können*. Logik dürfte daher niemals der Kausalität unterstehen und die Naturwissenschaften dürften aus diesem Grund nicht behaupten und einfach festlegen, die Natur wäre ein Akt des Geschehens, das analysiert und objektiviert werden müsste, während der Mensch übergangen wird *(s. Naturalismus)*. Dies wiederum sagte aus, dass jede Wissenschaft eine Ideal-Wissenschaft ist und ihre idealisierten Wahrheiten nur auf dem Denken und vorausgesetztem Wissen beruhen und nicht auf Tatsachenforschung.

Würde man nun, rein hypothetisch, einem wissenschaftlich denkenden Menschen gegenüber äußern, dass es möglich ist, in Deutschland an einem bestimmten Ort eine bestimmte Wahrnehmung zu haben, dann würde er dies bejahen. Füge man dann noch hinzu, dass dieser gleiche Mensch auch gleichzeitig noch eine Wahrnehmung aus Amerika erhalten kann, würde diese Person es nur dann glauben, wenn dazu ein Hilfsmittel wie eine Internetkamera oder ein Telefon benutzt würde. An diesem Punkt nimmt der Glaube an außersinnliche Wahrnehmungen noch keinen Raum ein, aber sobald man diesem Menschen dann mitteilen würde, dass es auch möglich ist, in Deutschland eine Wahrnehmung von einem Ort in Amerika zu haben ohne irgendein Hilfsmittel, dann würde es sofort als Telepathie oder Fernwahrnehmung eingestuft und in das Reich der Parapsychologie abgeschoben. Sollte man so raffiniert sein, hätte man dies auch anders formulieren können, in dem man es einfach wissenschaftlicher ausgedrückt hätte. Man könnte vielleicht sagen, um einem Menschen die Möglichkeit der Fernwahrnehmung näherzubringen, dass die neuesten Forschungen der Quantenphysik eindeutig gezeigt haben, dass atomare Teilchen an mehreren Orten gleichzeitig sein können und der bekannte Physiker *Dr. Andrew Steene* in der *Oxford Universität* erklärt hat, dass Fernwahrnehmungen dadurch möglich sind, weil die gleichen Teilchen, die in Amerika existieren, auf quantenmechanischer Weise im nächsten Moment auch in Deutschland befindlich sein können.
Alles ist eine Sache der Erklärung und der Formulierung. Es sind einfach nur die irreführenden Regeln der Naturwissenschaftler. Sie erzeugen eine Wissenschaft, wandeln normale Worte in fremdsprachliche Begriffe und erklären diese als objektive Wahrheiten, die somit festgestellt werden. Kommt nun jemand daher, der etwas herausgefunden hat, aber weder die Sprache der Wissenschaft spricht noch einen Doktortitel vorweisen kann, so sind seine Wahrnehmungen subjektiv oder gar halluzinativ. Doch der Arroganz nicht genug, denn jede Naturwissenschaft, die heute existiert, basierte doch ur-sprünglich auf esoterischen Wissenschaften der vorangegangenen Jahrhunderte. So ist die Chemie der Alchemie entsprungen, die Astronomie und Astrophysik der Astrologie, Psychologie der Parapsychologie und die Biologie entwickelte sich aus der Astrophythologie[3].

Jeder Mensch wird so erzogen, dass er denkt, er habe es mit einer materiellen, physischen Welt um sich her zu tun, die man über Sinneseindrücke wahrnimmt. Auf diesem Wissen basiert seine ganze Erziehung und er baut darauf sein ganzes Leben auf. Wie will man ihm nun deutlich machen, dass er ganz einfach fehlinformiert wurde und dass seine Annahmen nur auf naturwissenschaftlichen Theorien basieren, die die Realität zu interpretieren versuchen und den Anspruch erheben, es handele sich um die objektive Wahrheit? Die Schulen und Universitäten besitzen Lehrmaterial, das veraltet ist. Die Lernenden bekommen die neuesten Ergebnisse der Forschungen oder eine wissenschaftliche Berichtigung höchstens dann mit, wenn einige unter ihnen ein ausgebildetes Interesse daran besitzen. Sobald sie daraufhin versuchen, anderen deutlich zu machen, welche Änderungen sich ergeben haben, wird ihnen zumeist nicht geglaubt.

Zum Glück sind nicht alle Naturwissenschaftler dermaßen von ihren Sponsoren und dem arroganten Glauben beeinflusst, dass ihre Ergebnisse objektiv und die letztendliche Wahrheit darstellen. So verhält es sich z.B. mit neuen Ergebnissen aus der Gehirnforschung, die vielleicht einen Funken Hoffnung aufkommen lassen, die Naturwissenschaft besinne sich endlich auf dem Irrtum ihrer einstigen Wegwahl. In dieser Forschung stellte sich kürzlich doch tatsächlich heraus, dass *Husserls* Aussage vor über hundert Jahren, dass das Gehirn unsere Umwelt erschafft und projiziert, zutrifft. Wenn man seine Augen schließt und sie dann wieder öffnet und sich in dem Raum umschaut, in dem man sich gerade befindet, wird in diesem Moment und in blitzartiger Geschwindigkeit ein Bild im hinteren Bereich des Gehirns erzeugt, sodass der Eindruck entsteht, es existiere eine physische, materielle Welt. Die Annahme, dass alles, was der Mensch weiß, ihm über die fünf Sinne mitgeteilt wird, ist in Wirklichkeit eine zweigeteilte Welt, d.h. die externe und die interne Welt. So äußerte *Frederik Vester*[4], Professor der Gehirnforschung, hierzu sehr deutlich: *„Die Äußerungen einiger Wissenschaftler, die vorschlagen, ‚dass der Mensch nur eine Bildgestalt sei, dass alles, was erlebt wird, vorübergehend und illusorisch sei und dass dieses Universum ein Schatten sei', scheinen heutzutage durch die Wissenschaft bestätigt worden zu sein."* *Vester* wollte damit andeuten, dass es einige wenige Wissenschaftler gab, die dies bereits für sich erkannt hatten, aber von dem Großteil der Naturwissenschaften nicht akzeptiert worden waren.

Bisher ging man in der Wissenschaft davon aus, dass Objekte ein Abbild auf unserer Netzhaut erzeugen, das in die entsprechende Gehirnregion weitergeleitet wird, wo es zur bewussten Wahrnehmung wird. Der Akt des Sehens findet demnach im Sehzentrum statt. Diese ziemlich kleine Gehirnregion gibt also sämtliche optischen Wahrnehmungen wieder, die wir jeden Tag erleben. Sobald also jemand sagt, dass er etwas sieht, dann meint er, dass er die elektrischen Signale im Gehirn wahrnimmt, die ihm dieses Bild zeigen. Dieser kleine Gehirnbereich ist jedoch von jedweder Lichtquelle isoliert und besitzt einfach keine Möglichkeit, mit Licht in Kontakt zu gelangen. Wenn wir das Licht im Raum einschalten, wird also dieses sicherlich nicht das Gehirn erleuchten. Das Erzeugen der elektrischen Signale gilt ebenso für alle anderen Sinne, das Hören, Riechen, Schmecken und Fühlen. Allesamt sind es nur elektrische Signale, die das Gehirn umsetzt. Aus diesem Grund ist es für einen Menschen mithilfe der fünf Sinne unmöglich, das Original seiner Umwelt wahrzunehmen. Er nimmt nur eine Interpretation der elektrischen Signale auf, die den Raum im Inneren des Gehirns wahrnehmen lassen. Die Signale erstellen also eine elektrische Kopie des Originalraumes. Vielleicht ist der Originalraum überhaupt nicht mehr existent oder dieses Buch, das man gerade in seinen Händen hält. Wir nehmen somit nur eine Kopie unserer Umwelt wahr. Das Original könnte schon längst nicht mehr existieren oder entspricht einem ganz anderen Aussehen, da wir nur die elektrischen Signale empfangen.

Zwar glaubt man in der Gehirnforschung noch immer, es gäbe eine äußere Welt und hat den nächstfolgenden Schritt, dass es eigentlich nur eine innere Welt geben kann, noch nicht vollzogen.

Meiner persönlichen Ansicht nach wird dies aber in Kürze folgen und wenn dies eintritt, besinnt sich der Hauptanteil der Wissenschaftler vielleicht darauf, noch einmal zu überdenken, was *Edmund Husserl* bereits vor 100 Jahren wusste. Denn der nächste Schritt ist getan, wenn erkannt wird, dass das Gehirn nur elektrische Signale empfängt und diese dann zu Bildern und Tönen usw. umwandelt, folglich kann davon ausgegangen werden, dass der Originalraum oder das Originalbuch in Wirklichkeit elektrisch sind. Somit befindet sich der Mensch offensichtlich in einer elektrischen Welt, die elektrische Signale aussendet. Diese Signale werden vom Gehirn aufgenommen und in eine extern erscheinende Welt umgesetzt. Es erscheint also dem Menschen nur so als würde er eine materielle Welt wahrnehmen, immerhin kann er sie deutlich mit seinen fünf Sinnen wahrnehmen. Die Quelle der elektrischen Signale befindet sich jedoch im Menschen selbst und das Gehirn dient dazu, diese Signale wie ein Filmprojektor nach außen zu projizieren. Das Ergebnis dieser Rechnung kann also nur lauten, das ausschließlich Sinnesausdrücke existieren und niemals Sinneseindrücke. Dies würde auch erklären, wieso es z.B. möglich ist, in Träumen, Bilder und andere Sinnes*ausdrücke* wahrzunehmen, selbst wenn man eigentlich in einem dunklen, stillen Raum liegt, schläft und die Sinne nicht viel wahrnehmen können. In diesem Moment erhalten wir elektrische Impulse aus einer anderen „Richtung“, die aber auch nur von innen kommen können. Aus dem Grund ist der Umgang mit Träumen, außerkörperlichen Erfahrungen und veränderten Bewusstseinszuständen so wichtig, denn hierbei werden elektrische Signale empfangen, die außerhalb der Norm liegen und die Chance bieten, endlich den Originalraum, in dem wir uns tatsächlich befinden, aufzuspüren!

In Übereinstimmung mit dem Wissen der Phänomenologie ist es jedoch zuerst wichtig, sich auf die unmittelbare Gegenwart zu besinnen. Dies benannte *Husserl* in seinen Werken als „Passive Assoziation“, die mitunter in der Psychologie als „Dissoziation“ bezeichnet wurde. Allein die Dissoziation reduziert die Realität vorübergehend auf die tatsächliche Gegenwart und ermöglicht eine genaue Studie des untersuchten Falls. Genau an diesem Punkt setzt mein Buch in Form eines Tagebuchs oder Weblogs an. Ich habe die Dissoziation benutzt, um mit dieser anderen Vorgehensweise der Forschung zu klaren Ergebnissen zu kommen. Hierbei habe ich also die folgenden Punkte berücksichtigt, dass:

- jede Wahrnehmung und somit jede Wissenschaft subjektiv ist,
- die Wahrnehmung eines Objektes ohne Subjekt nicht möglich ist,
- ausschließlich Sinnes<u>ausdrücke</u> existieren und keine Sinneseindrücke,
- zur Erforschung einer Sache die Dissoziation benutzt wird, um sich nicht von Theorien jeder Art beeinflussen zu lassen.

Die Dissoziation ist also die Fähigkeit, sämtliche Assoziationen, Gedanken und Vorstellungen vorübergehend zu deaktivieren, um die Wahrnehmung und den Erhalt der Informationen <u>rein</u> zu halten und eine Distanz zum eigenen Selbst aufzubauen. Sobald die Dissoziation von einem Forscher oder Wissenschaftler praktiziert wird, sind die Ergebnisse viel deutlicher und erkennbarer. Die Zusammenhänge werden

klarer erfasst und können dann nach Erhalt der notwendigen Informationen, die man innerhalb der Dissoziation sammeln konnte, in die persönliche Theorie eingebracht werden. Dies wird dann deutlich machen, ob die zuvor erstellte Theorie dann noch zutreffend ist oder nicht. Wenn die Informationen dann nicht passen, so ist das Problem die Theorie und nicht die Wahrnehmungen innerhalb der Dissoziation.
Sicherlich kann man niemals eine totale Objektivität erlangen, das haben wir bereits festgestellt, aber es können mithilfe der Dissoziation wesentlich reinere Informationen zusammengetragen werden, auch jene, die den Menschen nicht einfach übergehen und so viele, unzählige Widersprüche offen lassen, wie es bei der naturwissenschaftlichen Vorgehensweise der Fall ist.

Definition und Analyse der Dissoziation

Die Dissoziation wird als das Pendant zur Assoziation betrachtet, der Fähigkeit, gedankliche Gedankengänge miteinander zu verknüpfen bzw. zu verketten. Eine sehr klassische und verbreitete Assoziationskette ist weltweit das kausale Denken. Denkweisen wie „Immer wenn ich dies mache, dann geschieht jenes" sind nur ein Beispiel hierfür. Die meisten unserer Lernerfahrungen basieren auf dem kausalen Denken. Ursache und Handlung sowie Anfang und Ende sind hier die scheinbar unumstößlichen Eckpfeiler. Es gibt natürlich Situationen, in denen das kausale Denken sehr wichtig ist, denn *wenn* man seine Hand auf eine heiße Herdplatte legt, *dann* verbrennt man sich. Leider eine oftmals schmerzvolle Erinnerung aus der Kindheit.
Es geht mir hierbei nicht darum, das kausale Denken als Illusion oder als falsch darzustellen, sondern als einen möglichen Denkstil. Der weitere Denkstil, den ich vorzustellen und genauer zu definieren suche, ist eine konstruktive Dissoziation, bei der es darum geht, sich von seinen konditionierten und gewohnten Gedanken zu distanzieren und bestimmte Assoziationsketten gezielt aufzulösen.

In der Definition psychologischer Werke und Lexika, wie auch im *Psychrembl,* (Psychologisches Wörterbuch, verfasst von *Willibald Pschyrembel*) oder im Psychologischen Wörterbuch *Dorsch* (von *Häcker* und *Stapf*), schneidet die Dissoziation verhältnismäßig schlecht ab und wird hier ausschließlich mit einer psychischen Störung in Verbindung gesetzt.

Dissoziation [lat. *dissociare* – verunreinigen, trennen]: Zerteilung, Trennung, Auflösung, z. B. das Zerfallen von assoziativen Vorstellungsverbindungen unter dem Einfluss neuer Eindrücke (*siehe Dorsch, Psychologisches Wörterbuch, 12. Auflage, Hans-Huber-Verlag, 1996*).

Diese Verknüpfung von Dissoziation und psychischer Störung entsprang ursprünglich dem Psychiatriewesen des 18. Jahrhunderts und ist selbst heute noch auf verständliche Weise Teil des ganzen Psychiatriesystems. In der damaligen Zeit wurden ganz gezielt Patienten herausgesucht, die eine dissoziative Störung besaßen, und schlichtweg getötet, um eine Weitervererbung dieser „Krankheit" präventiv zu verhindern. In der aktuellen Darstellung der Psychologie wird davon ausgegangen, dass die Störung der standardisierten bzw. genormten Assoziationsketten als *Dissoziative Störung* betrachtet werden kann. Selbst die MPS (bekannt als *Multiple Persönlichkeitsstörung*), bei der sich eine Person in mehrere Persönlichkeiten aufteilt, wurde mittlerweile mit der Dissoziativen Störung verknüpft und darum neuerdings abgekürzt als DIS (*Dissoziative Identitätsstörung*).

In den meisten Fällen wird aus der psychiatrischen Perspektive aufgrund rein eigennütziger Motive davon ausgegangen, dass jede Dissoziation nur Störungen hervorrufen kann. Dies entspricht nicht den Tatsachen. Nicht nur besteht in jeder Psychiatrie das Problem, dass die Erfahrungen eines Chefarztes nur aufgrund von Beobachtungen seiner Patienten herrühren können, sondern dass den Ärzten bei dieser Methode auch noch völlig entgeht, dass ihnen persönliche Erfahrungen mit der Dissoziation in jeder Hinsicht fehlen. Dem sei noch unbedingt hinzuzufügen, dass eine psychische Störung doch nur dann vorliegt, wenn der Patient angibt, dass er sich als Opfer seiner Störung fühlt und sie nicht kontrollieren kann.
Trotz dieser psychologischen Verknüpfung zwischen Dissoziation und Störung stelle ich dieser Assoziation eine konstruktive Dissoziation entgegen, bei der eine Persönlichkeit in der Lage ist, kontrolliert und auf gesunde Art und Weise eine Unterbrechung der Gedanken herbeizuführen und sich somit veränderten Bewusstseinszuständen zuzuwenden.

Ich führe die psychiatrische Definition der Dissoziativen Störung aus dem Grunde an, weil hier durchaus Parallelen zu einer konstruktiven Dissoziation bestehen. Sobald bewusst und absichtlich dissoziiert wird, können neuartige Assoziationen auftreten oder durch das Betreten veränderter Bewusstseinszustände auch vorübergehend Persönlichkeiten ins Bewusstsein gehoben werden, die mit neuen Informationen und Gefühlszuständen einhergehen. In einer konstruktiven Dissoziation jedoch braucht man sich keinerlei Sorgen machen, dass der erlangte Zustand dauerhaft bleibt. Sobald wieder die gewohnten Denkmuster aufgenommen werden, kehrt man zurück in den vertrauten Alltag. Natürlich ist dies jetzt keine Garantie, denn es können manchmal Situationen auftreten, die den Anschein erwecken, als bestünde eine akute Bedrohung. Hierbei tritt der Tarner auf das Spielfeld und geht davon aus, dass man in der Panik von seinem Vorhaben Abstand nehmen und aufgeben wird. Doch jede Bedrohung oder jedes Gefühl der Nichtkontrolle ist nur eine taktische Variante. Wenn dies dem Praktizierenden deutlich ist, dann kann er mit der Dissoziation auch konstruktiv und kontrolliert umgehen.

Effekte während der Dissoziation

Nun werde ich eine Liste aufführen, wie die Dissoziation im Standardfall (für den Anfänger) detailliert in der Regel ablaufen kann, sobald die ersten Erfolge auftreten:

- Man denkt plötzlich viel mehr und rasend schnell.
- Oder man denkt so langsam, dass es nicht mehr möglich ist, einen Gedanken zu Ende zu denken.
- Man wird unvermittelt müde und möchte gern schlafen.
- Die Gedanken werden interessanter und können Erkenntnisse vermitteln.
- Es tritt eine Distanz zur Realität auf. Ein Gefühl, als wäre man nicht mehr die Person, die man gewöhnlich ist.
- Es kann ein Zittern der Beine und/oder „Rucken" sowie eine Gänsehaut auf dem Körper auftreten; vorwiegend im Rücken-, Arm- und Kopfbereich.
- Eine Art „Hitzewelle" geht plötzlich durch den Körper, oder aber man friert plötzlich, ganz unabhängig von der Raumtemperatur.
- Ebenso kann man sich völlig grundlos bedroht fühlen und es tritt eine leichte Paranoia auf.

Das Praktizieren der Dissoziation kann in zwei Intensitätsstufen eingeteilt werden. Während leichte Reaktionen als Dissoziationsstufe 1 bezeichnet werden können, sind die intensiveren Erlebnisse der Stufe 2 zuzuordnen. Das erwähnte Kälte- oder Hitzegefühl oder das Gefühl der Bedrohung sind bereits sehr gute Anzeichen, dass man die Dissoziationsstufe 2 erreicht hat. Hierbei sollte man sich nicht um die unangenehmen Reaktionen sorgen, die kurzzeitig auftreten können. Wenn irgendwie möglich, kann man sie einfach ignorieren. Sollten die Reaktionen zu stark und unangenehm werden, kann man zwar abbrechen, aber man wird am nächsten Tag den gleichen Weg erneut gehen müssen.

Hindernisse bei der Dissoziation

Wie bereits in einigen Erfahrungen kurz erwähnt wurde, bedeutet das Dissoziieren, dass man seine Gedanken immer wieder unterbricht bzw. sogar anhält oder einfriert. Das Erreichen der Dissoziation ist nicht ganz einfach, weil man während der Praxis auf diverse Hindernisse stoßen kann:

- Man vergisst, dass man dissoziieren wollte.
- Die Gedankengänge beschleunigen sich oder werden aufdringlicher.
- Man wird plötzlich sehr müde und möchte schlafen.
- Ein Verlangen nach Sex taucht auf.
- Es treten Ablenkungen auf, sogar vonseiten des Umfelds (Telefonklingeln etc.).
- Ein Gefühl der Bedrohung tritt auf.

In meinem Fall war das Gefühl der Bedrohung eine Barriere, die eine Zeit lang dafür sorgte, dass ich an dieser Stelle die Übung abbrach. Doch ich konnte diese Barriere überwinden, indem ich mir immer wieder, wenn sie auftrat, selbst sagte, dass ich für

alles, was geschieht, die volle Verantwortung übernehme. Das hat mir sehr gut geholfen. Später tauchte diese Barriere nicht wieder auf, da der Tarner erkannt hatte, dass sein Manöver keine Wirkung mehr zeigte.
Ein weiteres Hindernis stellt die Intensität der Dissoziation dar. Sie kann sehr seicht sein, d. h. man fühlt sich entspannt und angenehm müde, oder auch sehr stark und man kommt in einen Zustand, der einem das Gefühl vermittelt, man könne nie wieder denken bzw. die Unfähigkeit überhaupt noch zu denken tritt auf.
Diese Denkunfähigkeit ist jedoch genau die Intensität, die notwendig ist, um sich in andere Bewusstseinszustände zu befördern und soll in den folgenden Übungen kontrolliert geübt und später selbständig erzeugt werden. Die Unfähigkeit zu denken ist somit die Dissoziation. Alle weiteren Übungen dienen zum Erreichen der Dissoziation.

Techniken der Dissoziation

Die Techniken zum Erreichen der Dissoziation können sehr vielfältig sein. Aus diesem Grund habe ich im Folgenden einige Techniken zusammengestellt, falls jemand Interesse besitzt, vergleichbare und ähnliche Erfahrungen zu ermöglichen:

Einleitende Vorübung

Vor einer jeden Übung beobachte man sich zuerst selbst in seiner gegenwärtigen und unmittelbaren Situation und denke: „Wie sitze ich hier? Was würde ich von mir denken, wenn ich nicht ich wäre, sondern jemand, der mich beobachtet?“
Man versuche dies möglichst nachzuempfinden, bzw. es sich sehr intensiv vorzustellen. Danach beobachte man seine Gedanken einige Minuten. Ist diese Vorübung ausgeführt worden, wird sofort im Anschluss eine der folgenden Übungen praktiziert. Die Übungen sind in zwei Dissoziationsstufen bzw. Wirkungsintensitäten gegliedert:

1. Kreise ziehen (Dissoziationsstufe 1)

Zum Kreise ziehen gehe man einfach in seiner Wohnung oder draußen ständig im Kreis herum. Der Kreis sollte aber nur einen Durchmesser von mindestens drei bis höchstens zwanzig Metern haben. Dabei werden die Augen weit aufgerissen und die Umgebung nur mit den Blicken gestreift; es wird also nichts fixiert. Mit der Zeit entsteht eine Distanz zu den eigenen Gedanken, die eine Dissoziation begünstigen können.

2. Das Suchen nach Punkten (Dissoziationsstufe 1)

Geistig stelle man sich vor seinen Augen befindlich ein großes Blatt Papier vor, in einem Abstand von vielleicht zwanzig oder dreißig Zentimetern. Auf diesem Blatt sind hunderte von kleinen Punkten gemalt. Nun springe man mit den Augen von einem Punkt zum anderen, ohne ein Muster erzeugen zu wollen, also völlig wahllos. Die Geschwindigkeit sollte dabei bei ca. drei bis fünf Punkten pro Sekunde liegen. Wichtig ist allein die Form der Augenbewegungen und deshalb kann man das vorgestellte Blatt Papier nach kurzer Zeit beruhigt wieder vergessen.

Durch diese Übung jedoch wird die Urteilskraft des Verstandes vorübergehend geschwächt und die Intuition verstärkt. Man könnte sagen, dass, je stärker der Drang des Verstandes zur Beurteilung seiner Umwelt ist, die Intuition desto schwächer ist und umgekehrt. Mit dieser Übung kann der Verstand vorübergehend zurückgedrängt werden. Das ergibt einen hervorragenden Effekt, wenn man z. B. Probleme, Fragen oder einen Konflikt hat, der eine Entscheidung verlangt, erleichtert aber auch das Erreichen der Dissoziation.

4. Die Fußmassage (Dissoziationsstufe 1)

Hierbei sind zwei Personen notwendig. Man lege sich bequem auf ein Bett, eine Couch oder auf den Boden, sodass jede Person die Füße der anderen neben sich positioniert hat. Nun massiere man ausschließlich die Zehen des anderen, überwiegend übe man dabei leichten Druck mit Daumen und Zeigefinger aus. Jede einzelne Zehe wird auf diese Art massiert. Durch diese Fußmassage wird der Körper im Ganzen sehr entspannt und schläfrig gemacht. Eine Methode der Tarnung ist es, wenn die Gedanken anzuhalten drohen, mit Müdigkeit aufzuwarten.
Es geht natürlich darum, sich in dieser Übung bewusst gegen die Müdigkeit zu wehren, aber nicht allzu stark, sodass man nicht wieder völlig wach wird und erfolglos auf den Dissoziationseffekt wartet. Es ist eher eine Beobachterposition, die man zu seinem müden Körper erlangen soll und versucht, diesen einschlafen zu lassen, wobei man geistig aufmerksam und wach bleibt.
In den meisten Fällen gerät man durch diese gegenseitige Fußmassage in einen Zustand zwischen Wachen und Schlafen, weil sie den Körper angenehm ermüdet, man aber durch das eigene Massieren der Zehen immer wieder daran erinnert wird, wo man sich befindet. Oft tauchen daraufhin kurze Erlebnissequenzen auf oder seltsame Gedankengänge. Diese Fußmassage ist natürlich zeitraubend und sollte so lange gemacht werden, bis dieser Effekt eintritt. Oftmals vergehen bis dahin 1-2 Stunden. Man kann sich auch gerne dabei unterhalten.

5. Praktizieren der „Stopp-Übung" (Dissoziationsstufe 2)

Dies ist in jedem Fall eine sehr wichtige Übung. Sobald man etwas zu denken beginnt, denke man „Stopp!", damit der Gedanke nicht weiter- bzw. zu Ende gedacht wird. Das sieht im folgenden, amüsanten Beispiel in etwa so aus:

„Ich muss gleich noch einkaufen. Am liebsten möchte ich mir...Stopp!"
„Meine Brille sitzt so komisch, ich werde sie...Stopp!"
„Schon interessant, als meine Mutter...Stopp!"
„Die Herdplatte ist ja noch...Stopp!"
„Jetzt gehe...Stopp!"
„Ich...Stopp!"
„..."

Gleichgültig, um welchen Gedanken es sich handelt, es wird immer dieses „Stopp“ gedacht. Auch wenn es sich um den wichtigsten Gedanken der Welt handeln mag, er wird in jedem Fall gnadenlos abgebrochen! Manche Gedanken erscheinen einem plötzlich und insbesondere bei dem Versuch, die Dissoziation zu erreichen, als extrem wichtig. Darauf darf man sich keinesfalls einlassen. Ich half mir immer damit, indem ich mir zu Beginn der Übung sagte, dass ich die wichtigen Gedanken auch noch nach der Übung denken kann.
Wenn diese Übung am Tage, z. B. in einem Sessel ausgeführt wird, dann tritt bei ernster Ausführung der Effekt ein, dass man beginnt, in seinem Kopf frei zu werden. Man erkennt, dass viele Gedanken, die man jeden Tag so vor sich hindenkt, selten wirklich wichtig und notwendig sind. Das ganze Zimmer, das man betrachtet, gewinnt plötzlich an neuer, vielleicht auch an etwas fremder Ausstrahlung. Man sieht „mehr“ von diesem Zimmer als zuvor. Jedoch sollte erkannt werden, dass der Tarner in uns die eigenen Gedankengänge dazu benutzt, um uns erneut zum Denken zu verführen, d. h. es erscheint einem so, als würden die Gedankengänge etwas dagegen haben, dass man die Aufmerksamkeit von ihnen abzieht. In den meisten Fällen taucht Unlust auf, diese Übung zu machen, und falls man sie dennoch praktiziert, scheint es eher so, als würden die Gedankengänge eher zunehmen als abnehmen. Diesen boykottierenden Versuchen sollte keine Aufmerksamkeit geschenkt werden, wenn man siegreich aus diesem kleinen Kampf hervorgehen möchte. Wird die Übung immer wieder praktiziert, auch wenn der Tarner die Gedanken dazu benutzt, zu behaupten, das diese oder eine andere hier aufgeführte Übung nichts bewirken wird, so ist der Erfolg garantiert.

Wie erwähnt, wird sich der Tarner in jedem Fall einmischen und zum weiteren Denken verführen, indem die eigentlich so gewohnten Gedankengänge plötzlich zusehends interessanter werden. Manchmal so interessant, dass es einen richtig mitreißt und man die spannendsten Philosophien kreieren könnte. In meinem Fall bekam ich immer sehr faszinierende und bedeutende Erkenntnisse über mich und andere Dinge, als ich versuchte meine Gedanken anzuhalten, aber leider erklären philosophische Theorien nur, besitzen jedoch keine praktischen Nutzungsmöglichkeiten. Der Tarner versucht mit allen Mitteln seine wichtigste Waffe zu verteidigen und zu schützen. Ohne die normalen Gedankengänge ist er in seinem Wirkungskreis sehr eingeschränkt. Jeder Versuch, etwas zu tarnen, ist auf den Zugang zum Denken angewiesen.

Trotz der vielleicht so interessanten Gedanken ist es auch mal wichtig, dass man dieses „Stopp“ trotzdem weiterdenkt, bis eine völlige „Gedankenstille“ eintritt. Sollte man Zweifel darüber besitzen, dass man vielleicht erst gar nicht bemerkt, wenn diese Übung zu einem wirklichen Erfolg geführt hat, garantiere ich, dass es einem ganz gewiss auffallen wird, wenn der gewünschte Zustand erreicht wurde.

6. Das Anhalten der Imagination (Dissoziationsstufe 2)

Die nächste Übung, die ebenfalls die Dissoziation fördert, unterscheidet sich insofern von der vorherigen, als hier primär die Vorstellungskraft und sekundär die Gedanken angehalten werden. Diese Übung verläuft so, dass man sich auf einen Stuhl mitten in den Raum setzt. Dann stelle man sich vor, wie man sich von seinem Körper löst und ca. 50 Meter nach hinten schwebt. Von dort aus stelle man sich vor, wie die komplette Häuserfront durchsichtig ist und man sich selbst dort sitzen sieht. Danach ziehe man gedanklich eine horizontale und eine senkrechte Linie durch das ganze Haus, in dem man sich befindet. Die Linien treffen sich, wie ein Fadenkreuz, exakt in der Mitte des eigenen Körpers. Diese Vorstellung versucht man ganz fest im Kopf zu behalten und alle anderen Vorstellungen werden ignoriert. Immer nur an dieses eine Bild denken.

7. Selbstbeobachtung (Dissoziationsstufe 2)

Die Selbstbeobachtung ist niemals mit der Selbstbetrachtung zu verwechseln. In der Selbstbetrachtung pflegen wir unser Selbstbild und formen es so, dass es anderen möglichst sympathisch erscheint. In der Selbstbeobachtung jedoch distanzieren wir uns von unserem Selbstbildnis.

Diese Selbstbeobachtung äußert sich immer gleich: Zuerst erfährt man eine merkwürdige Fremdheit gegenüber seiner selbst. Dann findet man plötzlich, dass die eigene Stimme fremd klingt. Manchmal fragt man dann spaßeshalber „Hallo?“, um diesen Effekt näher zu untersuchen.

In dieser Übung geht es darum, sich willentlich in die Selbstbeobachtung zu bringen. Das geschieht dadurch, dass man die gerade erwähnten Phänomene dieses Zustandes simuliert. Man stelle sich also vor, die eigene Stimme klinge fremd. Man beobachte sich selbst z. B. in einer Unterhaltung: „Wie rede ich?“ oder „Warum tue ich das, was ich gerade tue?“ oder „Kann ich gleichzeitig sprechen und etwas anderes denken?“

Später lernt man mithilfe all dieser Übungen immer mehr Bewusstseinszustände kennen, die an unseren normalen Alltagszustand grenzen. Wichtig ist, dass man sie praktiziert. Wer jetzt in diesem Moment meint, er müsse sie nicht unbedingt praktizieren (aus welchen Gründen auch immer), ist bereits auf den Tarner hereingefallen. Er wird sich einiges einfallen lassen, um die Ausübung dieser Übungen zu verhindern und benutzt dazu sehr gern den Verstand! Aus diesem Grund ist schlichtweg etwas Disziplin gefragt.

Epilog

Dezember 2007: Während ich in den Abschlussarbeiten für dieses Manuskript stehe, erhielt ich kürzlich eine E-Mail von einer Frau, die mir von dem Problem berichtete, dass sie des Öfteren in der Nacht von „Spiralen" heimgesucht wird, die ihre Energie immer wieder gänzlich aufsaugen. Zuerst antwortete ich, dass ich dieses Problem nicht kennen würde, entdeckte aber wenige Tage später die Erfahrung mit Anne vom 19.12.1998. Das Timing war absolut perfekt.

Aus diesem Grund fügte ich auch diese Erfahrung mit in das vorliegende Tagebuch ein, weil ich die Bestätigung für die Existenz dieser Spiralen äußerst interessant fand. Meine demensprechende Erfahrung mit Anne hätte ich andernfalls einfach überlesen und nicht in dieses Tagebuch eingefügt, da mir diese Spiralen nie wieder bewusst begegnet sind. Außer Anne und Esther wusste niemand von unserer Erfahrung mit den Spiralen. Somit kann ich davon ausgehen, dass diesen Spiralen wahrscheinlich eine eigenständige Existenz zukommt. Meine Recherchen sind jedoch im Sande verlaufen, nicht zuletzt aufgrund allzu weniger Hinweise. Die einzige Verbindung, die ich bis zum gegenwärtigen Zeitpunkt entdecken konnte, fand ich bei Höhlenzeichnungen der australischen Aborigines. Aus diesem Grund vermute ich dahinter eine weitere Erkenntnis, die sich in Zukunft offenbaren könnte.

Ebenso erstaunlich finde ich die interessanten Hinweise zu der Membran, die ich erst vor einigen Jahren in dem Buch „Die Frühen Sitzungen – Band 1" von *Jane Roberts* entdeckte. Darin beschreibt die Geistpersönlichkeit namens *Seth* eine „Bewusstseinskapsel", von der Mensch, Tier, Pflanze und sogar das Atom umgeben sind. Im Weiteren beschreibt er diese Kapsel als gewebeartig und durchaus wahrnehmbar, nur dass diese Wahrnehmung sehr schwer zu erreichen sei. Dies stimmt nun einmal ganz genau mit meiner Beschreibung von der Membran überein und ist eine weitere Bestätigung für ihre generelle Existenz. Persönlich bin ich davon überzeugt, dass unsere Naturwissenschaftler mit ihren Ergebnissen noch viel zu weit von der Wahrheit entfernt sind und die elementaren Grundkenntnisse über die Membran und deren Ursprung noch nicht erhalten haben. Die komplette Wissenschaft basiert auf Annahmen, die nur das beschreiben, was wir an der Innenseite dieser Membran wahrnehmen. Dies wäre in etwa damit zu vergleichen, als würde man ausschließlich wissenschaftlich untersuchen, was man auf seinem Computerbildschirm beobachten kann, aber nicht den Bildschirm an sich und den Computer, der daran hängt und diesen mit Informationen füttert, sowie den Raum, in dem dieses Gerät steht. Daher gehe ich davon aus, dass die Naturwissenschaftler Symptome beschreiben, die sich auf unserer Membran widerspiegeln und deshalb nur in eine Richtung blicken, die auf Dauer in eine forschungstechnische Sackgasse führt. Es existieren noch viele Erfahrungen aus der Zeit vor 1993 und ebenso aus der Zeit nach 1998. Das Forschungstagebuch findet gegenwärtig seinen Fortgang in wesentlich kürzerer Form auf meinem Weblog[5]. Sicherlich musste ich viele Erfahrungen überspringen, weil sie nicht so gut in den Handlungsstrang passten, aber ich hoffe, dass ich die Forscherneugier bei einigen Menschen wecken konnte und irgendwann einmal noch klarere und bessere Ergebnisse entdeckt werden können, als es bisher der Fall ist.

Glossar

Alternative Realität – eine Realität, die dem gewohnten Alltag ähnelt, aber in der man eine ganz andere Rolle spielt, als man sie von sich kennt; auch *wahrscheinlicher Realitätsverlauf* oder *Wahrscheinlichkeit*

Channeling (Tunneln) – die Fähigkeit, eine andere Persönlichkeit durch sich sprechen zu lassen bzw. Informationen von nichtphysischen Persönlichkeiten zu empfangen und in Wort oder Schrift an andere weiterzugeben

Dissoziation (Verb: dissoziieren) – das Anhalten der Gedankengänge, bis ein Zustand der Gedankenleere erreicht wird, die das Denken temporär verhindert. Der Effekt ist, dass Informationen aus anderen Bereichen der Psyche eingespeist werden können und die Dissoziation unterstützend als Sprungbrett in veränderte Bewusstseinszustände wirken kann.

Dreamwalker – ein Selbst, das in der Lage ist, die Träume anderer Menschen zu betreten und dort jede beliebige Rolle oder ein beliebiges Erscheinungsbild anzunehmen

Emotionale Identitätssignatur (EIS) – die Ausstrahlung eines Menschen, die individuelle Adresse oder Kennung, die ein Mensch besitzt bzw. das Gefühl, das man zu einem Menschen hat

Ganzheit des Selbst – ein Zustand, in dem sämtliche Persönlichkeiten der Psyche uneingeschränkt in eine Art Supraselbst reintegriert wurden

Klick – beschreibt eine Wahrnehmungsunterbrechung. Diese erfolgt häufig sehr plötzlich und ohne Vorwarnung. Andere Male kann sie aber auch kontrolliert angewendet werden.

Luzider Traum – ein Traum, in dem man sich seiner selbst und des Traumes bewusst wird, während man ihn noch träumt. Der Effekt hierbei ist, dass sich der Traum daraufhin in eine superklare Version verwandelt, die durchaus mit der Wahrnehmungsqualität des Alltags zu vergleichen ist und diese manchmal sogar übersteigt.

Ouija-Board – ein Holzbrett mit Buchstaben darauf, um über einen Zeiger Kontakt zu einer anderen, nichtphysischen Persönlichkeit zu erhalten, die somit Botschaften buchstabieren kann. Ein ähnliches Prinzip wie beim Glasrücken.

Tarner – eine rücksichtslose, aber verspielte Persönlichkeit mit überragenden Fähigkeiten, die in jedem Menschen existiert und dazu in der Lage ist, Interpretationen der Realität zu beeinflussen und zu manipulieren bzw. sie umfangreich zu tarnen

Tarnung – verschleierte Elemente, Gedanken, Gefühle oder Wahrnehmungen aller Art, entweder zum Selbstschutz oder aus manipulativen Gründen, ausgelöst durch den Tarner (*siehe Tarner*)

Walk-In – ein Selbst, das in der Lage ist, einen Körper zu übernehmen; wird oft mit Besessenheit verwechselt, ist aber in seiner klaren Form ganz anders zu betrachten. Kann auch mit *Channeling* in Bezug gesetzt werden.

Wahrscheinlichkeit – siehe *alternative Realität*.

Zeitspur – auch Zeitlinie bzw. die Zeitlinie einer Realität. Bei einem Individuum beginnt sie bei der Geburt und endet mit dem Tod. Die historische Zeitlinie beginnt in ferner Vergangenheit und reicht bis zur Gegenwart.

Zweiter Körper – hierbei handelt es sich um ein feinstoffliches Abbild des physischen Körpers, das über andere Fähigkeiten verfügt, wie das Fliegen, Schweben, Durchdringen fester Materie, etc. In der Literatur wird der zweite Körper auch unter Namen zu finden sein wie Astralkörper, Doppelgänger, Sternenkörper, Astralleib, Fluidalkörper, Bioplasmatischer Körper, Bioplasma-Körper u.v.a.

Quellen:

[1]Studie der Nahtoderfahrungen: Bernard Jakoby: „Auch du lebst ewig - Die Ergebnisse der modernen Sterbeforschung", Langen-Müller-Verlag, München
[2]Studie von Dr. Schlitz und Dr. Wiseman:
http://findarticles.com/p/articles/mi_m2320/is_n3_v61/ai_20749205/pg_2)
[3]Der Begriff „Astrophytologie" wurde erstmals in einem Referat über das Voynich-Manuskript von J. Dilas definiert. Siehe Essay „Das Voynich-Manuskript", Jonathan Dilas, 2005
[4]Frederik Vester, „Denken, Lernen, Vergessen", 1976
[5]Jonathan Dilas Weblog, http://www.matrixseite.de
Edmund Husserl, „Die Idee der Phänomenologie", Felix-Meiner-Verlag, Hamburg 1986, TB
Edmund Husserl, „Erfahrung und Urteil", Felix-Meiner-Verlag, Hamburg 1985, TB
Edmund Husserl, „Die Konstitution der geistigen Welt", Felix-Meiner-Verlag, Hamburg 1984, TB
Edmund Husserl, „Ideen zu einer reinen Phänomenologie und phänomenologischen Philosophie", erstes Buch: Allgemeine Einführung in die reine Phänomenologie, in zwei Bänder. 1. Halbband: Text der 1.-3. Auflage; 2. Halbband: Ergänzende Texte (1912 - 1929). Neu hrsg. von Karl Schuhmann. Nachdruck, 1976
Edmund Husserl, „Die Krisis der europäischen Wissenschaften und die transzendentale Phänomenologie", Ergänzungsband, Texte aus dem Nachlass 1934-1937. Hrsg. von R.N. Smi, 1993
Jonathan Dilas, „Telepathie, Hellhören und Channeling", Bohmeier-Verlag, 2004
Harun Yahya, „Wunder der Materie", Okusan-Verlag, 2003
R. L. Gregory, „Eye and Brain: The Psychology of Seeing", Oxford University Press Inc. New York, 1990